高职高专改革创新示范教材

QICHE FADONGJI
JIXIE GOUZAO YU JIANXIU

汽车发动机
机械构造与检修

广州合赢教学设备有限公司 组织编写
成伟华 主 编
朱军 主 审

人民交通出版社
China Communications Press

内 容 提 要

本书是高职高专汽车运用技术专业和汽车检测与维修技术专业改革创新示范教材。采用项目任务教学方式，以11个具体的项目和21个具体生产任务为主线，对传统的专业课程内容进行重新整合，通过任务导入、学习指引、相关知识、任务实施、知识拓展等环节，使学生系统学习发动机机械部分的结构、原理和检修方法。每个项目后还附有复习思考题，供学生课后巩固理论知识时参考。

本书内容紧扣企业生产一线，对传统的比较老旧的内容进行了删减，增加了很多当前主流的技术配置。全书深入浅出，图文并茂，可作为高职高专汽车运用技术专业和汽车检测与维修技术专业教材，还可以作为中职、技工学校和社会培训机构相关内容的课程教材，也可作为专业技术人员的参考资料。

图书在版编目(CIP)数据

汽车发动机机械构造与检修 / 成伟华主编. —北京：人民交通出版社，2011.9
ISBN 978-7-114-09352-4

Ⅰ.①汽… Ⅱ.①成… Ⅲ.①汽车－发动机－机械系统－构造－高等职业教育－教材②汽车－发动机－机械系统－车辆修理－高等职业教育－教材 Ⅳ.①U464②U472.43

中国版本图书馆 CIP 数据核字(2011)第 166434 号

高职高专改革创新示范教材

书　名：	汽车发动机机械构造与检修
著　作　者：	成伟华
责任编辑：	于志伟
出版发行：	人民交通出版社股份有限公司
地　　址：	(100011)北京市朝阳区安定门外外馆斜街3号
网　　址：	http://www.ccpcl.com.cn
销售电话：	(010)59757973
总　经　销：	人民交通出版社股份有限公司发行部
经　　销：	各地新华书店
印　　刷：	北京虎彩文化传播有限公司
开　　本：	787×1092　1/16
印　　张：	17.75
字　　数：	400千
版　　次：	2011年9月　第1版
印　　次：	2022年9月　第5次印刷
书　　号：	ISBN 978-7-114-09352-4
定　　价：	33.00元

(如有印刷、装订质量问题的图书由本公司负责调换)

前言 FOREWORD

《国家中长期教育改革和发展规划纲要(2010—2020年)》中提出:大力发展职业教育,把职业教育纳入经济社会发展和产业发展规划,把提高质量作为重点;以服务为宗旨,以就业为导向,推进教育教学改革。实行工学结合、校企合作、顶岗实习的人才培养模式;满足人民群众接受职业教育的需求,满足经济社会对高素质劳动者和技能型人才的需要。

高等职业教育的发展是国家当前教育发展的战略重点之一。我们认为,当前我国高等职业教育需要解决"三个改革"和"三个建设"两大问题。三个改革,即课程体系改革、教学模式改革和教学内容改革;三个建设,即师资队伍建设、教学设施建设、教材建设。

目前,高等职业院校汽车运用技术专业所使用的教材普遍存在以下几个方面的问题:

(1)专业定位不明确,受本科教育的影响较大,学生反映难,教师反映不好教;

(2)职业特征不明显,企业反映脱离实际,与他们的需求距离很大;

(3)教学方式落后,不适应新一轮教学改革的需要,不利于长远发展;

(4)立体化程度薄弱,教学资源质量不高,教学方式相对落后。

针对以上问题,结合人民交通出版社汽车类专业教材的出版优势,我们开发了《高等职业教育改革创新示范教材》。本套教材以"积极探索教学改革思路,提升学生职业素质"的指导思想,采用职教专家、行业一线专家、学校教师、出版社编辑、教学设备研发企业"五结合"的编写模式。教材内容的特点是:明确高等职业教育定位,准确体现职业教育特点(以工作岗位所需的知识和技能为出发点);理论内容"必需、够用";实训内容贴合工作一线实际;选图讲究,易懂易学。

该套教材将先进的教学内容、教学方法与教学手段有效地结合起来,形成课本、课件(部分课程配)和习题集(部分课程配)三位一体的立体教学模式。

本书由广东职业技术学院成伟华老师主编。全书共分11个项目,成伟华编写项目1、10、11,史懂深编写项目2、6、7,于晓喜编写项目3、8,张斌编写项目4,赵良红编写项目5、9。成伟华负责对全书文字、插图、结构等全部内容进行修正、定稿。

限于编者的经历和水平,书中难免有不妥或错误之处,敬请广大读者批评指正,提出修改意见和建议,以便再版修订时改正。

职业教育改革创新示范教材编委会
2011年7月

项目1　发动机总论

学习任务一　发动机的认识与分类 ………………………………………… 1
学习任务二　发动机的总体结构与基本工作原理 ………………………… 4
学习任务三　发动机的技术性能指标 ……………………………………… 13

项目2　机体组及曲柄连杆机构

学习任务一　机体组的构造与检修 ……………………………………… 22
学习任务二　活塞连杆组的构造与检修 ………………………………… 32
学习任务三　曲轴飞轮组的构造与检修 ………………………………… 48

项目3　配气机构

学习任务一　配气机构总体构造及配气相位 …………………………… 62
学习任务二　气门零件组的构造与检修 ………………………………… 71
学习任务三　气门传动组的构造与检修 ………………………………… 83

项目4　汽油机燃料供给系统

学习任务一　混合气的浓度对发动机工况的影响 ……………………… 104
学习任务二　燃油供给装置的构造与检修 ……………………………… 109

项目5　柴油机燃料供给系统

学习任务一　柴油机燃料供给系统的拆装 ……………………………… 122
学习任务二　柴油机燃料供给系统的构造与检修 ……………………… 129

项目6　冷却系统

学习任务　冷却系统的构造与检修 ……………………………………… 160

项目7 润滑系统

学习任务 润滑系统的构造与检修……………………………………175

项目8 起动系统

学习任务 起动系统的构造与检修……………………………………188

项目9 点火系统

学习任务 点火系统构造与检修………………………………………201

项目10 进排气系统

学习任务一 进气系统的构造与日常维护……………………………220
学习任务二 排气及其净化系统的构造与检修………………………229

项目11 发动机的拆装与竣工验收

学习任务一 发动机的拆装……………………………………………243
学习任务二 发动机的磨合……………………………………………266
学习任务三 发动机竣工验收…………………………………………270

参考文献

项目 1 发动机总论

学习任务一　发动机的认识与分类

学习目标
- ◎ 了解发动机的定义；
- ◎ 熟悉汽车发动机的分类方法。

能力要求
- ◎ 能认识各种形式的发动机；
- ◎ 能在汽车中找到发动机。

汽车发动机是汽车的动力源泉，为整个汽车提供动力。

一般来说，除个别型号的汽车外，发动机通常安装在汽车前部发动机舱内，它们的外形根据各车型不同而有差异，但是结构轮廓基本一样。

我们到汽车4S店看车或买车时，销售人员往往会给我们一张车辆参数宣传资料，资料上面都写有该车发动机的形式。要想看明白这份参数表，就要求我们对发动机的总体形式有基本的认识并熟悉发动机的基本分类。

为了初步建立发动机的基本概念，看懂4S店或汽车生产厂家的宣传资料或说明书，我们首先需要认识发动机并了解其分类。

项目1 发动机总论

一、发动机的定义

发动机是汽车的动力源,是将某一种形式的能量转化为机械能的机器。将燃料燃烧所产生的热能转化为机械能的装置称为热力发动机(简称热机)。其中,内燃机是一种热机,其特点是将液体或气体燃料与空气混合后直接输入机器内部燃烧而产生热能,然后再将热能转变成机械能。另一种热机是外燃机,如蒸汽机,其特点是燃料在机器外部的锅炉内燃烧,将锅炉内的水加热而产生高温、高压水蒸气,然后输送至机器内部,使水蒸气所含的热能转变为机械能。

内燃机具有热效率高、体积小、质量轻、便于移动以及起动性能好等优点,因而广泛应用于飞机、舰船以及汽车、拖拉机、坦克等。但是,内燃机一般要求使用石油燃料,其排出的废气中含有多种有害气体。为解决能源短缺与大气污染的问题,目前,世界各国正致力于排气净化以及其他新能源发动机的研发工作。

二、发动机的类型

内燃机根据其将热能转化为机械能的主要构件的形式不同,可分为活塞式内燃机和燃气轮机两大类。前者又可按活塞运动方式分为往复活塞式和旋转活塞式两种。往复活塞式发动机为现代内燃机的主流,活塞在汽缸中做往复的直线运动,经连杆、曲轴等转变为旋转运动。各种汽车、船舶等运输用发动机及发电、工程机械、农业机械所用的发动机,大部分都采用此种形式。往复活塞式发动机按照点火方式、工作循环、热力循环、凸轮轴的位置及凸轮轴数、汽缸排列、使用燃料、冷却方式等,又可分为很多不同的形式。表1-1是汽车发动机的具体分类。

汽车发动机的分类　　　　表1-1

分类方法	类别	含义
按使用燃料和动力能源方式	汽油发动机	以汽油为燃料的发动机
	柴油发动机	以柴油为燃料的发动机
	油—气混合发动机	能同时以燃油和气体作为燃料的发动机
	纯气体发动机	以天然气、液化石油气等为燃料的发动机
	油—电混合发动机	能同时以燃油和蓄电池作为燃料或能源的发动机
	纯电动发动机	以蓄电池为动力能源的发动机
	气—电发动机	能同时以气体和蓄电池作为燃料或能源的发动机
	气、油、电混合动力装置	能同时以气体、燃油和蓄电池作为燃料或能源的发动机

续上表

分类方法	类别	含义
按冲程数量	二冲程发动机	活塞经过两个行程完成一个工作循环的发动机
	四冲程发动机	活塞经过四个行程完成一个工作循环的发动机
按热力循环方式	奥拓循环、狄塞尔循环、混合循环	
按着火方式	点燃式内燃机	压缩汽缸内的可燃混合气,并用外源点火燃烧的发动机
	压燃式内燃机	压缩汽缸内的空气或可燃混合气,产生高温高压可燃气体,引起燃料着火的发动机
按进气状态	自然吸气式发动机(非增压内燃机)	进入汽缸前的空气或可燃混合气未经压缩的内燃机。对于四冲程内燃机亦称自吸式发动机
	增压发动机	进入汽缸前的空气或可燃混合气先经过压气机压缩,以增大充量密度的发动机
按冷却方式	水冷式发动机	用水冷却汽缸和汽缸盖等零件的发动机
	风冷式内燃机	用空气冷却汽缸和汽缸盖等零件的发动机
按汽缸数量	单缸发动机	只有一个汽缸的发动机
	多缸发动机	具有两个或两个以上汽缸的发动机
按汽缸布置形式	立式发动机	汽缸布置于曲轴上方且汽缸中心线垂直于水平面的发动机
	卧式发动机	汽缸中心线平行于水平面的发动机
	直列式发动机	具有两个或两个以上直立汽缸,并呈一列布置的发动机
	V形发动机	具有两个或两列汽缸,其中心线夹角呈V形,并共用一根曲轴输出功率的发动机
	对置汽缸式发动机	两个或两列汽缸分别排列在同一曲轴的两边呈180°夹角的发动机
	斜置式发动机	汽缸中心线与水平面呈一定角度(不是直角)的内燃机
	辐射式发动机	多个汽缸以曲轴为中心,沿圆周平均分布的发动机
按凸轮轴数量	单凸轮轴	有一根凸轮轴的发动机
	双(多)凸轮轴	有2根或以上凸轮轴的发动机
按用途分类	汽车用、机车用、拖拉机用、船用、坦克用、摩托车用、发电机用、农用、工程机械用等发动机	

项目1　发动机总论

学习任务二　发动机的总体结构与基本工作原理

学习目标
◎ 掌握发动机的基本名词术语；
◎ 掌握发动机机械系统的总成部件名称和基本组成；
◎ 掌握发动机的工作原理。

能力要求
◎ 能画出曲柄连杆组的草图，并标注基本名词术语；
◎ 能在解体的发动机上找出发动机的两大机构和六大系统。

任务导入

我们上一题已经初步地认识了发动机。那么发动机具体是怎么工作的，它的工作过程分为哪几个阶段？是怎样将燃料燃烧产生的热能转化为机械能的呢？要了解这些内容，必须掌握发动机的工作原理。

另外，在维修发动机的时候，经常接触到发动机的一些参数和尺寸，这些参数可能会在发动机铭牌中找到，所以，还有必要了解发动机铭牌的相关知识。

学习指引

为了能了解发动机两大机构、六大系统的基本构造，掌握发动机的工作原理，我们需要学习以下相关知识。

相关知识

四冲程汽油发动机基本结构如图1-1所示。

现代发动机是一种由许多机构和系统组成的复杂机器，其结构形式多种多样，具体结构也差别很大，但无论是汽油机，还是柴油机，无论是四行程发动机，还是二行程发动机，无论是单缸发动机，还是多缸发动机，要完成能量转换，实现工作循环，保证长时间连续正常工作，都必须具备以下一些机构和系统。

一、发动机的基本结构

1 曲柄连杆机构

曲柄连杆机构是发动机实现工作循环，完成能量转换的主要运动构件。它由机体组、活塞连杆组和曲轴飞轮组等组成。在作功行程中,活塞承受燃气压力在汽缸内作直线运动,通过连杆转换成曲轴的旋转运动,并由曲轴对外输出动力。而在进气、压缩和排气行程中,飞轮释放能量又把曲轴的旋转运动转化成活塞的直线运动。

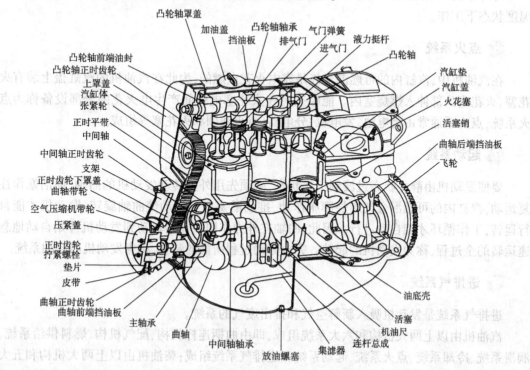

图1-1 四缸四冲程发动机结构示意图

2 配气机构

配气机构的功用是根据发动机的工作顺序和工作过程,定时开启和关闭进气门和排气门,使可燃混合气或空气进入汽缸,并使废气从汽缸内排出,实现换气过程。配气机构大多采用顶置气门式配气机构,一般由气门组、气门传动组和气门驱动组组成。

3 燃料供给系统

汽油机燃料供给系统的功用是根据发动机的要求,配制出一定数量和浓度的混合气,供入汽缸,并将燃烧后的废气从汽缸内排出去;柴油机燃料供给系统的功用是把柴油和空气分别供入汽缸,在燃烧室内形成混合气并燃烧,最后将燃烧后的废气排出。

4 润滑系统

润滑系统的功用是向作相对运动的零件表面输送定量的清洁润滑油,以实现液体摩擦,减小摩擦阻力,减轻机件的磨损,并对零件表面进行清洗和冷却。润滑系统通常由润滑油道、机油泵、机油滤清器和一些阀门等组成。

5 冷却系统

冷却系统的功用是将受热零件吸收的部分热量及时散发出去,保证发动机在最适宜的温度状态下工作。

6 点火系统

在汽油机中,汽缸内的可燃混合气是靠电火花点燃的,为此在汽油机的汽缸盖上装有火花塞,火花塞头部伸入燃烧室内。能够按时在火花塞电极间产生电火花的全部设备称为点火系统,点火系通常由蓄电池、发电机、分电器、点火线圈和火花塞等组成。

7 起动系统

要使发动机由静止状态过渡到工作状态,必须先用外力转动发动机的曲轴,使活塞作往复运动,汽缸内的可燃混合气燃烧膨胀作功,推动活塞向下运动使曲轴旋转,发动机才能自行运转,工作循环才能自动进行。因此,曲轴在外力作用下开始转动到发动机开始自动地怠速运转的全过程,称为发动机的起动。完成起动过程所需的装置,称为发动机的起动系统。

8 进排气系统

进排气系统是发动机吸入新鲜空气和排出废气的系统。

汽油机由以上两大机构和六大系统组成,即由曲柄连杆机构、配气机构、燃料供给系统、润滑系统、冷却系统、点火系统、起动系统和进排气系统组成;柴油机由以上两大机构和五大系统组成,即由曲柄连杆机构、配气机构、燃料供给系统、润滑系统、冷却系统、起动系统和进排气系统组成,柴油机是压燃的,不需要点火系统。

发动机的基本名词术语

图1-2为四冲程发动机的原理示意图。其基本组成、运动关系与基本术语为:

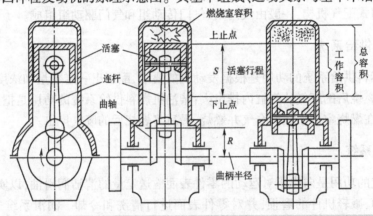

图1-2 发动机基本名词术语

(1) 上止点——活塞顶部离曲轴中心最远位置。

(2) 下止点——活塞顶部离曲轴中心最近位置。

(3) 活塞行程 S——活塞在汽缸内由一个止点移动到另一个止点间的距离;曲轴每转半周(180°),相当于一个活塞行程,亦称冲程,以 S 表示。

(4) 工作容积 V_h——活塞在汽缸内由上止点移动到下止点时,所让出来的空间,即称为汽缸的工作容积,以 V_h 表示。

$$V_L = \frac{\pi D^2}{4 \times 10^3} S \cdot i \tag{1-1}$$

式中:D——汽缸直径(cm);

S——活塞行程(cm);

i——汽缸数。

(5) 压缩容积 V_c——当活塞在汽缸内位于上止点时,在活塞顶上的全部空间,称为压缩容积或燃烧室容积。

(6) 汽缸总容积 V_a——活塞在下止点时,在活塞顶上的全部容积,也就是压缩容积(V_c)和工作容积(V_h)的总和。

$$V_a = V_h + V_c \tag{1-2}$$

(7) 发动机排量 V_π——多缸发动机全部汽缸的工作容积的总和,称为发动机的排量,单位为 L。

(8) 压缩比 ε——汽缸总容积与压缩容积的比值,称为压缩比。

$$\varepsilon = \frac{V_a}{V_c} = \frac{V_h + V_c}{V_c} = 1 + \frac{V_h}{V_c} \tag{1-3}$$

压缩比是一个抽象的数值,它表示着充入汽缸的气体当活塞在下止点移动到上止点时所缩小的比数。例如汽缸总容积为 1.2L,压缩容积为 0.2L,压缩比即为 6∶1 或 6,即气体被压缩到原来的 1/6。目前汽油发动机的压缩比约为 6~10(有的也高达 10 以上),柴油机的压缩比为 15~22。

(9) 工作循环——是由进气、压缩、作功和排气四项工作组成,每完成这四项工作就完成了一个工作循环。工作循环分别在每一个汽缸内进行,而与发动机的汽缸数无关。

三 往复活塞式发动机的工作原理

一般发动机设计有多个汽缸,每个汽缸中都有一个活塞,每个活塞通过活塞销、连杆与一个共用的曲轴(多缸机)相连接,活塞在汽缸内作往复运动,共同连续不断地实现曲轴的转动,以对外作功。

1 四冲程汽油机工作原理

活塞在汽缸中上下运动四个行程,即曲轴旋转 720°,完成一个工作循环的发动机,称为四冲程循环发动机。

四个行程依照工作的先后次序,分别为进气→压缩→作功→排气四个行程。但四冲程发动机的每一个工作形态,并不完全在180°内发生,如图1-3所示。

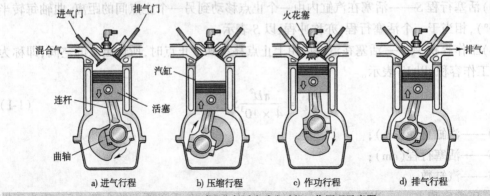

图1-3　四冲程往复活塞式发动机工作原理示意图

为了研究汽车工作循环中气体压力 P 和相应的活塞所在不同位置的汽缸工作容积 V 之间的变化关系,常用发动机循环示功图来表示,如图1-4所示。示功图中曲线所围成的面积表示发动机整个工作循环中气体在单个汽缸内所做的功。

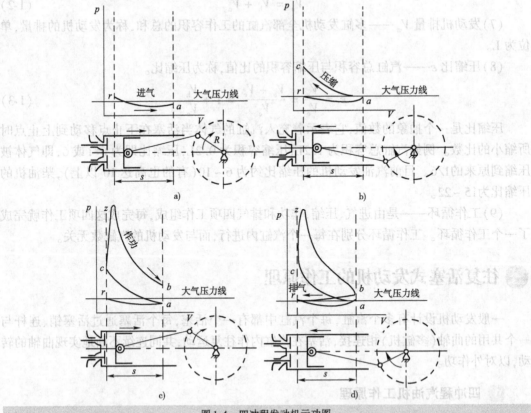

图1-4　四冲程发动机示功图

(1)进气行程:如图1-4a)所示,进气行程中,曲轴带动活塞从上止点向下止点运动,进气门开启,排气门关闭,汽缸内活塞上方容积增大,汽缸内压力小于外界大气压,形成一定真空度,可燃混合气经进气歧管、进气门吸入汽缸。由于进气时间短且进气系统存在压力,进气终了时汽缸压力略低于大气压力,为 0.074～0.093MPa。由于气体与汽缸壁之间存在摩擦,同时在高温机件和残余废气加热下,它的温度上升到 80～130℃。

在图 1-4a)示功图上,进气行程用曲线 ra 表示。曲线 ra 位于大气压力线下,它与大气压力线纵坐标之差即表示汽缸内的真空度。

(2) 压缩行程:为了使可燃混合气能迅速、完全、集中地燃烧,使发动机能发出更大的功率,燃烧前必须将可燃混合气压缩。如图 1-4b)所示,在进气行程终了时,活塞由下止点向上止点移动,曲轴由 180°转到 360°,此时,进、排气门均关闭。随着汽缸容积的不断缩小,可燃混合气受到压缩,其温度和压力不断升高。压缩行程一直继续到活塞到达上止点时为止,此时,可燃混合气被压缩到活塞上方的很小空间,即燃烧室中。压缩终了时,可燃混合气的温度为 327～427℃,可燃混合气压力为 0.6～1.5MPa。如图 1-4b)所示,压缩行程用曲线 ac 表示。

压缩终了时可燃混合气的压力和温度取决于压缩比,压缩比越大,燃烧速度越快,因而发动机发出的功率便越大,动力性和经济性越好。但压缩比过大时,不仅不能进一步改善燃烧状况,反而会出现爆燃和表面点火等不正常燃烧现象。

因此,在提高压缩比时,必须注意防止爆燃和表面点火的发生。此外,压缩比提高还受到排气污染法规限制。许多国家生产的汽油机,其压缩比出现了下降的趋势。

(3) 作功行程:如图 1-4c)所示,在这个行程中进、排气门仍关闭。当活塞在压缩行程接近上止点时,装在汽缸盖上的火花塞在高压电作用下产生电火花,点燃被压缩的可燃混合气。可燃混合气燃烧后,放出大量的热能,使燃气的压力和温度急剧升高,如图 1-4c)曲线 cz 所示。最高压力 P 为 3～5MPa,相应的温度为 1927～2527℃,且体积迅速膨胀。此时活塞被高压气体推动从上止点下行,带动曲轴从 360°旋转到 540°,并输出机械能,能量除了维持发动机本身继续运转外,其余部分都用于对外作功,所以该行程称为作功行程。

在示功图上,曲线 zb 表示活塞向下移动时,汽缸内容积增加,气体压力和温度都在降低。在作功行程终了的 b 点,压力降到 0.3～0.5MPa,温度则降为 1027～1327℃。

(4) 排气行程:可燃混合气体燃烧后生成的废气,必须从汽缸中排除,以便进行下一个进气行程。如图 1-4d)所示,当膨胀过程接近终了时,进气门关闭,排气门开启,曲轴通过连杆推动活塞从下止点向上止点运动,曲轴由 540°旋转到 720°。废气在自身残余压力和活塞的推力作用下从汽缸中排出,进入大气中。活塞到上止点附近时,排气行程结束。

如图 1-4d)所示,这一行程用曲线 br 表示。由于排气系统存在排气阻力,所以在排气终了时汽缸内压力稍高于大气压力,为 0.102～0.120MPa,废气温度为 627～927℃。

燃烧室占有一定容积,故排气终了时,不可能将废气排尽,留下的这一部分废气称为残余废气。残余废气量占总气量的比例一般用残余废气系数表示,残余废气系数是表示排气是否彻底的一个非常重要的参数。

2 四冲程柴油机工作原理

四冲程柴油机(压燃式发动机)的每个工作循环也经历进气、压缩、作功、排气四个行程。

但由于柴油机的燃料是柴油,其黏度比汽油大,而其自燃温度却较汽油低,故可燃混合气的形成及点火方式都与汽油机不同。

图1-5为四冲程柴油机工作原理示意图。柴油机在进气行程吸入的是纯空气,在压缩行程终了时,柴油机喷油泵将油压提高到10~15MPa以上,通过喷油器喷入汽缸,在很短时间内与压缩后的高温空气混合,形成可燃混合气。因此,这种发动机的可燃混合气是在汽缸内部形成的。

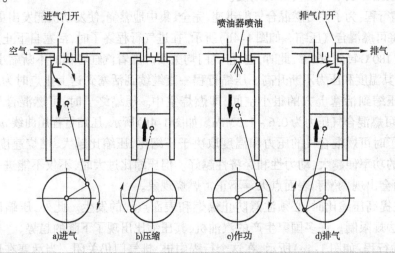

图1-5　四冲程柴油发动机工作循环

由于柴油机的压缩比高(一般为16~22),所以压缩终了时汽缸内的空气压力可达3.5~4.5MPa,同时温度高达750~1000K,大大超过柴油机的自燃温度(500K)。因此,柴油喷入汽缸后,在很短时间内与空气混合后便立即自行发火燃烧,汽缸内气压急剧上升到6~9MPa,温度也升到2000~2500K。在高压气体推动下,活塞向下运动并带动曲轴旋转而作功。废气同样经排气管排入大气中。

3 四冲程汽油机与柴油机工作原理的比较

由上述四冲程汽油机和柴油机的工作循环可知,两种发动机的工作循环既有共同点,又有差别,归纳如下表1-2所示。

汽油机和柴油机的区别　　　　　　　　　　　表1-2

项　目	汽油发动机	柴油发动机
进气行程	吸进燃油和空气混合气	仅吸进空气
压缩行程	活塞压缩可燃混合气,压缩比为7~13,压缩终了温度为300~400℃	活塞压缩空气,压缩比16~22,压缩终了温度为530~730℃
燃烧冲程	火花塞将压缩混合气强制点火(点燃)	燃油喷进高温、高压空气中,自行着火(压燃)
排气行程	活塞强力将气体排出汽缸外,主要排放物为CO、HC、NO 黑烟(少)	活塞强力将气体排出汽缸外,主要排放物为CO、HC 小,NO_x 和黑烟(多)
功率输出调整方法	由控制节气门的开度来改变可燃混合气的供给量	由控制喷油泵来改变燃油的供给量(进入汽缸的空气量不能调整)

四 发动机型号编制规则

1 国内发动机型号编制规则

根据国家标准 GB/T 725—1991 规定,发动机型号由阿拉伯数字和汉语拼音字母组成,型号由下列四部分构成,见图 1-6。

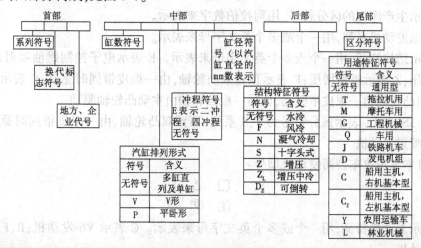

图 1-6 内燃机型号编制规则

- 首部:为产品系列符号、换代标志符号和地方、企业代号,由制造厂根据需要自选相应字母表示,但须经主管部门或标准化机构核准。
- 中部:由缸数符号、冲程符号、汽缸排列形式符号和缸径符号组成。
- 后部:结构特征和用途特征符号,用字母表示。
- 尾部:区分符号,同一系列产品因改进等原因需要区分时,由制造厂选用适当符号表示。

以下为国内发动机型号编制示例。

(1)汽油机:

CA6102——第一汽车制造厂制造,六缸,直列四冲程,缸径 102mm,水冷通用型。

TJ376Q——天津汽车制造厂制造,三缸,直列四冲程,缸径 76mm,水冷汽车用。

CA488——第一汽车制造厂制造,四缸,直列四冲程,缸径 88mm,水冷通用型。

EQ6100Q-1——第二汽车制造厂制造,六缸,直列四冲程,缸径 100mm,水冷汽车用,第一种变型产品。

(2)柴油机:

CA6110——第一汽车制造厂制造,六缸,直列四冲程,缸径 110mm,水冷通用型。

YZ6102Q——扬州柴油机厂生产,六缸,直列四冲程,缸径 102mm,水冷汽车用。

12V135ZG——十二缸,V 形排列,四冲程,缸径 135mm,水冷,增压,工程机械用。

2 国外发动机型号编制规则

国外发动机型号没有统一的编制规则,通常由生产厂家自行制定。以下为国外发动机型号编制示例。

(1)日本丰田汽车公司发动机型号:

$$\underset{①}{△}\ \underset{②}{□}-\underset{③}{□}$$

①表示生产序列的区分符号,用阿拉伯数字来表示。
②表示发动机系列,用一个或多个英文字母来表示。
③表示结构特征,用一个或多个英文字母来表示。E 表示电子控制燃油喷射系统;T 表示涡轮增压;Z 表示机械增压;F 表示顶置双凸轮轴,由一根皮带同时驱动;C 表示顶置双凸轮轴,一根凸轮轴由一根皮带驱动,而另一根凸轮轴由主动凸轮轴驱动。
例如:3S—GTE 表示区分符号为 3、S 系列、顶置双凸轮轴、由一根皮带同时驱动的电子控制燃油喷射发动机。

(2)日本本田汽车公司发动机型号:

$$\underset{①}{□}\ \underset{②}{△}-\underset{③}{□}$$

①表示发动机特征,用一个或多个英文字母来表示。C 表示 V6 发动机;B、F、H、ZC 表示四缸发动机。
②表示发动机排量,用两位阿拉伯数字来表示,单位为 L。16 表示排量为 1.6L;20 表示排量为 2.0L。
③表示区分符号。A 表示第一代产品;B 表示第二代产品。
例如:F23—A 表示四缸、排量 2.3L、第一代产品。

(3)美国康明斯发动机公司发动机型号:

$$\underset{①}{△}\ \underset{②}{□}\ \underset{③}{□}\ \underset{④}{□}\ \underset{⑤}{△}$$

①表示发动机的汽缸数,用阿拉伯数字来表示。
②表示发动机的系列代号,用英文字母来表示。
③表示废气涡轮增压器,用英文字母 T 来表示。
④表示进气中间冷却,用英文字母 A 表来示。
⑤表示发动机的排量,用阿拉伯数字来表示,单位为 L。
例如:6B5.9 表示六缸、B 系列、自然吸气、排量为 5.9L 的柴油机。

(4)瑞典沃尔沃汽车公司发动机型号:

$$\underset{①}{□}\ \underset{②}{□}\ \underset{③}{△}\ \underset{④}{□}\ \underset{⑤}{□}$$

①表示发动机使用的燃料,用英文字母来表示。F 为汽油机,D 为柴油机。
②表示发动机汽缸排列形式,用英文字母来表示。H 表示直列卧式;V 表示汽缸 V 形布置。

③表示发动机的排量,用阿拉伯数字来表示,单位为 L。
④表示发动机的改进型,用英文字母来表示。
⑤表示发动机的输出功率,用阿拉伯数字来表示,单位为 Ps(马力)。

例如:DH12D420 表示柴油机、汽缸为直列卧式、排量为 12L、改进为 D 形、发动机功率为 420Ps 的发动机。

学习任务三　发动机的技术性能指标

学习目标
◎ 了解发动机各性能指标的含义;
◎ 了解发动机的基本特性。

能力要求
◎ 在给定特定数据的前提下,能运用相关公式,计算相关性能指标;
◎ 能看懂发动机特性图。

汽车 4S 店或生产厂家,在进行汽车营销或推介时,都会有各种车型的宣传画册,画册上表明包括发动机最大功率、最大转矩等相关参数,有些还有发动机的特性图。如果我们去 4S 店看车,能否看懂这些性能参数呢?

为了能看懂汽车宣传画册,并能根据给定发动机的基本参数来初步判断发动机的基本性能,我们必须了解发动机的各项技术性能指标。

一 发动机的性能指标

发动机的性能指标是用来衡量发动机性能好坏的标准,主要包括动力性能指标、经济性能指标和排放性能指标,此外还有运转性能、工作可靠性、结构工艺性等指标。

1 动力性能指标

发动机动力性能主要包括有效转矩、有效功率和平均有效压力。

(1) 有效转矩：指发动机通过曲轴或飞轮对外输出的转矩，通常用 M_e 表示，单位为 N·m。有效转矩是作用在活塞顶部的气体压力通过连杆传给曲轴产生的转矩，并克服了摩擦、驱动附件等损失之后从曲轴对外输出的净转矩。

(2) 有效功率：指发动机通过曲轴或飞轮对外输出的功率，通常用 P_e 表示，单位为 kW。有效功率同样是曲轴对外输出的净功率，它等于有效转矩和曲轴转速的乘积。发动机的有效功率可以在专用的试验台上用测功器测定，测出有效转矩和曲轴转速，然后用下面公式计算出有效功率：

$$P_e = M_e \frac{2\pi n}{60} \times 10^{-3} = \frac{M_e n}{9550} \quad (kW) \tag{1-4}$$

式中：M_e——有效转矩，N·m；
n——曲轴转速，r/min。

(3) 平均有效压力：发动机单位汽缸工作容积所输出的有效功称为平均有效压力。通常用 p_e 表示，单位为 Pa 或 kPa，即：

$$p_e = \frac{W_e}{V_h}$$

式中：W_e——单个汽缸的循环有效功，J；
V_h——汽缸工作容积，L。

如果用 i 表示汽缸数、n 表示发动机转速、τ 表示行程数、V_h 表示汽缸工作容积，则平均有效压力 p_e 和有效功率 P_e 的关系为：

$$P_e = \frac{p_e i V_h n}{30 \tau} \times 10^{-3} \quad (kW) \tag{1-5}$$

平均有效压力越高，有效转矩越大，发动机的动力性越好。发动机的平均有效压力一般汽油机为 650~1200kPa，柴油机为 600~950kPa。

2 经济性能指标

通常用有效燃油消耗率来评价内燃机的经济性能。有效燃油消耗率是指单位有效功的燃油消耗量，常用发动机每发出 1kW 有效功率在 1h 内所消耗的燃油质量（以 g 为单位）。燃油消耗率通常用 g_e 表示，单位为 g/kW·h，计算公式如下：

$$g_e = \frac{G_T}{P_e} \times 10^3 \tag{1-6}$$

式中：G_T——每小时的燃油消耗量，kg·h；
P_e——有效功率，kW。

有效燃油消耗率越小,表示发动机曲轴输出净功率所消耗的燃油越少,其经济性越好。通常发动机铭牌上给出的有效燃油消耗率 g_e 是最小值。g_e 的值一般汽油机为 270~410 g/(kW·h),柴油机一般为 215~285g/(kW·h)。

3 紧凑性指标

汽车发动机紧凑性指标一般是指发动机的比质量、升功率和单位体积功率。

(1)比质量。比质量是指发动机的总质量 G 与标定功率 N_e 的比值,它是反映发动机总体布置的紧凑性、制造技术和材料利用程度等综合参数的评价指标。总质量是指发动机的净质量,即不包括燃油、机油、冷却水及其他不直接安装在发动机本体上的附属装备的质量。汽车发动机的比质量一般为 3.53~8.16kg/kW。

(2)升功率。升功率是指标定状态时,每单位汽缸工作容积所能发出的有效功率,用 N_l 表示:

$$N_l = \frac{P_e}{iV_h} = \frac{P_e n}{30\tau} \times 10^{-3} \quad (kW/L) \tag{1-7}$$

升功率是表示发动机汽缸工作容积有效利用程度的指标,它综合反映了平均有效压力 P_e、转速 n 及行程数 τ 的影响,表示发动机的强化程度,是一个重要的性能指标。现代汽车发动机的升功率一般为:汽油机 20~37kW/L;柴油机 11~15kW/L。

(3)单位体积功率。单位体积功率是指发动机的标定功率 N_e 对其外廓体积 V 之比。外廓体积是指发动机外廓尺寸 L、宽 B、高 H 的乘积。单位体积功率 N_v:

$$N_v = \frac{P_e}{LBH} = \frac{P_e}{V} = \frac{P_e}{V_H} \cdot \frac{V_H}{V} = N_l K \tag{1-8}$$

式中:V_H——发动机排量,L;

K——总布置紧凑性系数,L/m³。

由上式可见,要提高发动机的单位体积功率,不仅必须提高升功率,而且还要提高总体布置的紧凑性。这就要求在设计发动机时,不能仅是片面追求其本体尺寸的紧凑性,而且要考虑到附件布置影响等因数。

4 发动机的排放性能指标

发动机的排放性能指标包括排放烟度、有害气体(CO,HC,NO_x)排放量、噪声等。

5 可靠性与耐久性指标

发动机的可靠性指标通常是以在保险期内不停车故障次数、停车故障次数及更换主要零件和非主要零件数来表示的。对于汽车、拖拉机发动机,在保险期内应保证不更换主要零件。现代汽车、拖拉机发动机的无故障保险期一般为 1500~2000h。

发动机耐久性指标是以其大修期来表示的。发动机大修期是指发动机从出厂到再进厂大修之前累计的行驶小时数或车辆行驶的公里数。大修期也称发动机的使用寿命。汽车发动机的使用寿命一般以行驶的公里数来表示,一般为 30 万~60 万 km。

二、发动机特性

发动机性能指标随着调整情况和使用工况而变化的关系,称为发动机特性。通常用曲线表示,称为特性曲线。发动机特性可以分为调整特性和使用特性。发动机性能指标随调整状况变化而变化的关系,称为调整特性,如汽油机的点火提前角调整特性、柴油机喷油提前角调整特性、柴油机调速特性等;发动机性能指标随使用工况变化的关系,称为使用特性,如速度特性、负荷特性等。本节着重介绍发动机的速度特性、负荷特性和调整特性。

1 发动机的速度特性

发动机的速度特性是指汽油机(或柴油机)燃料供给系统和点火系统(汽油机)调整为最佳,节气门位置不变时,其性能指标有效功率 P_e、有效转矩 T_e 和有效燃油消耗率 b_e 随发动机转速 n 变化的关系。发动机速度特性通过试验测得,节气门全开时测得的速度特性称为外特性,节气门部分开启时测得的速度特性称为部分负荷特性。图 1-7 为发动机速度特性曲线图。图中 T_e 曲线是一条上凸的曲线,直接影响发动机的动力性能;P_e 曲线则表示有效功率随转速变化的关系,由于 P_e 和 T_e 及 n 之间的关系为:

$$P_e = T_e \frac{2\pi n}{60} \times 10^{-3} = \frac{T_e n}{9550}$$

P_e 存在一最大值,故 P_e 为一条抛物线;b_e 曲线则表示有效燃油消耗率与转速之间的关系,从图中可以看出,并不是节气门全开时 b_e 曲线最低,因为此时采用浓混合气,存在燃烧不完全现象,试验证明:在节气门开度为 80% 左右时,b_e 曲线最低,此时汽车运行最省油。

由于外特性曲线上的每一点都代表在此转速下的最大功率及最大转矩,所以外特性是最重要的速度特性。发动机的额定功率、额定转矩的标定就是以外特性为依据的。图 1-8 和图 1-9 分别为汽油机和柴油机的外特性,从图中可以看出,汽油机的转矩特性曲线与柴油机的转矩特性曲线有着明显的不同。

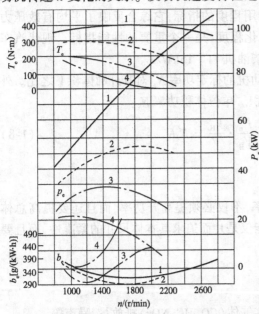

1-外特性;2、3、4-节气门开度分别为 75%、50%、25%

图 1-7　发动机速度特性

2 发动机的负荷特性

发动机负荷特性是指在转速一定时,发动机的性能参数(燃油消耗率、排气温度等)随负荷（有效功率、平均有效压力等）的改变而变化的关系。相应的曲线称为负荷特性曲线。它主要被用来评价发动机在转速一定时，以不同的负荷运转的经济性，如汽车以一定的速度沿阻力变化的道路行驶时，负荷变化将引起耗油量变化。

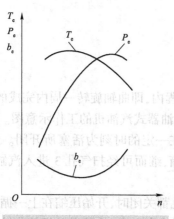

图1-8 汽油机外特性

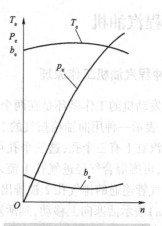

图1-9 柴油机外特性

发动机负荷特性曲线如图1-10所示。由图可见，随着负荷的增加，燃料消耗率开始时急剧下降，到1点油耗最低。标定转速下的该油耗值被称为该发动机的最低燃油消耗率。但此时并非发动机的最大功率点。1点后，随着负荷的增加，发动机功率增大，燃料消耗率又回升。负荷增加到一定值，即图1-10的2点时，发动机排气冒烟超标，称为冒烟界限，发动机工作不允许超出冒烟界限。其适宜的工作区域应该在最低油耗点1附近。有的货车超载运行，将导致燃油消耗急剧上升，发动机过热，寿命下降，排气冒烟严重，污染大气，还会导致制动距离加长，容易出现交通事故，这是不可取的。当负荷增加到图1-10的3点以后，负荷再继续增加，燃烧条件将极度恶化，有效燃油消耗率增加，发动机功率反而降低。

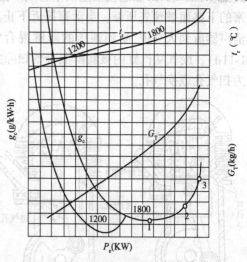

图1-10 发动机负荷特性曲线（柴油机）

为了兼顾发动机的动力与经济性能，标定功率点一般定在冒烟界限以内与最低燃油消耗点之间，可从坐标原点引负荷特性燃油消耗率曲线的切线，交点即作为发动机的标定工况点。

实际发动机工作中，往往由于负荷不足（如汽车载货量少等），而处于部分负荷下工作，导致燃料消耗率上升。有经验的驾驶员，就会采取加速滑行法、汽车挂高挡或带拖车等方法使发动机负荷增加，从而达到节油的目的。

知识拓展

一、二冲程汽油机

1. 二冲程汽油机工作原理

二冲程发动机的工作循环是在两个活塞行程内,即曲轴旋转一周内完成的。

图 1-11 表示一种用曲轴箱扫气的二冲程化油器式汽油机的工作示意图。

发动机汽缸上有三个孔,这三个孔可分别在一定的时刻为活塞所开闭。进气孔 1 与化油器相连通,可燃混合气经进气孔 1 流入曲轴箱,继而可经扫气孔 3 进入汽缸内,而废气则可经过与排气管连通的排气孔 2 被排出。

图 1-11a) 表示活塞向上移动,到活塞将三孔都关闭时,开始压缩在上一循环即已吸入缸内的可燃混合气,同时在活塞下面的曲轴箱内形成真空度(这种发动机的曲轴箱必须是密封的)。当活塞继续上行时,进气孔 1 开启,在大气压力作用下,可燃混合气便自化油器流入曲轴箱(图 1-11b)。活塞接近上止点时(图 1-11c),火花塞发出电火花,点燃被压缩的混合气。高温、高压气体膨胀迫使活塞向下移动。进气孔 1 逐渐被关闭,流入曲轴箱的混合气则因活塞的下移而被预先压缩。当活塞接近下止点时,排气孔 2 开启,废气经过排气孔 2、排气管、消声器流到大气中,受到预压的新鲜混合气便自曲轴箱经孔 3 流入缸内,并扫除废气(图 1-11d)。废气从汽缸内被新鲜混合气扫除并取代的过程,称为汽缸的换气过程,故孔 3 被称为扫气孔或换气孔。

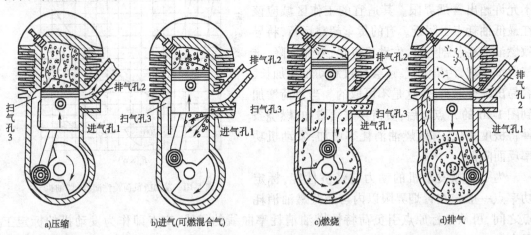

a)压缩　　b)进气(可燃混合气)　　c)燃烧　　d)排气

图 1-11　二冲程汽油机工作示意图

由上述可知,在二冲程发动机内,一个工作循环所包含的两个行程是:

(1)第一行程　活塞自下止点向上移动,事先已充入活塞上方汽缸内的混合气被压缩,新的可燃混合气又自化油器被吸入活塞下方的曲轴箱内。

(2)第二行程 活塞自上止点向下移动,活塞上方进行着作功过程和换气过程,而活塞下方则进行可燃混合气的预压缩。

为了防止新鲜混合气大量与废气混合并随废气一起排出汽缸而造成浪费,活塞顶做成特殊的形状,使新鲜混合气的气流被引向上部,这样还可以利用新鲜混合气来扫除废气,使排气更为彻底。但是在二冲程发动机中,要完全避免可燃混合气的损失是很困难的。

2 二冲程化油器式发动机与四冲程化油器式发动机相比较

二冲程化油器式发动机与四冲程化油器式发动机相比较,其主要优点如下:

(1)曲轴每转一周就有一个作功行程,因此,当二冲程发动机的工作容积和转速与四冲程发动机相同时,在理论上它的功率应等于四冲程发动机的2倍。

(2)由于发生作功过程的频率较高,故二冲程发动机的运转比较均匀平稳。

(3)由于没有专门的换气机构,所以其构造较简单,质量也比较小。

(4)使用方便。因为附属机构少,所以易受磨损和经常需要修理的运动部件数量也比较少。

由于构造上的关系,二冲程发动机的最大缺点是不易将废气自汽缸内排除得较干净,并且在换气时减少了有效工作行程。因此,在同样的工作容积和曲轴转速下,二冲程发动机的功率并不等于四冲程发动机的2倍,只等于1.5~1.6倍;而且在换气时有一部分新鲜可燃混合气随同废气排出,因此二冲程发动机不如四冲程发动机经济。

由于上述的缺点,二冲程化油器式发动机在汽车上较少被采用。但这种发动机的制造费用低廉,构造简单,质量小,所以在摩托车上广泛应用。二冲程发动机可以通过减少扫气损失来改善燃油经济性差的缺点,因此电控喷射的二冲程发动机在汽车上得到发展。

二 二冲程柴油机工作原理

二冲程柴油机的工作过程和二冲程化油器式发动机的工作过程相似,所不同的是:进入柴油机汽缸的不是可燃混合气,而是纯空气。图1-12所示为带有扫气泵的二冲程柴油机工作示意图。

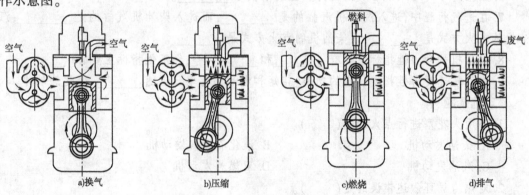

图1-12 带扫气泵的二冲程柴油机

空气由扫气泵提高压力以后,经过装在汽缸外部的空气室和汽缸壁(或汽缸套)上的许多小孔进入汽缸内,废气经由汽缸盖上的排气门排出。

在第一行程中,活塞自下止点向上止点移动。行程开始前不久,进气孔和排气门均已开启,利用自扫气泵流出的空气(压力约为 0.12~0.14MPa)使汽缸换气(图 1-12a)。当活塞继续向上移动,进气孔被遮盖,排气门也被关闭,空气受到压缩(图 1-12b)。当活塞接近上止点时,汽缸内的压力增到 3MPa,温度约升至 850~1000K,燃油在高压(约 17~20MPa)下喷入汽缸内。这时燃油自行着火燃烧,使汽缸内压力增高(图 1-12c)。

在第二行程中,活塞受燃烧气体的膨胀作用自上止点向下止点移动而作功。活塞下行 2/3 行程时排气门开启,排出废气(图 1-12d)。此后,汽缸内压力降低,进气孔开启,进行换气。换气一直继续到活塞向上移动 1/3 行程的距离、进气孔完全被遮盖为止。

这种形式的发动机称为气门—窗孔直流扫气柴油机。与四冲程柴油机比较,二冲程柴油机的优缺点与上面讨论二冲程汽油机时所指出的优缺点基本相同,但由于二冲程柴油机用纯空气扫除废气,没有燃料损失,经济性较高。

复习思考题

一、填空题

1. 车用内燃机根据其燃料不同,目前主流发动机为_____和_____两种。
2. 四冲程发动机每完成一个工作循环,曲轴旋转_____周,进、排气门各开启_____次,活塞在两止点间移动_____次。
3. 上、下止点间的距离称为_____。
4. 四冲程发动机每完成一个工作循环需要经过_____、_____、_____和_____四个行程。
5. 在内燃机工作的过程中,膨胀过程是主要过程,它将燃料的_____转变为_____。
6. 压缩终了时可燃混合气的压力和温度取决于_____。
7. 在进气行程中,进入汽油机汽缸的是_____,而进入柴油机汽缸的是_____;汽油机的点火方式是_____,而柴油机的点火方式是_____。
8. 发动机的动力性指标主要有_____和_____等;经济性指标主要有_____。
9. 发动机速度特性指发动机的功率、转矩和燃油消耗率三者随_____变化的规律。

二、选择题

1. 不用火花塞进行点火的是( )。
   A. 柴油发动机   B. 液化石油气发动机
   C. 汽油发动机   D. 双燃料发动机
2. 对热力循环叙述错误的是( )。
   A. 现代柴油发动机采用混合循环   B. 汽油发动机采用奥托循环

C. 奥托循环又称为等容积循环　　　D. 混合循环又称为等压力循环
3. 凸轮轴装在汽缸体内的发动机,称为(　　)发动机。
　A. OHC　　　B. SOHC　　　C. OHV　　　D. DOHC
4. 汽缸上止点与下止点间的距离,称为(　　)。
　A. 活塞位移容积　　　　　　　B. 排气量
　C. 活塞行程　　　　　　　　　D. 燃烧室容积
5. 四冲程往复式发动机,活塞在汽缸中移动四个行程,曲轴是转(　　)。
　A. 180°　　　　　　　　　　B. 360°
　C. 540°　　　　　　　　　　D. 720°
6. 对二冲程往复活塞式发动机的叙述错误的是(　　)。
　A. 活塞将扫气孔封闭时,压缩行程开始　B. 油底壳内无机油
　C. 进气必须分两个阶段才能完成　　　　D. 排气必须分两个阶段才能完成

三、判断题

1. 凸轮轴装在汽缸盖上的发动机,称为 OHV 发动机。　　　　　　　　　　(　　)
2. SOHC 发动机在汽缸盖上有一个凸轮轴。　　　　　　　　　　　　　　(　　)
3. 目前化油器式发动机已被汽油喷射式发动机所取代。　　　　　　　　　(　　)
4. 以 LPG 为燃料,比以汽油为燃料的排放量低。　　　　　　　　　　　(　　)
5. BDC 称为上止点,是活塞顶面在汽缸中的最高点。　　　　　　　　　　(　　)
6. 活塞在下止点时,其上方的容积,称为燃烧室容积。　　　　　　　　　(　　)
7. 四冲程往复活塞式发动机,其进气、压缩、作功与排气各行程都是刚好在曲轴转动 180°内发生作用。　　　　　　　　　　　　　　　　　　　　　　　　(　　)
8. 活塞从下止点上行,等进气门关闭后,实际的压缩行程才开始。　　　　(　　)
9. 四冲程汽油发动机的配气机构比二冲程汽油发动机复杂。　　　　　　　(　　)

四、简答题

1. 简述汽油发动机的基本工作原理。
2. 简述汽油发动机和柴油发动机的异同点。
3. 什么是发动机的爆燃和表面点火。

项目 2　机体组及曲柄连杆机构

项目 2
机体组及曲柄连杆机构

　　曲柄连杆机构是往复活塞式发动机将热能转换为机械能的主要机构。其功用是将燃气作用在活塞顶上的压力转变为曲轴旋转运动而对外输出动力。

　　发动机工作过程中,燃料燃烧产生的气体压力直接作用在活塞顶上,推动活塞作往复直线运动。经活塞销、连杆和曲轴,将活塞的往复运动转换为曲轴的旋转运动。

　　发动机产生的动力大部分由曲轴后端的飞轮传给传动系统中的离合器;还有一部分通过曲轴前端的齿轮和带轮驱动本机其他机构和系统。

　　曲柄连杆机构由机体组、活塞连杆组和曲轴飞轮组三部分组成。

　　机体组主要由汽缸体、曲轴箱、汽缸盖、汽缸套和汽缸垫等不动件组成。

　　活塞连杆组主要由活塞、活塞环、活塞销和连杆等运动件组成。

　　曲轴飞轮组主要由曲轴和飞轮等机件组成。

学习任务一　机体组的构造与检修

学习目标
- ◎ 掌握机体组的基本组成;
- ◎ 能正确描述机体组各主要零件的构造。

能力要求
- ◎ 能认识机体组的各组成部件;
- ◎ 能正确地对机体组进行拆装及检修。

任务导入

一辆 Honda 雅阁 2.3L 轿车，行驶了 1.2 万 km，平常行驶时冷却液温度正常，在高速公路上以 120km/h 的速度行驶约 20min 后，冷却液温度开始慢慢上升。驾驶人反映该车曾在维修厂修理了两天也没有排除故障。经检查，冷却系统没有问题，但从现象上看，发动机工作平稳，也看不出进水的迹象。分解机体组后发现 2、3 缸之间的汽缸垫损坏。

学习指引

为了能够对机体组进行检修、排除故障，我们需要掌握机体组的构造，以及其拆装工序和检修的方法。

相关知识

机体组包括汽缸体、曲轴箱、汽缸盖、汽缸盖罩、汽缸垫和油底壳等，如图 2-1 所示。

一、汽缸体和曲轴箱

1. 汽缸体的基本结构

水冷发动机的汽缸体和曲轴箱常制成一体，而且多缸发动机的各个汽缸也合铸成一个整体（图 2-2），称为汽缸体-曲轴箱，简称汽缸体。汽缸体上半部有若干个为活塞在其中运动导向的圆柱形空腔，称为汽缸。下半部为支撑曲轴的曲轴箱，其内腔为曲轴旋转的空间。侧壁上钻有主油道，前后壁和中间隔板上钻有分油道。

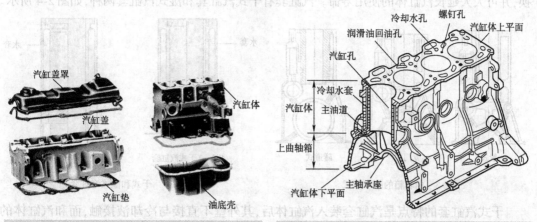

图 2-1　机体组的组成　　　　图 2-2　发动机的汽缸体

汽缸体的上、下两个平面用以安装汽缸盖和下曲轴箱，其往往也是汽缸修理的加工基准。

汽缸体承受较大的机械负荷和较复杂的热负荷,因此,要求汽缸体具有足够的强度、刚度和良好的耐热性及耐腐蚀性等。

汽缸体和上曲轴箱一般采用灰铸铁、球墨铸铁或合金铸铁制造。有些发动机为了减轻质量、加强散热而采用铝合金缸体。

2 曲轴箱的形式

上曲轴箱有3种基本形式,如图2-3所示。

(1)一般式汽缸体

一般式汽缸体的特点是油底壳安装平面和曲轴旋转中心在同一高度。其优点是机体高度小,质量轻,结构紧凑,便于加工,曲轴拆装方便;但其缺点是刚度和强度较差。

(2)龙门式汽缸体

龙门式汽缸体的特点是油底壳安装平面低于曲轴的旋转中心。其优点是强度和刚度都好,能承受较大的机械负荷;但其缺点是工艺性较差,结构笨重,加工较困难。

(3)隧道式汽缸体

隧道式汽缸体曲轴的主轴承孔为整体式,采用滚动轴承,主轴承孔较大,曲轴从汽缸体后部装入。其优点是结构紧凑,刚度和强度好;但其缺点是加工精度要求高,工艺性较差,曲轴拆装不方便。

3 汽缸和汽缸套

汽缸直接镗在汽缸体上叫做整体式汽缸。整体式汽缸的强度和刚度都好,能承受较大的载荷,这种汽缸对材料要求高,成本也高。如果将汽缸制造成单独的圆筒形零件(汽缸套),然后再装到汽缸体内。这样,汽缸套采用耐磨的优质材料制成,汽缸体可用价格较低的一般材料制造,从而降低了制造成本。同时,汽缸套可以从汽缸体中取出,因而便于修理和更换,并可大大延长汽缸体的使用寿命。汽缸套有干式汽缸套和湿式汽缸套两种,如图2-4所示。

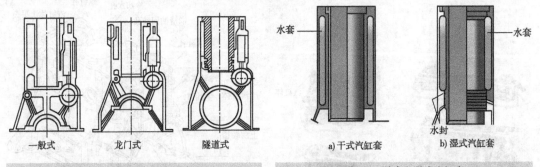

图2-3 曲轴箱的基本形式　　　　图2-4 干式和湿式汽缸套

干式汽缸套的特点是汽缸套装入汽缸体后,其外壁不直接与冷却液接触,而和汽缸体的壁面直接接触,壁厚较薄,一般为1~3mm。它具有整体式汽缸体的优点,强度和刚度都较好,但加工比较复杂,内、外表面都需要进行精加工,拆装不方便,散热不良。

湿式汽缸套的特点是汽缸套装入汽缸体后,其外壁直接与冷却水接触,汽缸套仅在上、下各有一圆环地带和汽缸体接触,壁厚一般为 5~9mm。它散热良好,冷却均匀,加工容易,通常只需要精加工内表面,而与水接触的外表面不需要加工,拆装方便;但缺点是强度、刚度都不如干式汽缸套好,而且容易产生漏水现象,应该采取一些防漏措施。

汽缸盖及汽缸垫

1 汽缸盖

汽缸盖装在汽缸体的上方,两者之间以汽缸垫保持密封,如图2-5 所示。

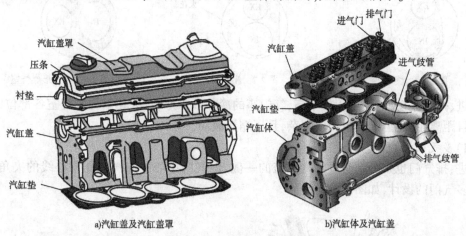

图 2-5　汽缸盖结构

汽缸盖上还装有进、排气门座,气门导管孔,用于安装进、排气门,还有进气通道和排气通道等。汽油机的汽缸盖上加工有安装火花塞的孔,而柴油机的汽缸盖上加工有安装喷油器的孔。顶置凸轮轴式发动机的汽缸盖上还加工有凸轮轴轴承孔,用以安装凸轮轴。

汽缸盖一般采用灰铸铁或合金铸铁铸成,铝合金的导热性好,有利于提高压缩比,所以近年来铝合金汽缸盖被采用得越来越多。

活塞在上止点时,活塞顶部与汽缸盖底部之间所形成的空间,称为燃烧室。

汽油机常用燃烧室如下:

1) 盆形燃烧室

进、排气门成一线排列,垂直安装在汽缸盖上,如图 2-6 所示。图 2-6 中 IN 表示进气门,EX 表示排气门。

气门配置结构简单,混合气压缩时涡流强;但由于进、排气门锥面积大,进、排气孔弯曲弧度大,故容积效率较低。

2) 楔形燃烧室

进、排气门成一线排列,约与汽缸孔中心线倾斜 20°装在汽缸盖上,燃烧室呈三角形,如

图 2-7 所示。

气门配置结构简单,气体流动圆滑,涡流强,且火焰传播距离较短,不易产生爆震;但由于燃烧室表面积大,故热损失较多。

3) 半球形燃烧室

进、排气门分别斜置在汽缸盖的一侧,如图 2-8 所示。

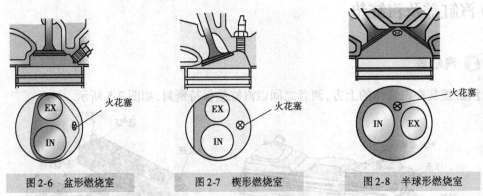

| 图 2-6 盆形燃烧室 | 图 2-7 楔形燃烧室 | 图 2-8 半球形燃烧室 |

进、排气流动顺畅,容积效率高,气门座的冷却效果好,且火花塞与燃烧室各部位的距离短并且距离相等;但配气机构较复杂,且压缩涡流弱。

4) 多气门燃烧室

进、排气门也是分别斜置在汽缸盖的一侧,但气门中心线与汽缸孔中心线的夹角较小,且为多气门的设计,如图 2-9 所示。

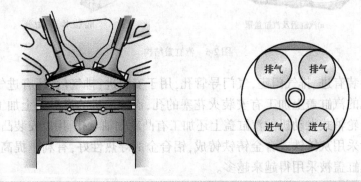

图 2-9 多气门燃烧室

燃烧室表面积最小,热损失少,且因多气门,故进、排气效率很高;但配气机构最复杂。

2 汽缸垫

汽缸垫装在汽缸盖和汽缸体之间,其功用是保证汽缸盖与汽缸体接触面的密封,防止漏气、漏水和漏油,如图 2-10 所示。

汽缸垫的材料要有一定的弹性,能补偿结合面的不平度,以确保密封,同时要有好的耐热性和耐压性,在高温高压下不烧损、不变形。目前应用较多的是铜皮—石棉结构的汽缸垫,由于铜皮—石棉汽缸垫翻边处有三层铜皮,压紧时较之石棉不易变形。有的发动机还采用在石棉中心用编织的钢丝网或有孔钢板为骨架,两面用石棉及橡胶黏结剂压成的汽缸垫。

三、油底壳

油底壳(图2-11)的作用是储存机油并封闭曲轴箱,一般用薄钢板冲压而成。在部分发动机上,为达到良好的散热效果,采用了铝合金铸造的油底壳,在壳的底部还铸有散热片。为保证发动机纵向倾斜时机油泵仍能吸到机油,油底壳中部或后部做得较深。

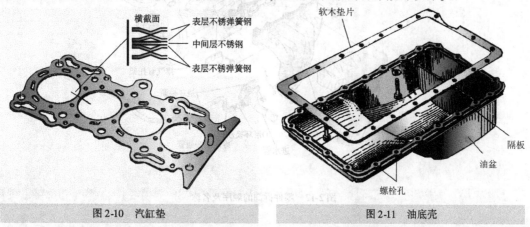

图2-10 汽缸垫　　　　图2-11 油底壳

有时在油底壳中还设有挡油板,以减轻油面波动。底部装有磁性的放油螺栓,以吸附润滑油中的铁屑,减少发动机的磨损。

任务实施

一、任务实施准备

(1)发动机实训室;
(2)发动机一台;
(3)常用工具一套、扭力扳手、刀口尺、量缸表、塞尺等。

二、任务实施步骤

1 机体组的拆装

(1)按图2-12所示的编号顺序拆卸发动机周边的附属零件。
(2)拆卸正时皮带。
(3)拆卸汽缸盖,分二至三次才完全放松汽缸盖的固定螺栓,螺栓的放松顺序如图2-13编号所示,使用一把塑料锤子轻敲肋部,以便拆卸汽缸盖。必须等发动机冷却后才能进行拆卸的工作。

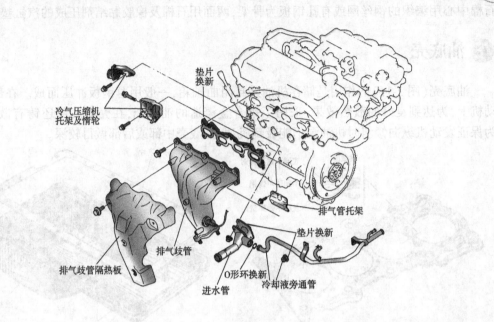

图 2-12 零件拆卸的顺序及名称

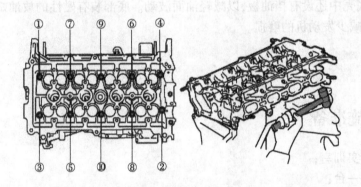

图 2-13 汽缸盖固定螺栓的放松顺序

(4)拆卸汽缸体的外部零件。

图 2-14 是汽缸体外部结构零部件组成及拆装顺序。

拆卸飞轮或驱动板,在拆卸飞轮时要注意以对角方式放松固定螺栓,取下飞轮或驱动板,如图 2-15 所示。

(5)拆下油底壳。

(6)安装的方向与拆卸方向相反,装上新的汽缸垫,如图 2-16a)所示,注意其方向性。装上汽缸盖,分二至三次锁紧汽缸盖的固定螺栓,在拧紧到规定力矩后再旋转 90°,螺栓的锁紧顺序,如图 2-16b)所示。

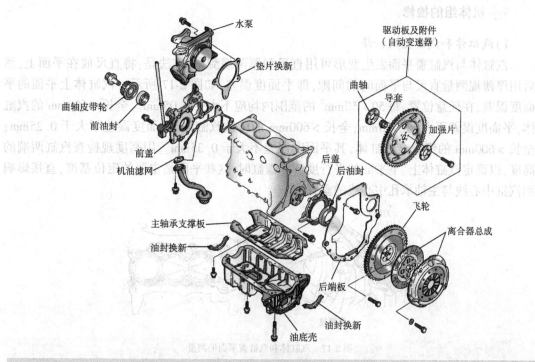

图 2-14 汽缸体外部结构零部件组成及拆装顺序

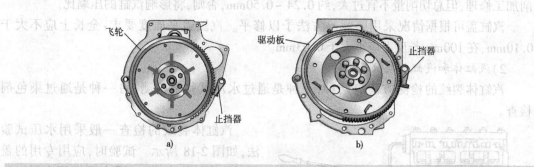

图 2-15 飞轮的拆装

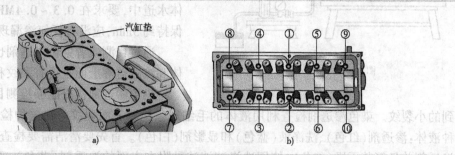

图 2-16 新汽缸垫及汽缸螺栓拧紧顺序

2 机体组的检修

1) 汽缸体和汽缸盖的检修

汽缸体与汽缸盖平面发生变形可用直尺和厚薄规测量,方法是:将直尺放在平面上,然后用厚薄规测量直尺与平面间的间隙,即平面度误差,如图2-17所示。汽缸体上平面的平面度误差,在任意位置,每 $50 \times 50 mm^2$ 的范围内均应不大于0.05mm。全长≤600mm 的汽缸体,平面度误差不大于0.15mm;全长>600mm 的铸铁汽缸体,平面度误差不大于0.25mm;全长>600mm 的铝合金汽缸体,其平面度误差不大于0.35mm。用高度规检查汽缸两端的高度,以确定汽缸体上、下平面的平行度。在镗缸时,这些平面是主要的定位基准,直接影响到汽缸中心线与主轴承孔中心线的垂直度。

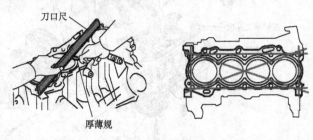

图2-17 汽缸体和汽缸盖平面的测量

汽缸体平面局部不平,可用铲削的方法修平。平面变形较大时,可采用平面磨床进行磨削加工修理,但总切削量不宜过大,约0.24~0.50mm,否则,将影响汽缸的压缩比。

汽缸盖可根据情况采用磨削等方法予以修平。汽缸盖平面度要求:全长上应不大于0.10mm,在100mm长度上应不大于0.03mm。

2) 汽缸体和汽缸盖裂纹的检修

汽缸体裂纹的检测方法有两种,一种是通过水压试验来检测,另一种是通过染色剂检查。

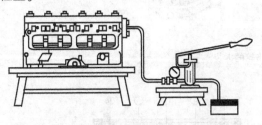

图2-18 汽缸体水压试验

汽缸体裂纹的检查一般采用水压试验法,如图2-18所示。试验时,应用专用的盖板封住汽缸体水道口,用水压机将水压入缸体水道中,要求在0.3~0.4MPa的压力下,保持约5min,应没有任何渗漏现象。

通过目测或者染色渗透剂也可检查汽缸体和汽缸盖等上面是否有裂纹和损伤。

染色渗透剂检查能够检测目测很难检查到的小裂纹。染色渗透剂检查利用液体的毛细现象检测表面裂纹。在这种检查中,要用三种液体:渗透剂(红色)、洗涤液(蓝色)和显影剂(白色)。首先要清洁需要检查的区域,喷洒渗透剂并且等其干燥(红色),使用洗涤液清洁黏附在表面的渗透剂(蓝色),再喷洒显影剂(白色),表面裂纹处呈现红色。

3）汽缸磨损的测量

测量汽缸的磨损程度是确定发动机技术状况的重要手段。通过测量，主要是确定汽缸磨损后的圆度、圆柱度，根据汽缸的磨损程度，确定发动机是否需要进行大修，以及确定修理尺寸。

汽缸磨损规律：

汽缸体的主要磨损发生在汽缸、汽缸套承孔、曲轴主轴承承孔和后端面等部位。

汽缸磨损的原因有：因金属直接接触摩擦形成局部高温而出现熔融、粘着、脱落等所造成的粘着磨损；因燃料和润滑剂中的酸类物质所形成的腐蚀磨损；因进气中的灰尘、燃料和润滑剂中的机械杂质，以及金属磨屑等所形成的磨料磨损。几种磨损往往同时存在，但在某种情况下某种磨损将占主要地位。例如，在爆震和润滑能力差的条件下，粘着磨损是主要的，而在低温起动和低温工作时又以腐蚀磨损为主，据资料介绍，此工况的累计磨损量约占汽缸总磨损量的30%左右。所以要尽量使发动机在正常温度下工作，以减少磨损。

汽缸的磨损是不均匀的，正常磨损的特点是：在汽缸轴线方向上呈上大下小的不规则锥形磨损。在第一道活塞环上止点顶边稍下处磨损量最大，如图2-19所示。

而活塞环上止点以上的缸壁几乎没有磨损，因此在两者之间形成一个明显的台阶（缸肩）。某些情况下最大磨损可能发生在汽缸中部。在断面上的磨损呈不规则的椭圆形，一般是前后或左右方向磨损最大。各缸的磨损程度也不一致。通常是位于发动机两端的汽缸，因其冷却强度大，磨损量往往比中部的汽缸略大。汽缸的磨损达到一定程度时，发动机的技术性能将明显变坏，功率下降，燃料、润滑剂的消耗明显增加。所以，一般是以汽缸的磨损程度作为发动机是否需要大修的主要依据。

测量汽缸磨损通常使用量缸表，测量方法如下：

（1）根据汽缸直径的尺寸，选择合适的接杆，装入量缸表的下端。接杆装好后与活动伸缩杆的总长度应与被测汽缸尺寸相适应。

（2）校正量缸表的尺寸。将外径千分尺校准到被测汽缸的标准尺寸，再将量缸表校准到外径千分尺的尺寸，并使伸缩杆有1~2mm的压缩行程，旋转表盘使表针对准零位。

（3）在汽缸上选择上、中、下三个截面，在每个截面的A-A、B-B两个方向采用两点法测量直径。活塞处于上止点时第一道活塞环所处的位置为上截面，一般在汽缸体上部距离汽缸上平面10mm处；活塞处于下止点时第一道环所处的位置为下截面，一般在汽缸体下部距离汽缸下平面10mm处；上下截面的中间位置为中截面。

将量缸表的测杆伸入到汽缸的上部，测量第一道活塞环在上止点位置时所对应的汽缸壁，如图2-20所示。

（4）量缸表下移，测量汽缸中部和下部的磨损。汽缸中部为上、下止点中间的位置，汽缸下部为距离汽缸下边缘10~20mm处。

用量缸表进行测量时，应注意使测杆与汽缸轴线保持垂直位置，以达到测量的准确性。当摆动量缸表，其指针指示到最小读数时，即表示测杆已垂直于汽缸轴线，这时才能记录读数，否则，测量不准确。

圆度误差是在同一截面上测得的最大值与最小值差值的一半。

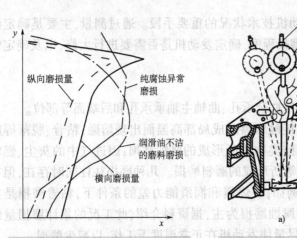

图2-19 汽缸轴线方向的磨损　　　图2-20 汽缸的测量

圆柱度误差是指在任意界面上测得的最大值与最小值差值的一半,也就是6个尺寸中最大值减去最小值的差的一半。

汽缸圆度公差:汽油机为0.05mm,柴油机为0.065mm。汽缸圆柱度公差:汽油机为0.20mm,柴油机为0.25mm。如超出此范围,则应进行镗缸修理。

学习任务二　活塞连杆组的构造与检修

学习目标
◎ 掌握活塞连杆组的基本组成;
◎ 掌握活塞连杆组的检测方法。

能力要求
◎ 能熟练地对活塞连杆组进行拆装;
◎ 能对活塞连杆组进行检测。

任务导入

一辆奥迪1002.2E热车不易起动,冷车起动更困难,需使用电量很足的蓄电池,起动发动机十几次以后才能起动。而且行驶中动力不足,油耗严重。经检查发现汽缸压力偏低,打开机油加注口的盖子,发现有很多气体冒出,并有燃烧废气味道,初步诊断为汽缸和活塞之间间隙过大。分解发动机后,发现活塞环折断,活塞环侧隙有许多积炭。更换活塞环后,该车加速良好,油耗降低。

为了能够对活塞连杆组进行检修,我们需要掌握活塞连杆组的构造以及其拆装工序和检修的方法。

活塞连杆组由活塞、活塞环、活塞销和连杆等主要机件组成,如图 2-21 所示。

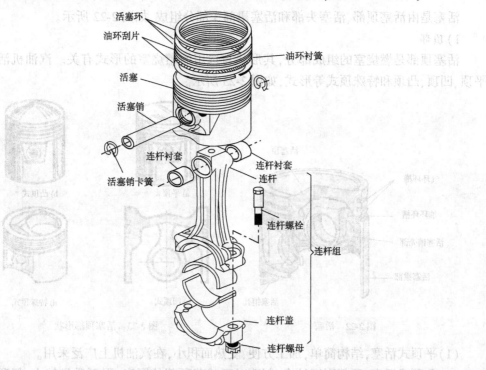

图 2-21　活塞连杆组

一、活塞

1 功用与工作条件

活塞的主要功用是承受汽缸中的燃烧压力,并将此力通过活塞销和连杆传给曲轴。此外,活塞还与汽缸盖、汽缸壁共同组成燃烧室。

由于活塞顶部直接与高温燃气接触,其散热条件又较差,致使活塞承受很高的热负荷。活塞顶部在作功行程时,承受着燃气冲击的高压力。高温、高压易引起活塞变形,磨损增加。

由于活塞在汽缸中作变速运动,它会产生很大的惯性力,并且活塞承受的气体压力和惯性力是呈周期性变化的,因此,活塞的不同部分会受到交变的拉伸、压缩或弯曲载荷。所以,要求活塞应有足够的强度和刚度,质量尽可能小,导热性能要好,要有良好的耐热性、耐磨性,温度变化时,尺寸及形状的变化要小。

发动机广泛采用的活塞材料是铝合金,有的柴油机上也采用合金铸铁或耐热钢。铝合金活塞具有质量小,导热性好的优点。缺点是热膨胀系数较大,在高温时,强度和刚度下降较大。

2 活塞的结构

活塞是由活塞顶部、活塞头部和活塞裙部3部分组成,如图2-22所示。

1)顶部

活塞顶部是燃烧室的组成部分,其形状与选用的燃烧室的形式有关。汽油机活塞顶有平顶、凹顶、凸顶和特殊顶式等形式,如图2-23所示。

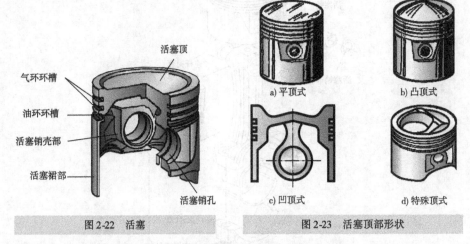

图2-22 活塞   图2-23 活塞顶部形状

(1)平顶式活塞,结构简单,加工方便,受热面积小,在汽油机上广泛采用。

(2)凸顶式活塞,顶部刚度较大,制造时可减薄顶部的厚度,因而质量较小,但顶部温度较高,主要适用于二冲程发动机。

(3)凹顶式活塞,可以用来调节发动机的压缩比,且可以改善燃烧室形状,但顶部受热量大,易形成积炭,加工制造比较困难。

(4)特殊顶式,直接喷射式汽油发动机使用,或某些发动机是为提高涡流或避免活塞顶部与气门头部相互撞击而采用此种形式。

2)活塞的头部

活塞头部是活塞环槽以上的部分。其作用是承受气体压力,并传给连杆,与活塞环一起实现对汽缸的密封;将活塞顶部所吸收的热量传递给汽缸壁。

活塞头部切有若干道用以安装活塞环的环槽。汽油机活塞环一般有3~4环槽,上面2~3道用以安装气环,下面一道用以安装油环。油环槽的底部钻有若干小孔,以使油环从汽缸壁上刮下的多余润滑油经此流回油底壳。

3) 活塞的裙部

活塞油环槽以下部分称为活塞裙部,其作用是为活塞在汽缸内作往复运动导向和承受侧压力。活塞的变形是裙部直径沿活塞销座轴线方向增大。侧压力的作用也使活塞裙部直径在同一方向上增大。此外,活塞销座附近的金属量多,受热后膨胀量也大,致使裙部在受热变形时,在沿活塞销座轴线方向的直径增大量大于其他方向。所以,使得活塞沿裙部断面变成长轴在活塞销方向上的椭圆。为了使活塞在工作温度下与汽缸壁间保持有比较均匀的间隙,以免在汽缸内卡死,必须预先在冷态下把活塞制成其裙部断面为长轴垂直于活塞销方向的椭圆形,轴线方向为上小下大的圆锥形。

为减小销座附近的热变形量,有的活塞还将销座附近的裙部外表面制成凹陷0.5~1.0mm。有的活塞在裙部受侧压力小的一面,还开有"T"形和"Π"形槽,如图2-24所示。其中横槽叫绝热槽,开在头部最下一道油环槽中或裙部上边沿(横槽开在油环槽中时,还可兼作油孔),其作用是切断从活塞头部向裙部传输的部分热流通道,减少头部热量向裙部的传导,从而减小裙部的热膨胀。竖槽叫膨胀槽,其作用是使裙部具有一定的弹性,从而使冷状态下的装配间隙尽可能小,而在热状态下又因切槽的补偿作用,可避免活塞在汽缸中卡死。

为减小铝合金活塞裙部的热膨胀量,有的活塞在其销座中镶铸有热膨胀系数较低的"恒范钢片"。"恒范钢片"是含镍的低碳合金钢,其线膨胀系数仅为铸铝的1/10。

为了对活塞裙部表面进行保护,通常还对活塞裙部进行表面处理。汽油机的铸铝活塞裙部外表面镀锡;柴油机铸铝活塞裙部外表面磷化。

活塞销座是活塞通过活塞销与连杆的连接部分,位于活塞裙部的上部。为限制活塞销的轴向窜动,大部分活塞在销座孔内接近外端处制有槽用以安装卡环。

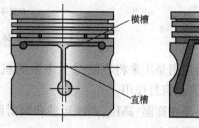

图2-24 开槽活塞

销座孔的中心线一般位于活塞中心线的平面内,当活塞越过上止点改变运动方向时,由于侧压力瞬时换向,使活塞与缸壁的接触面突然由一侧平移至另一侧,如图2-25a)所示,活塞对缸壁产生"敲击"(俗称活塞敲缸)。因此,有些发动机将活塞销座轴线向作功行程中受侧压力较大的一面偏移1~2mm,如图2-25b)所示。这样,在活塞接近上止点时,作用在活塞销座轴线右侧的气体大于左侧,使活塞倾斜,裙部下端提前先换向,然后活塞越过上止点,侧压力相反时,活塞才以左下端接触处为支点,顶部向左转(不是平移),完成换向,而使换向冲击力大为减弱。

二、活塞环

活塞环包括气环和油环两种,如图2-26所示。

气环(亦称压缩环)的功用是保证活塞与汽缸壁间的密封,防止汽缸中的气体窜入曲轴箱；同时还将活塞头部的热量传给汽缸；同时还起刮油、布油的辅助作用。

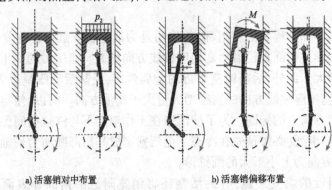

a) 活塞销对中布置　　　b) 活塞销偏移布置

图 2-25　活塞销偏置时的工作情况

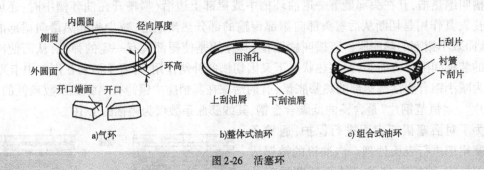

a) 气环　　　b) 整体式油环　　　c) 组合式油环

图 2-26　活塞环

油环的功用是用来将汽缸壁上多余的机油刮回油底壳，并在汽缸壁上均匀地布油；此外，油环也兼起密封作用。

活塞环是在高温、高压、高速运动和润滑困难的条件下工作的，因此，活塞环是发动机中寿命最短的零件之一。

第一道活塞环，甚至所有的环，其工作表面都进行多孔镀铬或喷钼。由于多孔性铬层硬度高，并能储存少量机油，从而可以减缓活塞环及汽缸壁的磨损。

1 气环

气环开有如图 2-27 所示的切口，并且为汽缸内的燃气漏入曲轴箱的主要通道。气环具有弹性，在自由状态下外径大于汽缸直径，它与活塞一起装入汽缸后，外表面紧贴在汽缸壁上，形成第一密封面，被封闭的气体不能通过环周与汽缸壁之间，便进入了环与环槽的空隙，一

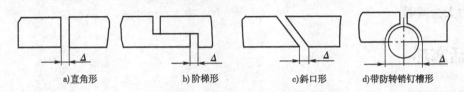

a) 直角形　　b) 阶梯形　　c) 斜口形　　d) 带防转销钉槽形

图 2-27　气环的切口形状

方面把环压到环槽端面形成第二密封面,同时,作用在环背的气体压力又大大加强了第一密封面的密封作用,如图2-28所示。气环密封效果一般与气环数量有关,汽油机一般采用2道气环,柴油机一般多采用3道气环。

气环的断面形状很多,最常见的有矩形环、扭曲环、锥面环、梯形环和桶面环(图2-29)。

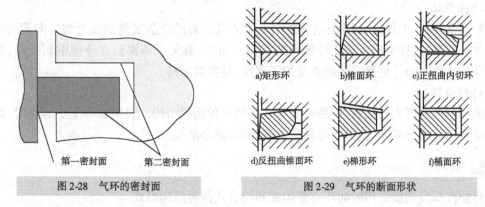

图2-28 气环的密封面

图2-29 气环的断面形状

1) 矩形环

断面为矩形,其结构简单,制造方便,易于生产,应用最广。但是矩形环随活塞往复运动时,会把汽缸壁面上的机油不断送入汽缸中,这种现象称为"气环的泵油作用",如图2-30所示。

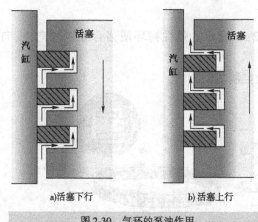

图2-30 气环的泵油作用

活塞下行时,由于环与汽缸壁的摩擦阻力及环的惯性,环被压靠在环槽的上端面上,汽缸壁面上的油被刮入下边隙和内边隙;活塞上行时,环又被压靠在环槽的下端面。结果第一道环背隙里的机油就进入燃烧室,窜入燃烧室的机油,会在燃烧室内形成积炭,造成机油的消耗量增加,另外上蹿的机油也可能在环槽内形成积炭,使环在环槽内卡死而失去密封作用,划伤汽缸壁,甚至使环折断,可见泵油作用是很有害的,必须设法消除。为了消除或减少有害的泵油作用,除了在气环的下面装有油环外,还广泛采用了非矩形断面的扭曲环。

2) 锥面环

断面呈锥形,外圆工作面上加工一个很小的锥面(0.5°~1.5°),减小了环与汽缸壁的接触面,提高了表面接触压力,有利于磨合和密封。

3) 扭曲环

扭曲环是在矩形环的内圆上边缘或外圆下边缘切去一部分,使断面呈不对称形状,在环的内圆部分切槽或倒角的称内切环,在环的外圆部分切槽或倒角的称外切环。装入汽缸后,由于断面不对称,产生不平衡力的作用,使活塞环发生扭曲变形。活塞上行时,扭曲环在残余油膜上浮,可以减小摩擦,减小磨损。活塞下行时,则有刮油效果,避免机油烧掉。同时,由于扭曲环在环槽中上、下跳动的行程缩短,可以减轻"泵油"的副作用。

目前被广泛地应用于第2道活塞环槽上,安装时必须注意断面形状和方向,内切口朝上,外切口朝下,不能装反。

4) 梯形环

断面呈梯形,工作时,梯形环在压缩行程和作功行程随着活塞受侧压力的方向不同而不断地改变位置,这样会把沉积在环槽中的积炭挤出去,避免了环被粘在环槽中而折断,从而延长环的使用寿命。但是主要缺点是加工困难,精度要求高。

5) 桶面环

桶面环的外圆为凸圆弧形,是近年来兴起的一种新型结构。当桶面环上下运动时,均能与汽缸壁形成楔形空间,使机油容易进入摩擦面,减小磨损。

2 油环

目前汽车发动机采用的油环有整体式和组合式两种结构形式。

1) 整体式

以合金铸铁制成,在环的中央开槽,以利于机油流动,如图2-31所示,为整体式油环的断面形状。

2) 组合式油环

由两片铬合金钢片及弹性衬环组成,如图2-32所示。弹性衬环使铬合金钢片向上、向下及向外作用。

现代汽油发动机多使用组合式油环,可有效控制机油油膜。

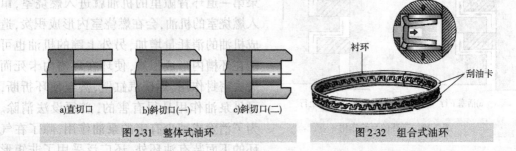

图2-31 整体式油环　　　　图2-32 组合式油环

三 活塞销

活塞销的功用是连接活塞和连杆小头,并把活塞承受的气体压力传给连杆。

活塞销在高温下周期地承受很大的冲击载荷,其本身又作摆转运动,而且处于润滑条件很差的情况下工作,因此,要求活塞销具有足够的强度和刚度,表面韧性好,耐磨性好,重量轻。所以活塞销一般都做成空心圆柱体,采用低碳钢和低碳合金钢制成,外表面经渗碳淬火处理以提高硬度,精加工后进行磨光,有较高的尺寸精度和表面光洁度。

活塞销的内孔有三种形状:圆柱形、两段截锥与一段圆柱组合、两段截锥形,如图2-33所示。

活塞销与活塞销座孔和连杆小头衬套孔的连接配合方式有两种,即全浮式和半浮式(图2-34)。

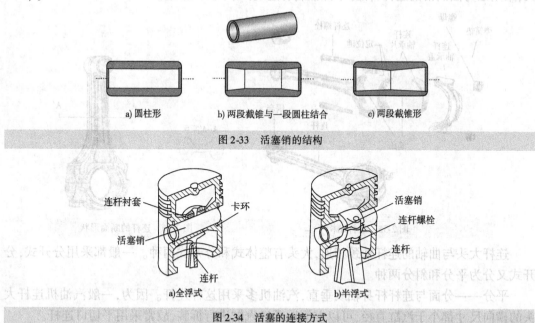

图 2-33　活塞销的结构

图 2-34　活塞的连接方式

1 全浮式

全浮式活塞销能在连杆小头衬套孔和活塞销座孔内作自由转动,可以保证活塞销沿圆周磨损均匀,因此应用较普遍。为防止活塞销轴向窜动而损坏汽缸壁,在活塞销座两端装有弹性卡环来限位。

2 半浮式

半浮式活塞销是用螺栓将活塞销夹紧在连杆小头孔内,这时活塞销只在活塞销孔内转动,在连杆小头孔内不转动。因而连杆小头孔内不装衬套,活塞销座孔孔内也不装挡圈。

四 连杆

连杆总成由连杆、连杆轴承及连杆轴承盖等组成,如图 2-35 所示。连杆连接在活塞与曲轴之间,将活塞的动力传递到曲轴,并将活塞的往复运动转变成曲轴的旋转运动。

对全浮式活塞销,由于工作时小头孔与活塞销之间有相对运动,所以常常在连杆小头孔中压入减磨的青铜衬套。为了润滑活塞销与衬套,在小头和衬套上铣有油槽或钻有油孔以收集发动机运转时飞溅上来的润滑油并用以润滑。有的发动机连杆小头采用压力润滑,在连杆杆身内钻有纵向的压力油通道。采用半浮式活塞销是与连杆小头紧配合的,所以小头孔内不需要衬套,也不需要润滑。

连杆杆身通常做成"I"字形断面,如图2-36,抗弯强度好,重量轻,大圆弧过渡,且上小下大,采用压力法润滑的连杆,杆身中部都制有连通大、小头的油道。

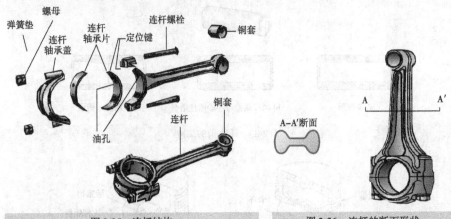

图2-35 连杆结构　　　　　图2-36 连杆的断面形状

连杆大头与曲轴的连杆轴颈相连,大头有整体式和分开式两种。一般都采用分开式,分开式又分为平分和斜分两种。

平分——分面与连杆杆身轴线垂直,汽油机多采用这种连杆。因为,一般汽油机连杆大头的横向尺寸都小于汽缸直径,可以方便地通过汽缸进行拆装,故常采用平切口连杆。

斜分——分面与连杆杆身轴线成30°~60°夹角,柴油机多采用这种连杆。因为,柴油机压缩比大,受力较大,曲轴的连杆轴颈较粗,相应的连杆大头尺寸往往超过了汽缸直径,为了使连杆大头能通过汽缸,便于拆装,一般都采用斜切口,最常见的是45°夹角。

把连杆大头分开可取下的部分叫连杆盖,连杆与连杆盖配对加工,加工后,在它们同一侧打上配对记号,安装时不得互相调换或变更方向。为此,在结构上采取了定位措施。平切口连杆盖与连杆的定位多采用连杆螺栓定位,利用连杆螺栓中部精加工的圆柱凸台或光圆柱部分与经过精加工的螺栓孔来保证的。斜切口连杆常用的定位方法有锯齿定位、圆销定位、套筒定位和止口定位。

连杆盖和连杆大头用连杆螺栓连在一起,连杆螺栓在工作中承受很大的冲击力,若折断或松脱,将造成严重事故。为此,连杆螺栓都采用优质合金钢,并精加工和热处理特制而成。安装连杆盖拧紧连杆螺栓螺母时,要用扭力扳手分2~3次交替均匀地拧紧到规定的扭矩,拧紧后还应可靠地锁紧。连杆螺栓损坏后绝不能用其他螺栓来代替。

五、连杆轴承

连杆轴承也称连杆轴瓦(俗称小瓦),装在连杆大头内,用以保护连杆轴颈和连杆大头孔。其在工作时承受着较大的交变载荷、高速摩擦、低速大负荷时润滑困难等苛刻条件。为此,要求轴承具有足够的强度、良好的减磨性和耐腐蚀性。

现代发动机所用的连杆轴承是由钢背和减磨层组成的分开式薄壁轴承(图2-37)。钢背由低碳钢带制成,是轴承的基体。钢背既有足够的强度,以承受近乎冲击性的载荷；又有合适的刚度，以便与轴承孔良好贴合。在钢背的内圆面上浇铸减磨合金层，用以减小摩擦阻力、加速磨合和保持油膜。目前常用的轴承减磨合金，主要有白合金、铜铅合金和高锡铝合金。

连杆轴承装入连杆大头时有一定的过盈，使其能均匀地紧贴在孔壁上，具有很好的承载能力和导热能力。

为了防止连杆轴承在工作中发生转动或轴向移动，在两个连杆轴承的剖分面上，分别冲压出高于钢背面的两个定位凸键。装配时，这两个凸键分别嵌入在连杆大头和连杆盖上的相应凹槽中，在连杆轴承内表面上还加工有油槽，用以储油和保证可靠润滑。

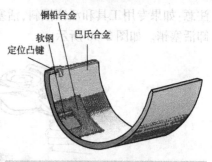

图 2-37　连杆轴承的结构

任务实施

一　任务实施准备

（1）发动机实训室；
（2）发动机一台；
（3）常用工具一套、扭力扳手、活塞环拆装钳、厚薄规、连杆校正仪、活塞环压缩器。

二　任务实施步骤

1　活塞连杆的拆装

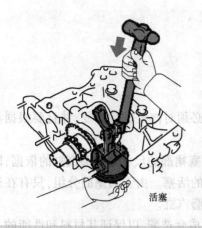

图 2-38　用榔头木柄将连杆与活塞总成推出

（1）拆卸连杆与活塞总成。拆卸前，先检查连杆大头轴承盖与连杆间的相对记号，以及连杆与活塞总成的朝向曲轴皮带轮端的记号，若没有，应先做上记号；必要时，并将各活塞依缸数编号。

放松固定螺母，取下连杆大头轴承盖，然后使用榔头木柄，将连杆与活塞总成从汽缸体顶部推出，如图2-38所示。注意敲击连杆时不要碰到汽缸内壁，以防损坏汽缸。

（2）拆卸活塞环。使用活塞环拆装钳拆下活塞环，如图2-39所示。活塞环开口不可过度扩张，取下的活塞环应予编号或依缸数排列。用手拆下油环。

（3）活塞销的拆卸。将活塞径直放入专用工具中。

注意：如果专用工具和活塞倾斜，活塞便可能破裂。使用一个液压机将专用工具往里推并拆卸活塞销。如图 2-40 所示。

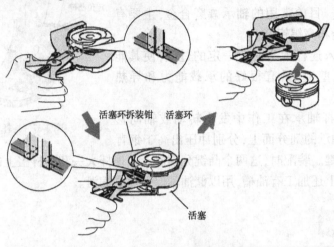

图 2-39　活塞环的拆卸

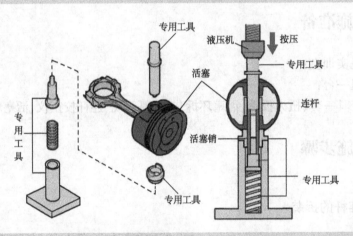

图 2-40　活塞销的拆卸

2 活塞连杆组的检修

1）活塞的选配

当汽缸的磨损超过规定值及活塞发生异常损坏时，必须对汽缸进行修复，并且要根据汽缸的修理尺寸选配活塞。选配活塞时要注意以下几点：

（1）选用同一修理尺寸和同一分组尺寸的活塞。活塞裙部的尺寸是镗磨汽缸的依据，即汽缸的修理尺寸是哪一级，活塞也选用哪一级修理尺寸的活塞。由于活塞的分组，只有在选用同一分组活塞后，才能按选定活塞的裙部尺寸进行镗磨汽缸。

（2）同一发动机必须选用同一厂牌的活塞。活塞应成套选配，以保证其材料和性能的一致性。

(3)在选配的成套活塞中,尺寸差和质量差应符合要求。成套活塞中,其尺寸差一般为0.02~0.025mm,质量差一般为4~8g,销座孔的涂色标记应相同。

新型汽车的活塞与汽缸的配合都采用选配法,在汽缸的技术要求确定的前提下,重点是选配相应的活塞。我国活塞的修理尺寸的级差为0.25mm,共分六级,最大为1.50mm;国外有些车型只有1~4个级别。在每一个修理尺寸级别中又分为若干组,通常分为3~6组不等,相邻两组的直径差为0.010~0.015mm。选配时,要注意活塞的分组标记和涂色标记。有的发动机为薄型汽缸套,活塞不设置修理尺寸,只区分标准系列活塞和维修系列活塞,每一系列活塞中也有若干组供选配。活塞的修理尺寸级别代号常打印在活塞顶部。

活塞的分组适用于标准直径的活塞,也适用于修理尺寸的活塞。在维修过程中,若活塞与汽缸套都换用新件,必须进行分组;若汽缸的磨损较小只需更换活塞时,则应选用同一级别中活塞直径最大的一组。

2)活塞环的选配

活塞环设有与汽缸和活塞相同级别的修理尺寸,但不因活塞的分组而分组。

活塞环选配时,以汽缸的修理尺寸为依据,同一台发动机应选用与汽缸和活塞修理尺寸等级相同的活塞环。当发动机汽缸磨损后,也应选配与汽缸同一级别的活塞环,严禁选择加大一级修理尺寸的活塞环经过锉削端隙来使用。

对活塞环的要求是:与汽缸、活塞的修理尺寸一致;具有规定的弹力,以保证汽缸的密封性;环的漏光度、端隙、侧隙和背隙应符合原厂规定。

(1)活塞环弹力的检验。活塞环的弹力是指使活塞环端隙为零时作用在活塞环上的径向力。活塞环的弹力是建立背压的首要条件,也是保证汽缸密封性的必要条件。弹力过大,会使环的磨损加剧;弹力过弱,会使汽缸密封性变差,燃料和润滑油消耗增加,燃烧室积炭严重。

(2)活塞环漏光度的检验。活塞环的漏光度检验旨在检测环的外圆表面与缸壁的接触和密封程度,其目的是避免漏光度过大,使活塞环与汽缸的接触面积减小,造成漏气和窜机油。

常用的活塞环漏光度的简易检查方法是:活塞环置于汽缸内,用倒置的活塞将其推平,用一直径略小于活塞环外经的圆形板盖在环的上侧,在汽缸下部放置灯光,从汽缸上部观察活塞与汽缸壁的缝隙,确定其漏光情况。

对活塞环漏光度的技术要求是:在活塞环端口左右30°范围内,不应有漏光点;在同一根活塞环上的漏光不得多于两处,每次漏光弧长所对应的圆心角不得超过25°,同一环上漏光弧长所对应的圆心角之和不得超过45°;漏光处的缝隙,应不大于0.03mm。

(3)端隙的检测。将活塞环置入汽缸内,并用倒置的活塞顶部将环推平(对未加工的汽缸应推至下止点,即磨损最小处),然后用厚薄规测量(见图2-41)。若端隙大于规定值,则应重新选配活塞环;若端隙小于规定值时,应用细平锉刀对环的端口进行锉修。锉修时,只能锉削一端环口且应平整;锉修后,应去除毛刺,以免在工作时刮伤汽缸壁。

(4)侧隙检验。将环放在槽内,围绕环槽滚动一周,应能自由滚动,既不能松动,又不能有阻滞现象。用厚薄规进行检测,具体操作见图2-42。间隙过大会增加耗油量,同时,它也是异常噪声的原因之一;间隙过小,则可能由于热膨胀的原因,造成活塞环和汽缸内壁的损坏。

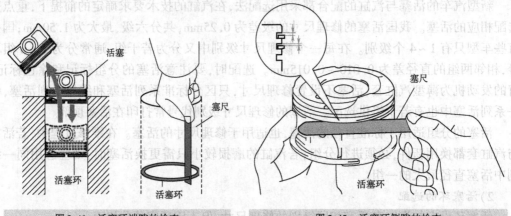

图 2-41 活塞环端隙的检查　　　　图 2-42 活塞环侧隙的检查

(5)背隙检验。为测量方便通常是将活塞环装入活塞内,以环槽深度与活塞径向厚度的差值来衡量。测量时,将环落入环槽底,再用深度游标卡尺测出环外圆柱面沉入环岸的数值,该数值一般为 0~0.35mm。

在实际操作中,通常是以经验法来判断活塞环的侧隙和背隙。将环置入环槽内,环应低于环槽,且能在槽中滑动自如,无明显松旷感觉即可。

3)活塞销的选配

活塞销在发动机工作时,承受较大的冲击载荷,当活塞销与活塞销座和连杆衬套的配合间隙超过一定数值时,就会由于配合的松旷而发生异响。

发动机大修时,一般应选择标准尺寸的活塞销(有些车型设有修理尺寸),以便为小修留有余地。选配活塞销的原则是:同一台发动机应选用同一厂牌、同一修理尺寸的成组活塞销;活塞销表面应无任何锈蚀和斑点;质量差在 10g 范围内。

全浮式活塞销与活塞销座的配合,对于汽油机,在常温下应有微量的过盈(活塞销不能在座孔内转动);当活塞处于 75~80℃时,又有微量的间隙,使活塞销能在座孔内转动,但无间隙感觉。

4)连杆组的检修

连杆组的检修主要有连杆变形的检验与校正、连杆小端衬套的压装与铰削等。

连杆变形的检验在连杆校验仪上进行,连杆校验仪能检验连杆的弯曲、扭曲、双重弯曲等。

检验时,首先将连杆大端的轴承盖装好,不装连杆轴承,并按规定的拧紧力矩将连杆螺栓拧紧,同时将标准心轴装入小端衬套的承孔中。然后将连杆大端套装在支承轴上,通过调整定位螺钉使支承轴扩张,将连杆固定在校验仪上。测量工具是一个带有 V 形槽的"三点规"。三点规上的三点构成的平面与 V 形槽的对称平面垂直,两下侧点的距离为 100mm,上侧点与两下侧点连线的距离也是 100mm。

测量时,将三点规的 V 形槽靠在心轴上并推向检验平板。如三点规的 3 个侧点都与检验仪的平板接触,说明连杆不变形。

若上侧点与平板接触,两下侧点不接触且与平板的间隙一致,或下两侧点与平板接触,而上侧点不接触,表明连杆弯曲。可用厚薄规测出测点与平板之间的间隙,即为连杆在 100mm 长度上的弯曲度(图 2-43)。

若只有一个下侧点与平板接触,另一下侧点与平板不接触,且间隙为上测点与平板间隙的两倍,这时下测点与平板的间隙,即为连杆在 100mm 长度上的扭曲度(图 2-44)。

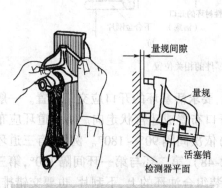
图 2-43　连杆弯曲的检测

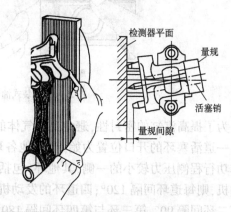
图 2-44　连杆扭曲检测

有时在测量连杆变形时,会遇到下面两种情况:一是连杆同时存在弯曲和扭曲,反映在一个下测点与平板接触,但另一个下测点的间隙不等于上测点间隙的两倍。这时,下测点与平板的间隙为连杆扭曲度,而上测点间隙与下测点间隙的一半的差值为连杆弯曲度;二是连杆存在如图 2-45 所示的双重弯曲,检验时先测量出连杆小端端面与平板距离,再将连杆翻转 180°后,按同样方法测出此距离。若两次测出的距离数值不等,即说明连杆有双重弯曲,两次测量数值之差为连杆双重弯曲度。

在汽车维修技术标准中,对连杆的变形作了如下规定:连杆小端轴线与大端应在同一平面,在该平面上的平行度公差为 100:0.03,该平面的法向平面上的平行度公差为 100:0.06。若连杆的弯曲度和扭曲度超过公差值时,应进行校正。连杆的双重弯曲,通常不予校正,因为连杆大、小端对称平面偏移的双重弯曲极难校正,而双重弯曲对曲柄连杆机构的工作极为有害,因此,应更换连杆。

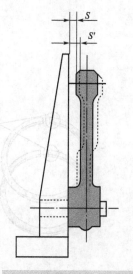
图 2-45　连杆双弯曲的检测

3 活塞连杆组的安装

1) 活塞环的安装

(1) 用手组装组合式的油环,如图 2-46a 所示;其上、下合金钢片与弹性衬环的相关位置,如图 2-46b 所示。

(2)使用活塞环拆装钳组装第二及第一道活塞环,环上有字的面必须朝上,并注意第二与第一道环的断面形状不一样,不同排气量的第一道环的断面形状也不一样,如图 2-47 所示。

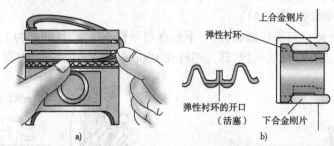

图 2-46 组装式油环与各零件的相关位置

为了提高汽缸的密封性,避免高压气体的泄漏,要求活塞环的开口应交错布置。一般是以第一道活塞环的开口位置为始点,其他各环的开口布置成迷宫状走向。第一道环应布置在作功行程侧压力较小的一侧,其他环(包括油环)依次间隔 90°~180°。例如:有三道环的发动机,则每道环间隔 120°;四道环的发动机(图 2-48),第二环与第一环间隔 180°,第三环与第二环间隔 90°,第三环与第四环间隔 180°。安装组合油环的上、下刮片,也要交错排列,两道刮片间隔 180°。各环的开口布置都应避开活塞销座和膨胀槽位置。

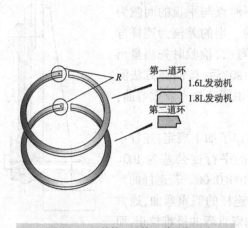

图 2-47 组装第一及第二道活塞环

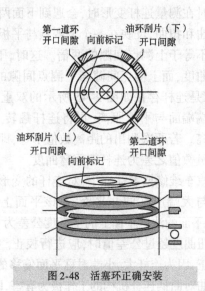

图 2-48 活塞环正确安装

2)活塞连杆的装配(图 2-49)

(1)将活塞和连杆向前标记对准。

(2)将活塞、活塞销和连杆固定到专用工具中,并且用一个压力器插入活塞销。

3)活塞连杆组的装配

(1)定位汽缸体并保持安装面竖直朝上。注意:如果汽缸体的定位发生偏差或者倾斜,活塞的插入便可能造成连杆损坏汽缸的内壁。

（2）在轴承盖和连杆上安装连杆轴承，在轴承表面涂上发动机机油。

（3）用活塞环压缩器收紧活塞环如图2-50。注意：如果在活塞环压缩器内转动活塞，则活塞环的位置可能改变或损坏。如果将活塞环压缩器放至活塞裙部下面，则很难把活塞放到汽缸中。在活塞环压缩器的内表面涂油，以免损坏活塞和活塞环。

（4）通过锤柄轻轻敲打将活塞从汽缸顶部插入，其定位向前标记应当朝向发动机的前面，如图2-51。

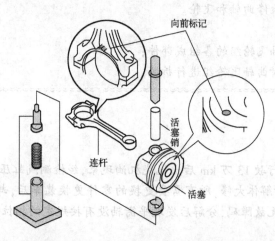

图2-49 活塞连杆的装配

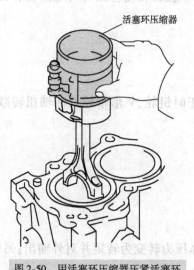

图2-50 用活塞环压缩器压紧活塞环

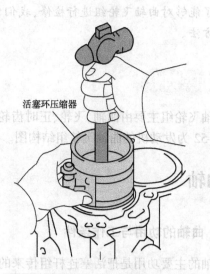

图2-51 将活塞敲打入汽缸

（5）安装连杆轴承盖并上紧螺栓。

（6）每次装配一个活塞时，转动曲轴，确保其能够自由转动，然后装配活塞。

学习任务三　曲轴飞轮组的构造与检修

学习目标
- 掌握曲轴飞轮组的基本组成；
- 能正确描述曲轴飞轮组各主要零件的构造；
- 能正确地检修曲轴和飞轮。

能力要求
- 能认识曲轴飞轮组的各组成部件；
- 能正确地对曲轴飞轮组进行拆装。

一辆丰田大霸王行驶 13 万 km 后出现烧机油现象，经检测汽缸压力过低，即活塞环磨损到一定程度，于是进行解体大修，所有需要更换的零件更换装车后，却出现怠速抖动明显的现象。用解码器检测无故障码，分解后发现平衡轴没有按规定的相位角装配。

为了能够对曲轴飞轮组进行检修，我们需要掌握曲轴飞轮组的构造以及其拆装工序和检修的方法。

曲轴飞轮组主要由曲轴、飞轮、正时齿轮或正时链轮、V 形带轮及曲轴扭转减振器等组成，图 2-52 为发动机的曲轴飞轮组结构图。

一、曲轴

1. 曲轴的功用与工作条件

曲轴的主要功用是把活塞连杆组传来的气体压力转变为转矩并对外输出；另外，还用来驱动发动机的配气机构和其他各种辅助装置。

曲轴在工作时，要承受周期性变化的气体压力、往复惯性力和离心力，以及它们产生的转矩和弯矩的共同作用。因此，要求曲轴韧性和耐磨性都比较高的材料制造，一般都采用中碳钢或中碳合金钢模锻。

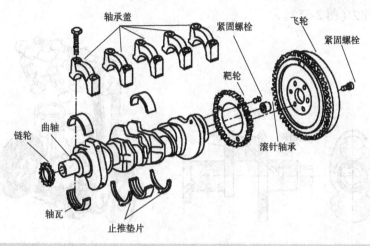

图2-52 曲轴飞轮组

2 结构与平衡

曲轴的基本组成包括前端轴、主轴颈、连杆轴颈、曲柄、平衡重和后端凸缘等(图2-53)。

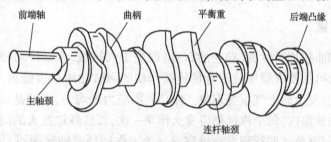

图2-53 曲轴的结构

一个连杆轴颈与它两端的曲柄及主轴颈构成一个曲拐。曲轴的曲拐数取决于汽缸的数目和排列方式。直列发动机曲轴的曲拐数等于汽缸数；V形发动机曲轴的曲拐数等于汽缸数的一半。

主轴颈是曲轴支承部分。每个连杆轴颈两边都有一个主轴颈，称为全支承曲轴，全支承曲轴的主轴颈总比连杆轴颈数多一个；主轴颈少于连杆轴颈者，称为非全支承曲轴。全支承曲轴的优点是可以提高曲轴的刚度，且主轴承的负荷较小。故其在汽油机和柴油机中被广泛采用。

曲轴上开有贯穿主轴承、曲柄和连杆轴承的油道，以使主轴承内的润滑油经此贯穿油道流至连杆轴承，如图2-54所示。

平衡重用来平衡连杆大端、连杆轴颈和曲柄等产生的离心力及其力矩，有时还为了平衡部分往复惯性力及其力矩，使发动机运转平稳，并可减小曲轴主轴承的负荷。

现代小型高速发动机为减小噪声，采用平衡轴来提高曲轴的平衡度。平衡轴通常使用两根，断面为半圆，使用胶木斜齿轮与曲轴齿轮啮合。平衡轴与曲轴转动方向相反，以消除曲轴旋转的惯性力(图2-55)。

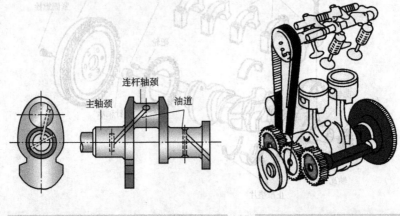

图2-54　曲轴内油道　　　图2-55　平衡轴

曲轴前端装有正时齿轮,驱动水泵的皮带轮以及起动爪等。为了防止机油沿曲轴轴颈外漏,在曲轴前端装有一个甩油盘,在齿轮室盖上装有油封。曲轴的后端用来安装飞轮,在后轴颈与飞轮凸缘之间做成挡油凸缘与回油螺纹,以阻止机油向后窜漏。

3　曲拐的布置

曲轴的形状和曲拐相对位置(曲拐的布置)取决于汽缸数、汽缸排列和发动机的发火顺序。安排多缸发动机的发火顺序应注意使连续作功的两缸相距尽可能远,以减轻主轴承的载荷,同时避免可能发生的进气重叠现象。作功间隔应力求均匀,也就是说发动机在完成一个工作循环的曲轴转角内,每个汽缸都应发火作功一次,而且各缸发火的间隔时间以曲轴转角表示,称为发火间隔角。四行程发动机完成一个工作循环曲轴转两圈,其转角为720°,在曲轴转角720°内发动机的每个汽缸应该点火作功一次,且点火间隔角是均匀的,因此四行程发动机的点火间隔角为$720°/i$,(i为汽缸数目),即曲轴每转$720°/i$,就应有一缸作功,以保证发动机运转平稳。

(1)四缸四行程发动机的发火顺序和曲拐布置如图2-56所示。

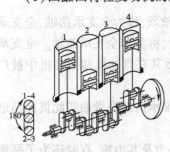

图2-56　四缸发动机曲拐布置图

四缸四行程发动机的发火间隔角为$720°/4=180°$,曲轴每转半圈(180°)作功一次,四个缸的作功行程是交替进行的,并在720°内完成,因此,可使曲轴获得均匀的转速,工作平稳柔和。对于每一个汽缸来说,其工作过程和单缸机的工作过程完全相同,只不过是要求它按照一定的顺序工作,即为发动机的工作顺序,也叫作发动机的发火顺序。可见,多缸发动机的工作顺序(发火顺序)就是各缸完成同名行程的次序。四缸发动机四个曲拐布置在同一平面内。1,4缸在上,2,3缸在下,互相错开180°,其发火顺序的排列只有两种可能,即为1-3-4-2或为1-2-4-3,两种工作顺序的发动机工作循环表分别见表2-1和表2-2。

点火顺序为 1-3-4-2 工作循环表   表 2-1

曲轴转角	第一缸	第二缸	第三缸	第四缸
0 ~ 180°	作功	排气	压缩	进气
180° ~ 360°	排气	进气	作功	压缩
360° ~ 540°	进气	压缩	排气	作功
540° ~ 720°	压缩	作功	进气	排气

点火顺序为 1-2-4-3 工作循环表   表 2-2

曲轴转角	第一缸	第二缸	第三缸	第四缸
0 ~ 180°	作功	压缩	排气	进气
180° ~ 360°	排气	作功	进气	压缩
360° ~ 540°	进气	排气	压缩	作功
540° ~ 720°	压缩	进气	作功	排气

（2）四行程直列六缸发动机的发火顺序和曲拐布置如图 2-57 所示。

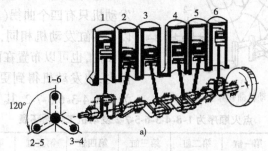

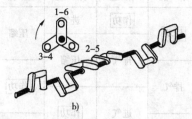

图 2-57 六缸发动机曲拐布置图

四行程直列六缸发动机发火间隔角为 720°/6 = 120°，六个曲拐分别布置在三个平面内，一种发火顺序是 1-5-3-6-2-4，国产汽车的六缸直列发动机都用这种，其工作循环表见表 2-3。另一种发火顺序是 1-4-2-6-3-5。

点火顺序为 1-5-3-6-2-4 发动机工作循环表　　　　　　　　表 2-3

曲轴转角		第一缸	第二缸	第三缸	第四缸	第五缸	第六缸
0~180°	60°	作功	排气	进气	作功	压缩	进气
	120°						
	180°			压缩	排气		
180°~360°	240°	排气	进气	压缩	排气	作功	压缩
	300°						
	360°			作功	进气		
360°~540°	420°	进气	压缩	作功	进气	排气	作功
	480°						
	540°			排气	压缩		
540°~720°	600°	压缩	作功	排气	压缩	进气	排气
	660°						
	720°		排气	进气	作功		压缩

(3) 四行程 V 型八缸发动机的发火顺序和曲拐布置。

四行程 V 型八缸发动机的发火间隔角为 720°/8 = 90°，V 型发动机左右两列中对应的一对连杆共用一个连杆轴颈，所以 V 型八缸发动机只有四个曲拐（图 2-58）。曲拐布置可以与四缸发动机相同，四个曲拐布置在同一平面内，也可以布置在两个互相错开 90°的平面内，使发动机得到更好地平衡。发火顺序为 1-8-4-3-6-5-7-2，其工作循环表见表 2-4。

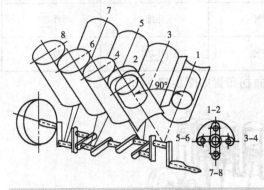

图 2-58　六缸发动机曲拐布置图

点火顺序为 1-8-4-3-6-5-7-2 发动机工作循环表　　　　　　　　表 2-4

曲轴转角		第一缸	第二缸	第三缸	第四缸	第五缸	第六缸	第七缸	第八缸
0~180°	90°	作功	作功	进气	压缩	排气	进气	排气	压缩
	180°			排气					作功
180°~360°	270°	排气			作功	压缩			
	360°			进气			压缩	进气	排气
360°~540°	450°	进气			排气	作功			
	540°			压缩			作功	压缩	进气
540°~720°	630°	压缩	排气		进气	排气			
	720°		作功	进气			排气	作功	压缩

4 扭转减振器

发动机运转时,各缸气体压力和往复运动件的惯性力是周期性地作用在曲轴连杆轴颈上,给曲轴一个周期性变化的扭转外力,使曲轴发生忽快忽慢的转动,从而形成曲轴对于飞轮的扭转摆动,即曲轴的扭转振动。为了消减曲轴的扭转振动,有的发动机在曲轴前端装有扭转减振器。

常用的扭转减振器还有摩擦式和黏液(硅油)式等。

橡胶式扭转减振器(图2-59)是将减振器圆盘用螺栓与曲轴带轮及轮毂紧固在一起,橡胶层与圆盘及惯性盘硫化在一起。当曲轴发生扭转振动时,力图保持等速转动的惯性盘便使橡胶层发生内摩擦,从而消除了扭转振动的能量,避免扭振。

二、飞轮

飞轮的主要功用是通过储存和释放能量来提高发动机运转的均匀性和改善发动机克服短暂的超负荷能力,与此同时,又将发动机的动力传给离合器。

飞轮是一个转动惯量很大的圆盘,为了保证在有足够转动惯量的前提下,尽可能减小飞轮的质量,应使飞轮的大部分质量都集中在轮缘上,应而轮缘通常做得宽而厚(见图2-60)。

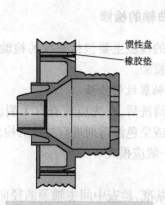
图2-59 橡胶式扭转减振器

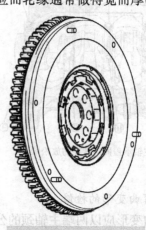
图2-60 飞轮

飞轮多采用灰铸铁制造,当轮缘的圆周速度超过50m/s时,要采用强度较高的球墨铸铁或铸钢制造。

飞轮外缘上压有一个齿环,当发动机起动时,起动机齿轮与之啮合,带动曲轴旋转。飞轮上通常刻有点火正时或供油正时记号,以便校准点火时间。

飞轮与曲轴装配后应进行动平衡,否则,在旋转时因质量不平衡而产生的离心力,将引起发动机的振动并加速主轴承的磨损。进行动平衡后的曲轴与飞轮的位置是固定而不能再变的。为避免装错而引起错位,使平衡受到破坏,飞轮与曲轴之间应有严格的相对位置,用定位销或不对称布置的螺栓予以保证。

项目2 机体组及曲柄连杆机构

任务实施准备

(1)发动机实训室;
(2)发动机一台;
(3)常用工具一套、扭力扳手、百分表、外径千分尺。

任务实施步骤

1 曲轴的拆卸

分二至三次才完全放松主轴承盖的固定螺栓,螺栓的放松顺序,如图2-61所示。必要时将主轴承盖编号,并做上方向性记号。

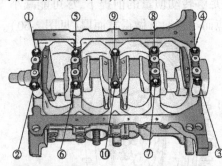

图2-61 主轴承盖固定螺栓的放松顺序

主轴承片若有取下,应依序编号;并注意上主轴承片有机油槽及油孔,而下主轴承片则无。

2 曲轴的检修

曲轴的检验主要包括裂纹的检验、变形的检验和磨损的检验。

1)曲轴裂纹的检修

曲轴清洗后,首先应检查有无裂纹。这可用磁力探伤器或染色渗透剂进行裂纹的检验。曲轴检验出裂纹,一般应报废。

2)曲轴弯曲变形的检修

检验弯曲变形应以两端主轴颈的公共轴线为基准,检查中间主轴颈的径向圆跳动误差。检验时,将曲轴两端主轴颈分别放置在检验平板的V形块上,将百分表触头垂直地抵在中间主轴颈上,慢慢转动曲轴一圈,百分表指针所示的最大摆差(图2-62),即中间主轴颈的径向圆跳动误差值,若大于0.15mm,则应进行压力校正。低于此限,可结合磨削主轴颈予以修正。

曲轴弯曲变形的校正,一般可采用冷压校正法。

冷压校正是将曲轴用V形铁架住两端主轴颈,用油压机沿曲轴弯曲相反方向加压。由于钢质曲轴的弹性作用,压弯量应为曲轴弯曲量的10~15倍,并保持2~4min,为减小弹性后效作用,最好采用人工时效法消除。人工时效处理,即在冷压后,将曲轴加热至573~773K,保温0.5~1h,便可消除冷压产生的内应力。

3) 曲轴扭曲变形的检修

曲轴扭曲变形的检验是将连杆轴颈转到水平位置上用百分表分别确定同一方位上两个轴颈的高度差,即为扭曲变形量。

4) 曲轴轴颈磨损的检修

对经探伤检查而允许修复的曲轴,必须再进行轴颈磨损量的检查,先检视轴颈有无磨痕和损伤,再测量主轴颈和连杆轴颈的圆度误差和圆柱度误差。对曲轴短轴颈的磨损以检验圆度误差为主,对长轴颈则必须检验圆度和圆柱度误差,如图2-63所示。

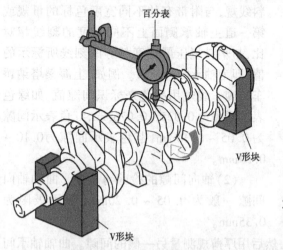

图2-62 曲轴弯曲的检测

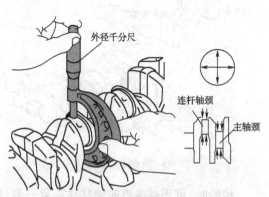

图2-63 曲轴轴颈磨损检查测量部位

曲轴的主轴颈和连杆轴颈磨损后,若其圆度、圆柱度误差超过0.025mm,应按修理尺寸进行光磨。曲轴轴颈的磨削应在弯、扭校正后进行。磨削加工设备通常采用专用曲轴磨床。

3 轴承的选配

轴承的选配包括选择合适内径的轴承,以及检验轴承的高出量、自由弹开量、定位凸点和轴承钢背表面质量等内容。

(1) 选择轴承内径。根据曲轴轴承的直径和规定的径向间隙选择合适内径的轴承。现代发动机曲轴轴承制造时,根据选配的需要,其内径直径已制成一个尺寸系列。

(2) 检验轴承钢背质量。要求定位凸点完整,轴承钢背光整无损。

(3) 检验轴承自由弹开量。要求轴承在自由状态下的曲率半径大于座孔的曲率半径(图2-64a),保证轴承压入座孔后,可借轴承自身的弹力作用与轴承座贴合紧密。

(4) 检验轴承的高出量。轴承装入座孔内,上、下两片的每端均应高出轴承座平面0.03~0.05mm,称为高出量(图2-64b)。轴承高出座孔,以保证轴承与座孔紧密贴合,提高散热效果。

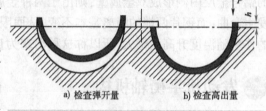

a) 检查弹开量 b) 检查高出量

图2-64 轴承的检查

(5)轴承的修理。现代汽车发动机的曲轴轴承已按直接选配的要求设计制造,不需要再进行刮削。但由于我国汽车配件市场尚不完善,考虑到野外作业等特殊情况,仍供应一定数量的有刮削余量的轴承。可刮削轴承的预留刮削余量一般为0.03~0.06mm。刮削时应注意:刀要锋利,避免用刀尖,一次刮削面积要小,要刮重留轻、刮大留小、边刮边试配。经刮削后,轴承的径向间隙应符合规定,轴承上的接触印痕的面积应不小于75%。

(1)轴承径向间隙的检验。检验时,把线规纵向放入轴承中(图2-65),按原厂规定的拧紧力矩紧固轴承盖,在拧紧过程中应注意防止曲轴转动。然后拆下轴承盖,取出已压展的塑料线规,与附带有的不同宽度色标的量规或第一道主轴承侧面上不同宽度的刻线相对比,与塑料规压展宽度相等的刻线所标示的值,即为轴承的间隙值。例如,上海桑塔纳轿车的测量线规用颜色来标识间隙值,如绿色表示间隙为0.025~0.076mm,红色表示间隙为0.05~0.15mm,蓝色表示间隙为0.10~0.23mm。

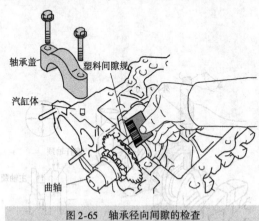

图2-65 轴承径向间隙的检查

(2)轴向间隙的检验与调整。曲轴轴向间隙一般为0.05~0.20mm,使用极限为0.35mm。

检验时,可用撬棒将曲轴移动靠紧一侧,然后用厚薄规测量另一侧的间隙。曲轴轴承间隙的调整是通过更换不同厚度的,装在曲轴前端或后端的止推环进行的;有的则是更换装在中间的不同侧面厚度的止推环轴承进行调整的。

一、自动热补偿活塞

在活塞销座处镶铸恒范钢片的活塞称恒范活塞。由于恒范活塞在销座处只靠恒范钢片与活塞裙相连且恒范钢的热膨胀系数只有铝合金的1/10左右,因此当温度升高时,在恒范钢片的牵制下,裙部在活塞销孔轴线方向的热膨胀量很小。若将普通碳素钢片铸在销座处的铝合金层内侧形成双金属壁,则由于两种金属的热膨胀系数不同,当温度升高时双金属壁发生弯曲,而钢片两端的距离基本不变,从而限制了裙部的热膨胀量。因为这种控制热膨胀的作用随温度升高而增大,所以称这种活塞为自动热补偿活塞,如图2-66所示。

二、发动机平衡轴机构

发动机工作时,曲柄连杆机构的运动质量将产生惯性力。往复运动件将产生往复惯性力,旋转运动件将产生旋转惯性力(离心力)。这些不平衡的力及其产生的力矩会引起发动机的振动、冲击和噪声,加大车室内的噪声,降低汽车的平顺性和舒适性,影响轿车和发动机的使用寿命。为此必须将引起汽车振动和噪声的发动机不平衡力及不平衡力矩减小到最低限度。

在曲轴的曲柄臂上设置的平衡重只能平衡旋转惯性力及其力矩,而往复惯性力及其力矩的平衡则需采用专门的结构来进行平衡。为了达到对这些惯性力的平衡,有些发动机增加了一根或多根平衡轴。

四冲程直列三缸发动机的曲轴为三个曲柄互成120°夹角的空间曲轴,其往复惯性力矩不平衡。例如:夏利1L三缸机上所采用的平衡轴机构如图2-67所示。平衡轴由曲轴前端的平衡轴驱动齿轮驱动。平衡轴与曲轴转

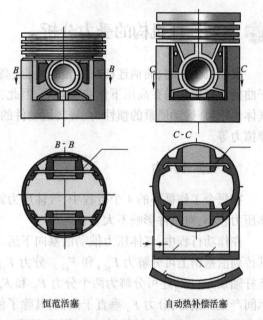

图2-66 恒范钢活塞和自动热补偿活塞

速相同,转向相反。发动机运转时,由于平衡轴的旋转方向与曲轴的旋转方向相反,其前端平衡重所产生的离心力便可与曲轴所受的弯矩相平衡,从而提高了曲轴的使用寿命。平衡轴驱动齿轮和平衡轴从动齿轮上都刻有啮合对正标记,装配平衡轴时,必须将对正记号对齐。

常见的四冲程直列四缸发动机通常采用两根平衡轴机构,如图2-68所示。两根平衡轴一高一低在汽缸中心线左右等距布置,上方的平衡轴与曲轴旋转方向相同,下方的平衡轴转向相反,上下平衡轴的垂直距离等于连杆长度的0.7倍。这种平衡机构可以显著地降低由往复惯性力产生的振动和噪声。不过,大部分直列四缸轿车发动机都不装任何平衡轴机构,这是因为,对于小缸径的单列四缸机来说,靠在发动机支撑上采取适当的减振措施,也可以满足整车平稳性要求的。

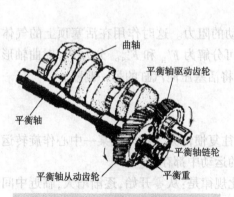

图2-67 三缸发动机平衡轴机构

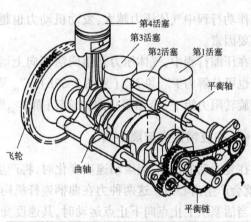

图2-68 四缸直列发动机平衡轴机构

三 曲柄连杆机构的受力分析

发动机工作时,曲柄连杆机构是在高温、高压、高速和有化学腐蚀的条件下工作的。由于曲柄连杆机构是在高压下作变速运动,因此,它在工作中的受力情况很复杂。其中主要有气体作用力、运动质量的惯性力、旋转运动件的离心力以及相对运动件的接触表面所产生的摩擦力等。

1 气体作用力

在每个工作循环的4个行程中,气体压力始终存在。但由于进气、排气两个行程中的气体压力较小,对机件影响不大。

在作功行程中,气体压力推动活塞向下运动(见图2-69a)。设活塞所受的总压力为 F_p,其传到活塞销上可分解为 F_{p1} 和 F_{p2}。分力 F_{p1} 通过活塞销传给连杆,并沿连杆方向作用在连杆轴颈上。F_{p1} 还可分解为两个分力 F_R 和 F_S。分力 F_R 沿曲柄方向使曲轴主轴颈与主轴承间产生压紧力;分力 F_S 垂直于曲柄,其除了使主轴颈和主轴承之间产生压紧力外,还对曲轴产生转矩 T,驱动曲轴旋转。F_{p2} 把活塞压向汽缸壁,形成活塞与缸壁间的侧压力,有使机体翻倒的趋势,故机体下部的两侧应支撑在车架上。

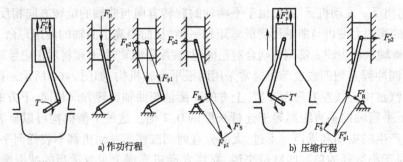

图2-69 气体压力作用情况示意图

作功行程中气体压力越大,发动机动力也越大。但气体压力又是造成机件磨损和损坏的主要因素。

在压缩行程中,气体压力是阻碍活塞向上运动的阻力。这时作用在活塞顶上的气体总压力也可分解为 F'_{p1} 和 F'_{p2}(见图2-69b),F'_{p1} 又可分解为 F'_R 和 F'_S。分力 F'_S 对曲轴形成一个旋转阻力矩 T',企图阻止曲轴旋转;而 F'_{p2} 则将活塞压向汽缸的另一侧壁。

2 往复惯性力与离心力

往复运动的物体,当运动速度变化时,将产生往复惯性力。物体绕某一中心作旋转运动时,就会产生离心力。这两种力在曲柄连杆机构的运动中都存在。

当活塞从上止点向下止点运动时,其速度变化规律是:从零开始,逐渐增大,临近中间达最大值,然后又逐渐减小至零。也就是说,当活塞向下运动时,前半行程是加速运动,惯性力向上，以 F_j 表示（见图2-70a）；后半行程是减速运动，惯性力向下，以 F'_j 表示（见图2-70b）。同理，当活塞向上运动时，前半行程惯性力向下，后半行程惯性力向上。由于往复惯性力和气体压力都可以认为作用于汽缸中心，只是上下方向有时不同，因此，惯性力分解后引起各传动机件的受力情况和气体压力相同。但惯性力不作用于汽缸盖，它在单缸发动机内部是不平衡的，会引起发动机上下振动，多缸发动机的惯性力可能在各缸之间相互平衡，引起振动的倾向大为减小。

偏离曲轴轴线的曲柄、连杆轴颈和连杆大头在绕曲轴轴线旋转时，将产生离心力 F_c（见图2-70），其方向沿曲柄向外。F_c 在垂直方向上的分力 F_{cy} 与往复惯性力 F_j 的方向总是一致的，因而加剧了发动机的上下振动。而水平方向上的分力 F_{cx} 则使发动机产生水平方向的振动。另外，离心力使连杆大头的轴承和轴颈、曲轴轴承和轴颈受到又一附加载荷，增加了它们的变形和磨损。

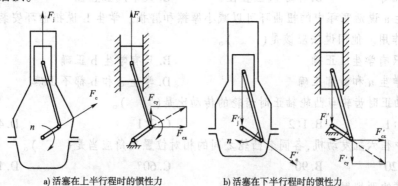

a) 活塞在上半行程时的惯性力　　b) 活塞在下半行程时的惯性力

图2-70　往复惯性力和离心力作用示意图

3 摩擦力

曲柄连杆机构中互相接触的表面作相对运动时都存在有摩擦力，其大小与正压力和摩擦系数成正比，其方向总是与相对运动的方向相反。摩擦力的存在是造成配合表面磨损的根源。上述各种力，作用在曲柄连杆机构的各有关零件上，使它们受到拉伸、压缩、弯曲和扭转等不同形式的载荷。为了保证工作可靠，减少磨损，减轻振动，在结构上应采取相应的措施。

 ## 复习思考题

一、填空题

1. 曲柄连杆机构的工作条件是_____、_____、_____和_____。
2. 机体的作用是_____，安装_____并承受_____。
3. 汽缸体的结构形式有_____、_____、_____三种。
4. 四缸四冲程发动机的作功顺序一般是_____或_____；六缸四冲程发动机作功

顺序一般是_____或_____。

5. 曲柄连杆机构的主要零件可分为_____、_____和_____三个组。
6. 机体组包括_____、_____、_____等；活塞连杆组包括_____、_____、_____、_____等；曲轴飞轮组包括_____、_____等。
7. 活塞销与销座及连杆小头的配合有_____及_____两种形式。
8. 油环的结构形式有_____和_____两种。
9. 气环的截面形状主要有_____、_____、_____、_____几种。
10. 汽缸套有_____和_____两种。

二、选择题

1. 活塞气环开有切口,具有弹性,在自由状态下其外径与汽缸直径(　　)。
   A. 相等　　　　B. 小于汽缸直径　　　　C. 大于汽缸直径　　　　D. 不能确定
2. 学生 a 说活塞环中的扭曲环可以减小摩擦和磨损。学生 b 说扭曲环安装错误时会产生"泵油"作用。他们说法应该是(　　)。
   A. 只有学生 a 正确　　　　　　　　B. 只有学生 b 正确
   C. 学生 a 和 b 都正确　　　　　　　D. 学生 a 和 b 都不正确
3. 曲轴正时齿轮与凸轮轴正时齿轮的传动比是(　　)。
   A. 1∶1　　　　B. 1∶2　　　　C. 2∶1　　　　D. 4∶1
4. 四冲程六缸发动机,各同名凸轮之间的相对位置夹角应当是(　　)。
   A. 120°　　　　B. 90°　　　　C. 60°　　　　D. 180°
5. 摇臂的两端臂长是(　　)。
   A. 等臂的　　　　B. 靠气门端较长　　　　C. 靠推杆端较长
6. 活塞的最大磨损部位一般是(　　)。
   A. 头部　　　　B. 裙部　　　　C. 顶部　　　　D. 环槽
7. 正扭曲环正确的安装方向是(　　)。
   A. 外切口向上、内切口向下　　　　B. 外切口向上、内切口向上
   C. 外切口向下、内切口向上　　　　D. 外切口向下、内切口向下
8. 为了减轻磨损,通常对(　　)进行镀铬。
   A. 第一道环　　　　B. 所有气环　　　　C. 油环　　　　D. 气环和油环
9. 学生 a 说由于曲轴各曲柄的转动速度与飞轮同步,引起曲轴共振产生扭转振动。学生 b 说曲轴各曲柄的转动比飞轮时快时慢,引起曲轴产生扭转振动。他们说法应该是(　　)。
   A. 只有学生 a 正确　　　　　　　　B. 只有学生 b 正确
   C. 学生 a 和 b 都正确　　　　　　　D. 学生 a 和 b 都不正确
10. 下列说法正确的是(　　)。
    A. 一根曲轴的曲柄数目等于汽缸数
    B. 一根曲轴的连杆轴颈数等于汽缸数
    C. 一根曲轴的主轴径数目等于汽缸数

D. 以上说法都不对

三、判断题

1. 活塞环的泵油作用,可以加强对汽缸上部的润滑,因此是有益的。（　）
2. 活塞裙部膨胀槽一般开在受侧压力较大的一面。（　）
3. 为了汽缸的密封不论是干式缸套还是湿式缸套,在压入汽缸体以后,都应使汽缸套顶面与汽缸体上平面平齐。（　）
4. 采用全浮式连接的活塞销,无论是在装配时,还是在发动机工作时,活塞销均能在活塞销座孔中自由转动。（　）
5. 活塞与汽缸壁间隙过大易出现"拉缸"。（　）
6. 活塞连杆组装后,需要在连杆检验器上检验连杆大端孔中心线与活塞裙部中心线的平行度。（　）
7. 飞轮紧固螺钉承受作用力大,应以最大力矩拧紧。（　）
8. 活塞顶的记号可以来表示活塞及活塞销的安装和选配要求。（　）
9. 连杆螺栓紧固时应分2~3次交替均匀地拧紧。（　）
10. 各种形式曲轴的曲拐数都与汽缸数相同。（　）

四、简答题

1. 曲柄连杆机构的组成及功用是什么?
2. 如何检验汽缸的磨损?
3. 安装气环时应注意些什么?
4. 对活塞有何要求?现代发动机活塞都采用什么材料?
5. 如何校验和校正连杆的弯曲度和扭曲度?
6. 汽缸盖的作用是什么?安装时有什么要求?
7. 什么是偏位连杆?安装时应注意什么?
8. 如何检查曲轴轴承的间隙?
9. 活塞连杆组的拆装应注意什么?
10. 分轮的功用是什么?如何更换飞轮齿圈?

五、思考题

1. 为什么在发动机汽缸中要镶汽缸套?干式缸套和湿式缸套有何区别?
2. 为什么要采用扭曲环?正扭曲环和反扭曲环的作用是否相同?
3. 曲拐布置形式与发动机工作顺序有何关系?
4. 为什么要把活塞的横断面制成椭圆形,而将其纵断面制成上小下大的锥形或桶形?
5. 若连杆刚度不足,可能发生何种故障?

项目3　配气机构

项目 3
配气机构

 学习任务一　配气机构总体构造及配气相位

学习目标
- ◎ 熟悉配气机构的结构和工作原理；
- ◎ 知道配气相位、配气正时以及气门间隙的概念；
- ◎ 了解配气机构的工作过程；
- ◎ 掌握气门间隙的调整方法及气门组零件的修理方法。

能力要求
- ◎ 掌握气门间隙的调整方法与气门研磨方法；
- ◎ 掌握配气机构的故障分析和排除方法。

配气机构的功用直接影响着四冲程发动机正常工作时进、排气的效果，那么当配气机构工作不正常时，会对发动机有何影响？发动机会出现什么现象呢？我们如何来判断？

为了能够掌握配气机构的功用以及对发动机的影响，我们必须掌握配气机构的组成、工作原理及相应的检修内容。

配气机构是控制发动机进气和排气的装置,其作用是按照发动机的工作循环和点火次序的要求,定时开启和关闭各缸的进、排气门,以便在进气行程时使尽可能多的可燃混合气(汽油机)或空气(柴油机)进入汽缸,在排气行程将废气快速排出汽缸。配气机构是发动机的两大核心机构之一,其结构和性能的优劣直接影响发动机的总体性能。

一 配气机构的基本组成

配气机构如图 3-1 所示。配气机构由气门组和气门传动组组成。气门组包括气门、气门座、气门导管和气门弹簧等部件。气门传动组主要包括凸轮轴、凸轮轴正时带轮、正时齿形带、张紧轮、液压挺柱等部件。

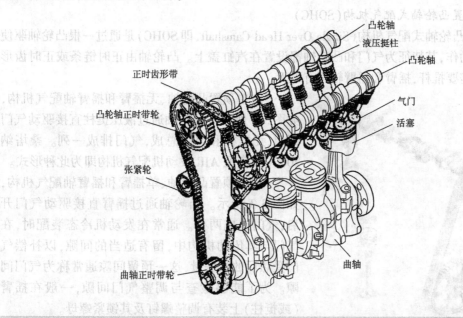

图 3-1 配气机构

发动机工作时,曲轴通过曲轴正时带轮、正时齿形带、凸轮轴正时带轮驱动凸轮轴旋转,当凸轮轴转到凸轮的凸起部分顶到液压挺柱时,通过液压挺柱压缩气门弹簧,使气门离座,即气门开启。当凸轮凸起部分离开液压挺柱时,气门便在气门弹簧力的作用下上升而落座,气门关闭。

由于四冲程发动机每完成一个工作循环,曲轴旋转 2 周,而各缸进、排气门各开启 1 次,完成一次进气和排气,此时凸轮轴只旋转 1 周,因此,曲轴与凸轮轴的转速比为 2∶1,即凸轮轴正时带轮的齿数是曲轴正时带轮齿数的 2 倍。

配气机构的类型

发动机配气机构形式多种多样,其主要区别在于气门布置形式和数量、凸轮轴布置形式和驱动方式。

1 顶置式气门配气机构

顶置式气门配气机构是应用最广泛的一种形式。它的主要特点是安装在汽缸盖上,气门头部朝下,开启时向下运动。这种布置方式的优点是进气阻力小,充气系数大,燃烧室结构紧凑,有利于提高发动机的动力性和经济性。一汽捷达、上海桑塔纳、天津夏利等汽车发动机均采用顶置式气门配气机构。若凸轮轴为中置或下置式,该机构的缺点就比较明显,即凸轮轴与气门相距较远,气门传动零件较多,结构较复杂,发动机的高度也有所增加等。

1)单顶置凸轮轴式配气机构(SOHC)

单顶置凸轮轴式配气机构(Single Over Head Camshaft,即 SOHC)是通过一根凸轮轴驱使进、排气门动作,其特征为气门和凸轮轴都设置在汽缸盖上。凸轮轴由正时链条或正时齿形带驱动,不需要推杆,摇臂和摇臂轴可有可无。

(1)单顶置凸轮轴、无摇臂和摇臂轴配气机构,如图 3-2 所示。凸轮轴通过液压挺柱直接驱动气门开启,无推杆和摇臂总成,气门排成一列。桑塔纳 2000GSi 车型 AJR 发动机配气机构即为此种形式。

(2)单顶置凸轮轴、单摇臂和摇臂轴配气机构,如图 3-3 所示。凸轮轴通过摇臂直接驱动气门开启,气门排成两列。通常在发动机冷态装配时,在气门与其传动机构中,留有适当的间隙,以补偿气门受热后的膨胀量,这一预留间隙通常称为气门间隙。为了能够检查与调整气门间隙,一般在摇臂(或挺柱)上装有调整螺钉及其锁紧螺母。

(3)单顶置凸轮轴、双摇臂和摇臂轴配气机构,如图 3-4 所示。凸轮轴分别通过进气摇臂和排气摇臂驱动进气门和排气门开启,由于进、排气门排成两列,所以驱动进、排气门的进气摇臂和排气摇臂分别安装在各自的摇臂轴上。

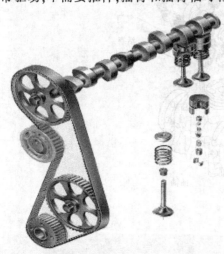

图 3-2　单顶置凸轮轴无摇臂和摇臂轴配气机构

(4)单顶置凸轮轴、有摇臂、无摇臂轴配气机构,如图 3-5 所示。凸轮轴位于摇臂上方,采用浮动式摇臂(只有摇臂而无摇臂轴),在摇臂上设有滚动轴承;摇臂与液压挺柱采用球面接触,并作为摇臂摆转的支点,气门排成一列。液压挺柱可以自动调整气门间隙(使气门间隙为0),减少了噪声,但结构复杂。

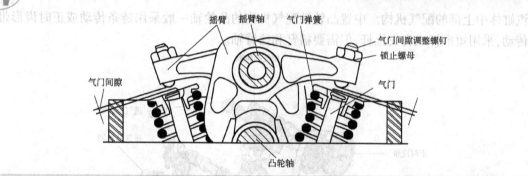

图 3-3 单顶置凸轮轴、单摇臂和摇臂轴配气机构

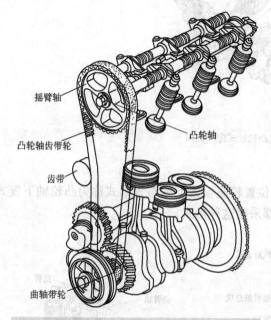

图 3-4 单顶置凸轮轴、双摇臂和摇臂轴配气机构

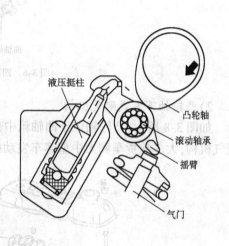

图 3-5 单顶置凸轮轴、有摇臂、无摇臂轴配气机构

2）双顶置凸轮轴式配气机构（DOHC）

双顶置凸轮轴式配气机构（Double Over Head Camshaft，即 DOHC）如图 3-6 所示，其进、排气门分别由各自的凸轮轴控制（气门排成两列），凸轮轴直接驱动气门，也可通过摇臂间接驱动气门，具有摇臂长度短、质量轻，以及驱动气门的相关部件易于适应高转速等优点。另外，由于进、排气凸轮轴是彼此相互独立的，所以增大了气门配置的自由度，火花塞可以设置在两根凸轮轴之间，即燃烧室的正中央。

四顶置凸轮轴式配气机构与双顶置凸轮轴式配气机构的基本原理大致相同，不同的是这种机构分别配置了两根进气凸轮轴和两根排气凸轮轴，一般用于 V 形发动机。

2 凸轮轴中置和下置式配气机构

1）凸轮轴中置式配气机构

如图 3-7 所示，中置凸轮轴配气机构是指进、排气门安装在汽缸盖上，而凸轮轴安装在汽缸体中上部的配气机构。中置凸轮轴配气机构的凸轮轴一般采用链条传动或正时齿形带传动,采用短推杆或省去推杆,但需要摇臂和摇臂轴。

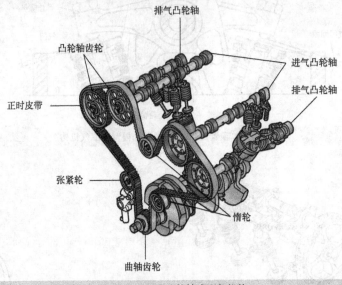

图 3-6 四顶置凸轮轴式配气机构

2) 凸轮轴下置式配气机构

如图 3-8 所示,凸轮轴位于曲轴箱中部、位置较曲轴偏上的布置形式称为凸轮轴下置式配气机构,大多数货车和大中型客车发动机都采用这种形式。

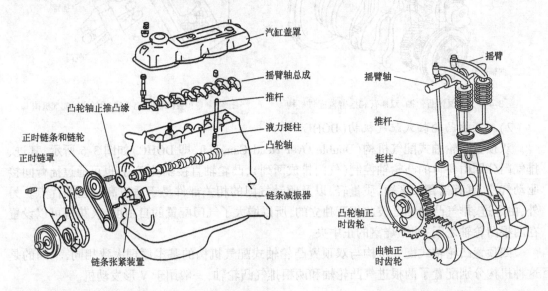

图 3-7 中置式凸轮轴配气机构　　　　图 3-8 凸轮轴下置式配气机构

发动机工作时,曲轴通过正时齿轮驱动凸轮轴正时齿轮和凸轮轴旋转。当凸轮的凸起部位顶起挺柱时,经推杆和气门间隙调整螺钉推动摇臂绕摇臂轴摆动,压缩气门弹簧使气门开启。当凸轮的凸起部离开挺柱时,气门在气门弹簧力的作用下逐渐关闭。凸轮轴下置式配气机构特点是凸轮轴与曲轴位置靠近,可以简单地用一对齿轮传动,需要较长推杆、摇臂和摇臂轴等零部件,整个机构的刚度差。多用于转速较低的发动机,如货车用的柴油机等。

三、气门的布置方式

1 二气门式

早期大多数发动机都采用每缸一进一排两个气门的结构形式,如图3-9所示。

所有气门沿机体纵向排成一列的方式,以使结构简化。这样,相邻两缸的同名气门(同是进气门或排气门)就有可能使用一个气道,以使气道简化和获得较大的气道通过截面。也有的发动机将进、排气门交替布置,每缸单独设置气道,这样有助于汽缸盖的均匀冷却。柴油机的进、排气门一般都分置于机体的两侧,以避免排气对进气的加热效应而影响进气量。化油器式汽油机因需要排气对进气的预热,进排气门通常置于同一侧。电控汽油喷射发动机进气歧管内流动的是纯空气,也不需对进气歧管预热,其进排气门可分置于机体两侧。

为了改善汽缸的换气,有可能的条件下,应尽量加大气门头部直径,特别是进气门的直径,以便能够多进气。然而,每缸两个气门,气门的直径最大也不能超过汽缸直径的一半。当汽缸直径较大,活塞平均速度又较高时,每缸一进一排的气门结构就不能保证良好的换气质量。

2 四气门或五气门式

从20世纪80年代开始,世界各大汽车厂商竞相开发多气门发动机,先后推出了三气门、四气门和五气门等多气门发动机配气机构,如图3-10至图3-12所示。

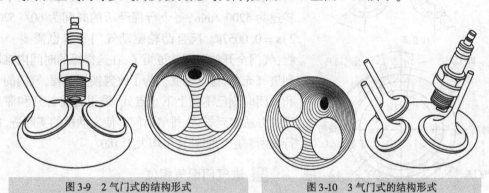

图3-9　2气门式的结构形式　　　　图3-10　3气门式的结构形式

在多气门发动机中尤以四气门发动机配气机构技术最完善,动力性和经济性最好,使用最广泛,目前处于主流地位。如12V150Z型柴油机就采用了两进、两排的四气门,喷油嘴布置在汽缸的中央，不仅有利于混合气的形成和燃烧，还使汽缸盖的结构、布局更合理。又如一汽捷达都市先锋、捷达王轿车的 EA113 型发动机采用了五气门（三进两排）技术，尽可能大地增加了进气通道截面，使换气质量大大地提高。此外，采用四气门或五气门后还可适当减小气门升程，改善配气机构的动力性。所以，这两种结构多用于重型货车的 V 形柴油机或高级轿车的发动机上。

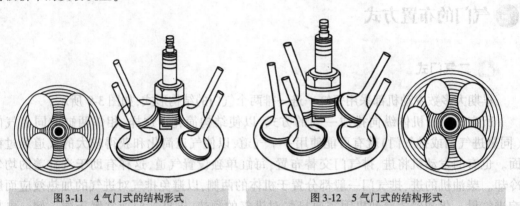

图 3-11　4 气门式的结构形式　　　　图 3-12　5 气门式的结构形式

四 配气相位

配气相位是指用曲轴转角表示进、排气门开闭时刻，以及开启持续时间。图 3-13 是用曲轴转角绘制的配气相位图。

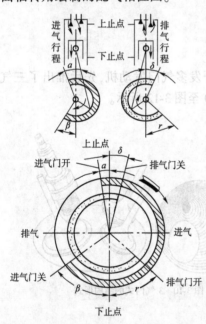

图 3-13　配气相位图

在介绍四冲程发动机工作原理时，为了便于理论分析与阐述，简单地把进、排气过程分别看作是在活塞的一个行程及曲轴转动 180° 内完成的。实际上，由于汽车发动机转速较高，一个行程所占的时间很短，例如：上海桑塔纳 2000 型轿车的 AJR 电控发动机，最大输出功率时的转速为 5200r/min，每个行程经历的时间为 $60/(5200 \times 2)s = 0.0057s$。况且凸轮驱动气门开启也需要一个过程，气门全开的时间就更短了，在这样短的时间内难以做到进气充分，排气彻底。为了改善换气过程，气门的开启和关闭时刻已不在上下止点处，采用提前打开和滞后关闭的办法来延长进、排气时间。使发动机的实际进、排气行程所对应的曲轴转角均大于 180°。

1 进气门配气相位

如图 3-13 所示，发动机的进气门是在排气行程接近终了，活塞到达上止点之前打开的，即曲轴转到离曲拐的上止点位置还差一个角度 α 时，进气门已经打开，从进气门开始打开到活塞达到排气行程上止点对应的曲轴转角,称为进气提前角,用 α 表示。发动机的进气提前角一般为 $10°\sim30°$。

进气门提前开启的目的,是为了保证进气行程开始时进气门已打开,减小进气阻力,使新鲜气体能顺利地冲入汽缸,能够使混合气进入的更多一些。

进气行程活塞到达下止点后,进气门并没有马上关闭,直到活塞过了下止点后又重新上行,即曲轴转到超过曲拐下止点位置以后一个角度 β 时,进气门才关闭。从活塞位于进气行程下止点起,到进气门关闭所对应的曲轴转角称为进气门迟闭角,用 β 表示。发动机的进气门迟闭角一般为 $40°\sim80°$。

进气门晚关的目的,主要是利用进气行程终了时汽缸内压力仍低于大气压力所形成的压力差,在加上气流惯性,仍能够多进一部分空气。

这样由于进气门早开晚关,整个进气行程持续时间相当于曲轴转角的 $180°+\alpha+\beta$。

2 排气门配气相位

发动机的排气门是在作功行程接近终了,活塞还未到达下止点之前打开的,从排气门开始打开到活塞到达作功行程下止点对应的曲轴转角,称为排气提前角,用 γ 表示。发动机的排气提前角一般为 $40°\sim80°$。

排气提前开启的原因是:当作功行程的活塞接近下止点时,汽缸内的气体虽有 $0.3\sim0.4MPa$ 的压力,但就活塞作功而言,作用不大,这是若稍微打开排气门,大部分废气在此压力作用下可迅速自缸内排出;当活塞到下止点时,汽缸内压力已大大下降(约为 $0.115MPa$),这时排气门的开度进一步增加,从而减少了活塞上行时的排气阻力,高温废气迅速排出,还可以防止发动机过热。

经过整个排气行程,活塞到达排气上止点后又下行一定的曲轴转角,排气门才关闭。从活塞位于排气行程上止点起,到排气门完全关闭时所对应的曲轴转角,称为排气门迟闭角,用 δ 表示。发动机的排气迟闭角一般为 $10°\sim30°$。这样,整个排气过程中,排气门开启持续时间对应的曲轴转角,即排气持续角为 $180°+\gamma+\delta$。

排气门晚关的目的:由于活塞到达上止点时,汽缸内的压力仍高于大气压,且废气气流有一定的惯性,适当延迟排气门关闭时刻可以利用此压力和气流惯性使废气排出的更干净一些。

3 气门的重叠

由于进气门在上止点前开启,而排气门在上止点后关闭,这就出现了在上止点附近,同一段时间内,进、排气门同时开启,进气道、燃烧室、排气道三者出现了沟通现象,在此情况下,进、排气门都处于同时开启现象,称为气门重叠角。气门重叠期间进、排气门的开度均比较小,且由于进气气流和排气气流的惯性较大,短时间内不会改变流向,因而只要气门重叠角选择适当,就不会出现废气倒流进入进气管和新鲜气体随同排出的问题。若选择不当,重叠角过大,发动机小负荷运转时则会出现上述问题,致使发动机换气质量下降。

合理的配气相位由制造厂家根据发动机的结构和性能要求的不同,通过反复试验来确定。

一 任务实施准备

(1)发动机实训室;
(2)发动机一台;
(3)常用工具一套、扭力扳手、气门修磨机、气门座圈铰刀、检测平台、V形铁、研磨膏、量程为 25mm 的外径千分尺、带表架的百分表等。

二 任务实施步骤

把测得的配气相位角与原厂规定的标准比较,有些发动机的配气相位不允许有偏差,而有些发动机则允许有一定的偏差,如上海柴油机厂生产的 135 系列柴油机相位允差 ±6°。配气相位有偏差或偏差超过允许值时应予调整,使之尽可能地接近原厂标准。

调整配气相位时,应根据不同情况采取不同措施。如个别气门开启和关闭的时间偏早或偏晚不多时,可通过调整该气门间隙的方法予以解决;如各缸进、排气门开始和关闭的时间不符合规定值且迟早不一,通常是由于凸轮磨损严重,应修磨或更换凸轮轴;如各缸进、排气门开启和关闭的时间都偏晚(或偏早),而进、排气持续角都符合规定要求,这是由于凸轮轴与曲轴的相对安装位置不对引起的,在正时记号对正、正时齿轮啮合间隙符号规定或正时同步带磨损正常的情况下,一般采用以下方法统一调早或调迟。

1 偏位键法

通过改变正时齿轮与凸轮轴连接键断面形状,可以统一调早或调迟配气相位。将该键的矩形断面改制成阶梯形,使键向左右有所偏移,制成偏位键(异形键),当偏位键装入键槽时,使正时齿轮相对凸轮轴偏转相应角度,从而改变了配气相位。

偏位键分为顺键、逆键、正键三种。以装入键槽的下端为基准,上端偏移方向与凸轮轴旋转方向相同称为顺键,可将配气相位由块调慢;偏移方向与凸轮轴旋转方向相反称为逆键,可将配气相位由慢调快。正键用于配气正时。偏位键在安装时应注意方向,不得装反,否则将引起配气相位的成倍改变。

2 凸轮轴正时齿轮轴向移位法

由于中置或下置凸轮轴的正时齿轮多为斜齿,如将凸轮轴正时齿轮作轴向位移时,若曲轴正时齿轮不动,凸轮轴正时齿轮将转过一个相应的角度,从而达到改变配气相位的目的。

调整时,一般是通过改变止推凸缘厚度或正时齿轮轮毂厚度的方法,使正时齿轮获得轴向位移量来进行的。

3 错齿法

当一台发动机的大多数气门配气相位角偏差在6°以上时,可将正时齿轮记号调前或调后一个齿,就是错齿法。错齿后再用偏位键进行微量调整。

偏位键法工艺简单,易于操作,而且配气相位调整范围比较大,因此在维修中得到广泛应用,但偏移量较大时,会降低键的强度,误差也较大。凸轮轴正时齿轮轴向位移法,可调配气相位的范围小,因此较少采用。除此之外,如需调整较大的配气相位角时,可采用改变凸轮轴或正时齿轮键槽位置法,但需要有加工键槽的铣床或插床。

学习任务二 气门零件组的构造与检修

学习目标
◎ 熟悉气门零件组的组成及各个组成元件的结构和工作原理;
◎ 了解气门零件组如何工作,理解气门座锥角定义;
◎ 掌握气门座铰削及气门研磨的方法。

能力要求
◎ 能够熟练地对气门进行人工研磨操作;
◎ 掌握各个零件对气门零件组的影响和检修方法及内容。

气门组是由气门、气门座、气门导管、气门弹簧、弹簧座圈、锁片等零件组成的。发动机在工作过程中,气门组的环境条件如何?使用过程中会出现什么现象呢?

发动机在工作过程中,气门组零件环境温度高、往复运动频繁,润滑条件相对较差,随着磨损和各种损伤的加重,会降低发动机的充气系数,导致发动机功率下降,油耗增加,甚至影响发动机的正常工作。出现故障后,为了正确判断、排除气门组的故障,应首先熟悉配气机构气门组零件的结构、工作原理及检修方法。

气门组结构

气门组包括气门、气门导管、气门座及气门弹簧等零件,如图3-14所示。有的进气门还设有气门旋转机构。气门组应保证气门能够实现汽缸的密封。

1 气门

气门由头部和杆部两部分组成。头部的工作温度很高(进气门可高达300~400℃,排气门更高,可达700~900℃,而且还要承受气体压力、气门弹簧力以及传动组零件惯性力的作用,其冷却和润滑条件又较差。因此,要求气门必须具有足够的强度、刚度、耐热和耐磨能力。进气门的材料采用合金钢(如铬钢或镍铬钢等),排气门则采用耐热合金钢(硅铬钢等)。

气门头部的形状有平顶、球面顶和喇叭形顶(凹顶)等,如图3-15所示。目前使用最多的是平顶气门头。平顶气门头结构简单,制造方便,吸热面积小,质量也小,进、排气门都可以采用。球面顶气门头(图3-15c)使用于排气门,因为其强度高,排气阻力小,废气的清除效果好。但球形的受热面积大,质量和惯性力大,加工较复杂。喇叭形顶头部(图3-15b)与杆部的过渡部分具有一定的流线形,可以减少进气阻力,但其顶部受热面积大,故适用于进气门,而不宜用于排气门。

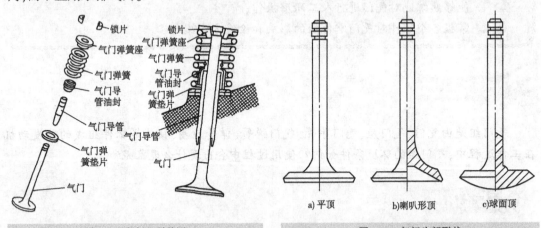

图3-14 气门组零件图　　　　　　图3-15 气门头部形状

气门头部与气门座接触的工作面称为气门密封锥面。该密封锥面与气门顶平面的夹角称为气门锥角,如图3-16所示。气门锥角一般为45°。有些发动机的进气门锥角为30°。气门头的边缘应保持一定的厚度,一般为1~3mm,以防止工作中由于气门与气门座之间的冲击而损坏或被高温气体烧蚀。为了减少进气阻力,提高汽缸的充量系数,多数发动机的进气门的头部直径比排气门的要大。

为保证气门头与气门座之间的良好配合,装配前应将气门头与气门座两者的密封锥面互相研磨。研磨好的零件不能互换。

气门头部的热量是直接通过气门座以及气门杆,经气门导管而传到汽缸盖的。为了提高气门头部的散热性能,气门座孔区域加强了冷却,气门头向气门杆过渡部分的几何形状应尽量做到圆滑,以增加强度并减少热流阻力。此外,还应使气门杆与气门导管中间的间隙尽可能的小。

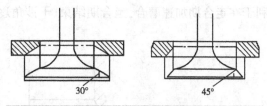

图3-16 气门头部锥角

气门杆呈圆柱形,在气门导管中不断进行往复运动。气门杆端的形状决定于气门弹簧座的固定方式如图3-17所示,常用的结构是用剖分成两半的锥形锁片来固定弹簧座(图3-17a)。这时,气门杆端部可切出环槽来安装锁片。解放CA1091型汽车6102型发动机的气门弹簧座用锁销来固定(图3-17b),故其气门杆端部有一个用来安装锁销的径向孔。锁销式固定方式是将锁销插入气门杆上的孔内,由于锁销长度大于气门弹簧座孔径,所以可使气门弹簧座固定。

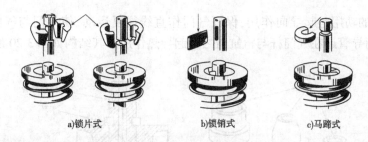

a)锁片式　　　b)锁销式　　　c)马蹄式

图3-17 弹簧座的固定方式

2 气门座与气门锥角

(1)气门座　汽缸盖(或汽缸体)的进、排气道口直接与气门密封锥面接触的部位称为气门座,气门座一般与气门配合,保证汽缸密封。

大部分发动机的气门座单独制成座圈,然后压装到燃烧室内的进、排气道口处,气门座圈与座孔应有足够的过盈配合量,以防止发动机工作时气门座脱落。

(2)气门座锥角　为保证气门与气门座可靠密封,气门座上加工有与气门相适应的密封锥面,如图3-18所示。

气门座锥角与气门锥角相适应,由三部分组成。其中45°(或30°)锥面与气门密封锥面贴合,为保证有一定的坐合压力,使密封可靠,同时又有一定的散热面积,要求结合面的宽度b为1~3mm。在安装气门前,还应采用与气门配对研磨的方法,以保证贴合更紧密、可靠。15°和75°锥角(国外多用30°和60°锥角)是用来修正工作锥面的宽度和上下位置的,以使其达到规定的要求。

为保证发动机正常工作,要将气门座磨到规定的角度,30°或45°。而在磨削时,常将气门锥角磨得比气门座锥角小 1°左右,这样可获得一个密封干涉角,如图 3-19 所示。干涉角的存在使气门在落座时能够切开气门座上的沉积物,而且还能产生更好的机械密封性;也有利于在走合期加速磨合,走合期结束,干涉角逐渐消失,形成良好的全锥面接触。

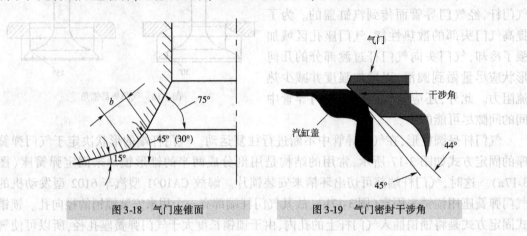

图 3-18　气门座锥面　　　　图 3-19　气门密封干涉角

3 气门导管

气门导管的功用是起导向作用,保证气门作直线往复运动,使气门与气门座能正确贴合。此外,气门导管还在气门杆与汽缸盖之间起导热作用。其结构如图 3-20 所示。

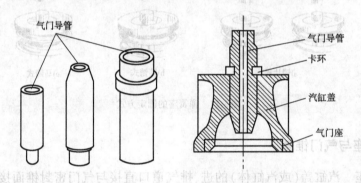

图 3-20　气门导管的结构和气门座

气门导管的工作温度也较高,约 200℃。气门杆在导管中运动时,仅靠配气机构飞溅出来的机油进行润滑,因此容易磨损。气门导管大多数用灰铸铁、球墨铸铁或铁金粉末冶金制造。

导管内、外圆柱面经加工后压入汽缸盖的气门导管孔中,然后再精铰内孔。为了防止气门导管在使用过程中松脱,有的发动机对气门导管用卡环定位。气门杆与气门导管之间一般留有 0.05～0.12mm 间隙,使气门杆能在导管中自由运动。

4 气门弹簧

气门弹簧的功用是关闭气门,靠弹簧张力使气门紧紧压在气门座上,克服气门和气门传动组件所产生的惯性力,防止各传动件彼此分离而不能正常工作。

气门弹簧一般采用圆柱形螺旋弹簧,如图 3-21 所示,为了防止弹簧发生共振,可采用变螺距圆柱弹簧。现代高速发动机多采用同心安装的内外两根气门弹簧,这样既提高了气门弹簧工作的可靠性,又能有效地防止共振的发生。安装时,内外弹簧的螺旋方向应相反,以防止折断的弹簧圈卡入另一个弹簧座圈。

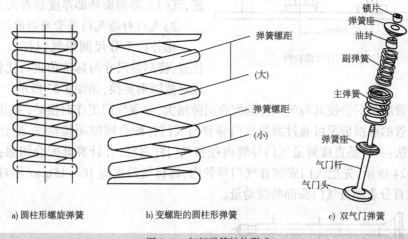

图 3-21 气门弹簧结构形式

一 任务实施准备

(1)发动机实训室;
(2)发动机一台;
(3)常用工具一套、扭力扳手、气门修磨机、气门座圈铰刀、检测平台、V 形铁、研磨膏、量程为 25mm 的外径千分尺、带表架的百分表等。

二 任务实施步骤

1 气门的检测

气门的检测主要包括气门杆的弯曲、磨损和头部的检测。

1)气门杆弯曲和气门头部检修

气门杆弯曲可用百分表来测定,如图 3-22 所示,将气门支承在两个距离 100mm 的 V 形架上,然后用百分表触头测量气门杆中部的弯曲度,其值超过 0.05mm 则应更换。气门头用百分表测量,转动气门头部一圈,读数最大值与最小值之差的一半即为气门头部的倾斜度误差。许用倾斜度误差为0.02mm。当气门杆弯曲或气门头部歪斜超过规定范围时,需更换气门。检查气门头部工作锥面的接触面宽度是否大于3mm,接触面有无烧蚀、磨损痕迹,气门头部圆锥环部厚度是否大于1mm。

2) 气门杆与气门导管磨损的检查

用外径千分尺测量气门杆上、中下三个位置,将测量尺寸与标准值进行比较,若超过规定范围则更换,如图3-23所示。

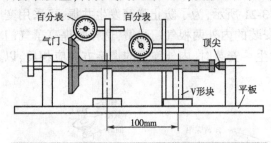

图3-22 气门杆弯曲检测

气门导管磨损后会使其与气门杆的配合间隙增大,导致气门工作时摆动,关闭不严。

气门导管的磨损情况可通过测量气门导管与气门杆配合间隙间接检查,配合间隙的检查有两种方法:一种是直接测量气门导管内径和气门杆直径,并计算其配合间隙;另外一种是按如图3-24所示,先把气门安装在气门导管内,再将气门提起10~15mm(相对汽缸盖平面),然后用百分表测量气门头部的摆动量。

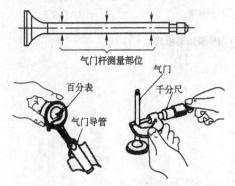

图3-23 气门杆与气门导管检查

图3-24 测量气门头部摆动量

气门导管与气门杆配合间隙若超过允许极限时,可换用一个新气门重新进行检查,根据测量结果视情况确定更换气门或气门导管,必要时两者一起更换。

3) 气门头部工作面磨损检查

在维修作业中,当气门出现烧蚀、麻点或凹陷时,可进行光磨,光磨通常在气门光磨机上进行,如图3-25所示。作业时要保证气门头部与杆部同心,气门头端部凹陷应磨平,光磨量在能磨出完整圆锥面的前提下越小越好。由于配件成本下降,一般发现气门有烧蚀、麻点或凹陷时,修理厂以更换新件为主。

2 气门座圈的检修

(1) 气门座定位

气门座部位可以被抬高或降低,这是通过切除或磨削气门座的上部或下部来实现的,如图3-26所示。首先,将气门座研磨到标准的规范,比如45°。然后用一个30°的磨石(或铰刀)磨去气门座的顶部,然后用一个60°的磨石(或铰刀)磨去气门座的底部。通过从顶部和底部切除合适的量,气门座的位置得以调整。另外,通过使用这两块磨石,还可以将气门座部位的长度精确地磨到制造厂规定的规范。通过定位气门座,气门的位置也可以根据需要进行抬高或降低。

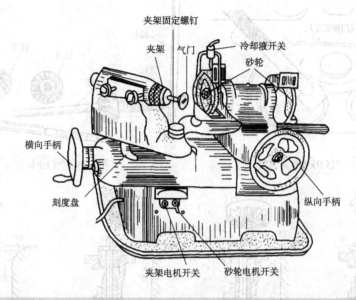

图3-25 气门光磨机

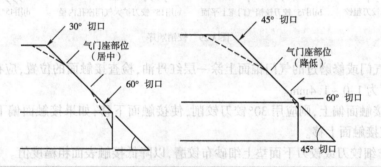

图3-26 气门座定位

在气门座被正确定位后,一定要确认气门座具有正确的宽度。气门座的宽度可以用一个小的气门座尺进行测量,如图3-27所示。如果宽度不正确或不符合规范,必须将气门座重新研磨到正确的宽度,同时还要确认气门座的定位是正确的。

(2)气门座圈的铰削

将气门座圈清理干净并检查工作面。气门座圈工作面磨损变宽超过1.4mm,工作面烧蚀出现斑点、凹陷时,应进行铰削与修磨。

①如图3-28所示,根据气门直径选用合适的气门座铰刀,根据气门导管内径选择合适的铰杠,并插入气门导管内,以无明显旷动为宜。

②将砂布垫在铰刀表面砂磨气门座圈工作表面的硬化层。

③用与气门工作面锥角相同的铰刀铰削工作锥面,直到将烧蚀、斑点等铰除为止,如图3-29所示。

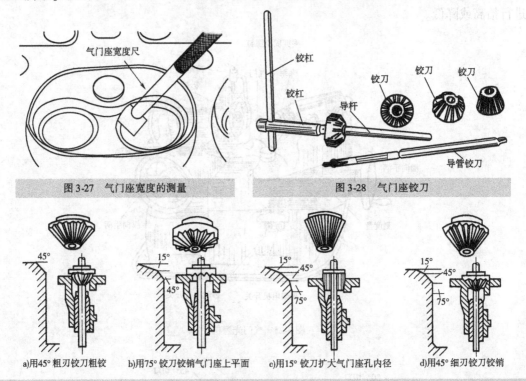

图3-27 气门座宽度的测量

图3-28 气门座铰刀

a)用45°粗刃铰刀粗铰　b)用75°铰刀铰销气门座上平面　c)用15°铰刀扩大气门座孔内径　d)用45°细刃铰刀铰销

图3-29 铰销顺序

④在新气门或修磨过的气门锥面上涂一层红丹油,检查接触面的位置,应在气门锥面的中下部,宽度为1.0~1.4mm。

⑤如果接触面偏上,则应用30°铰刀铰削,使接触面下移;如果接触面偏下,则应用75°铰刀铰削,使接触面上移。

⑥用45°细铰刀或铰刀下面垫上细砂布铰磨,以降低接触表面粗糙度值。

3 气门的手工研磨

如果气门与气门座圈配合不严密,可对气门进行研磨。其步骤如下:

(1)用汽油或煤油清洗气门座、气门及气门导管,并在气门顶部做出标记。

(2)在气门工作面上涂以薄层研磨砂,气门杆上涂以清洁润滑油,插入气门导管内(严禁研磨砂进入气门导管)。

(3)用橡皮捻子吸住气门,变换气门与气门座圈的位置,正确研磨,如图3-30所示。研磨以2~3次/s的频率使气门与气门座拍击,在提起捻子的同时要以10°~30°角度旋转气门,以保证均匀研磨。研磨时不要过分用力,否则会将气门工作面磨宽或磨成凹槽。粗研后,接触环带应整齐、无斑痕、无麻点。

(4)粗研完毕后清洗各部位,用细研磨砂研磨,直至工作面出现一条灰色无光的环带为止。

(5)洗净研磨砂,涂以润滑油,继续研磨数分钟。

4 气动研磨机研磨

将汽缸盖清洗干净,放在工作台上。在气门工作锥面上涂一层研磨砂,同时在气门杆上涂机油,插入气门导管内。连接好气动研磨机气管,用研磨机端头的橡胶捻子吸住气门,开动研磨机进行研磨。先粗磨,再清洗掉粗研磨砂,换成细研磨砂研磨,直至合格为止。

5 气门与气门座密封性的检查

(1)划线法

检查前,将气门与气门座圈清洗干净,在气门锥面上用软铅笔沿轴向均匀地划上若干条线,如图3-31所示。然后与气门座圈接触。略压紧并转动气门90°,取出气门,检查铅笔线是否被切断。若被切断,说明密封性良好;否则,应重新研磨。

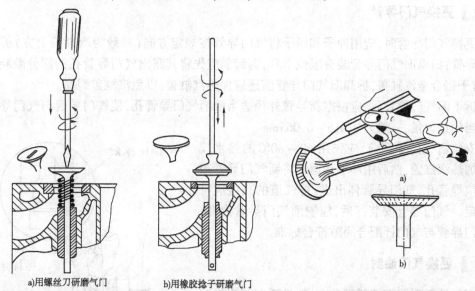

图3-30 用螺丝刀或橡胶捻子研磨气门　　图3-31 用软铅笔划线检查气门密封性

(2)渗油法

将汽缸盖倒放在检测平台上,并装上待检测汽缸同一缸的气门和火花塞。向燃烧室注入煤油或汽油,5min内气门与气门座圈接触处应无渗漏现象。

(3)拍击法

将气门与相配气门座轻轻敲击几次并查看接触带,如有明亮的连续光环,即为合格。

(4)涂红丹

在气门工作面上涂抹一层红丹,然后用橡胶捻子吸住气门并在气门座上旋转1/4圈,再将气门提起,若红丹布满气门座工作面一周而无间断,又十分整齐,即表示密封良好。

(5)气压试验

如图 3-32 所示,气门与气门座密封性试验器由气压表、空气容筒及橡胶球等组成。试验时,先将空气容筒紧密地贴在气门头部周围,再压缩橡胶球,使空气容筒内具有一定的压力(68.6kPa 左右)。如果在半分钟内气压表的读数不下降,则表明气门与气门座的密封性良好。

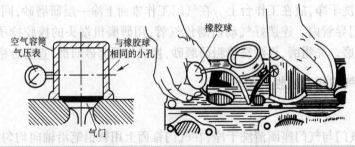

图 3-32 用气压密封检验器检验气门的密封性

6 更换气门导管

更换气门导管时,应用冲子和锤子将气门导管按规定方向(一般为汽缸盖上方)拆出旧气门导管;如果旧气门导管装有限位卡环,拆卸前应先将其露出气门导管孔的部分敲断。此外,对于铝合金汽缸盖,拆卸旧气门导管前还应加热汽缸盖,以免汽缸盖裂损。

拆下旧气门导管后,应根据新导管外径适当铰削气门导管孔,使气门导管与气门导管孔有适当的过盈量,一般为 0.015~0.065mm。

安装新气门导管前,应先用 60~80℃ 的热水或喷灯加热汽缸盖,然后用冲子和锤子将新气门导管敲入气门导管孔,气门导管伸出进、排气道的高度应符合规定。气门导管安装好后,应铰削气门导管内孔,使气门导管与气门杆配合间隙符合标准。

7 更换气门油封

润滑油无泄漏而消耗异常,一般是活塞与汽缸配合间隙过大或气门油封漏油所致。更换气门油封时,应使用专用工具安装气门油封,如图 3-33 所示。注意:有些发动机进气门油封与排气门油封是不同的,如广州本田轿车的进气门油封的弹簧为白色,而排气门油封的弹簧为黑色,安装时不能装错。

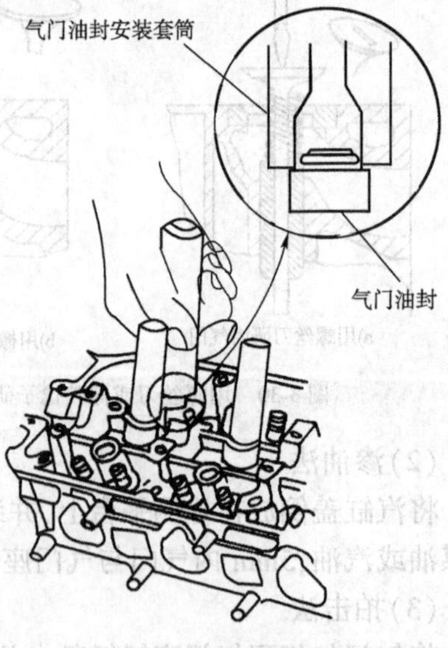

图 3-33 气门油封的安装

8 气门弹簧的检查

气门弹簧常见的故障是由于长期受压缩,产生塑性变形而导致自由长度变短、弹力减弱、簧身歪斜,严重时可能出现弹簧折断。对气门弹簧的检查主要是:观察有无裂纹或折断,测量弹簧自由长度和垂直度,测量弹簧弹力。气门弹簧不能维修,必要时只能更换。

气门弹簧的自由长度可用卡尺进行测量。气门弹簧垂直度的检查如图3-34所示,气门弹簧的垂直度α一般应不大于1.5~2.0mm,自由长度一般不超过2.0mm。若气门弹簧的自由长度或垂直度不符合标准,应更换气门弹簧。

气门弹簧弹力的检查如图3-35所示,用检验仪对气门弹簧施加压力,在规定压力下的气门弹簧高度(或规定气门弹簧高度下的压力)应符合标准,否则应更换气门弹簧。

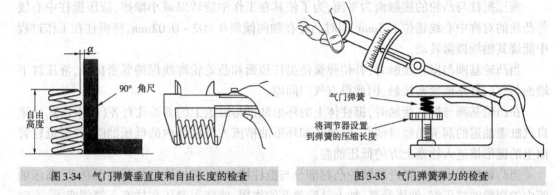

图3-34 气门弹簧垂直度和自由长度的检查　　　图3-35 气门弹簧弹力的检查

液压挺柱的介绍

液压挺柱的作用是使凸轮与气门间实现无间隙传动,以解决由于气门间隙的存在,配气机构在工作时所产生的冲击和噪声。越来越多的发动机特别是轿车发动机上采用了液压挺柱。图3-36所示为凸轮轴上置式发动机采用的液压挺柱,一汽捷达、奥迪、上海桑塔纳轿车发动机采用这种液压挺柱。

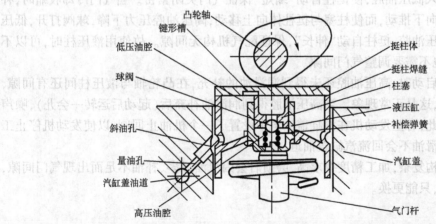

图3-36 液压挺柱结构

液压挺柱由挺柱体、液压缸、柱塞、球阀和补偿弹簧等组成。挺柱体的外圆柱面上有一环形油槽，油槽内有一进油孔与低压油腔相通，背面上有一键形将低压油腔与柱塞的上部相通。液压缸与柱塞是一对精密偶件，配合间隙为 0.005mm。液压缸的内孔和外圆都经过精加工研磨，外圆与挺柱体内导向孔配合，内孔则与柱塞配合，两者都有相对运动。液压缸底部装有一个补偿弹簧，把球阀压靠在柱塞底部的阀座上，当球阀关闭柱塞的中间孔是可将挺柱分为油腔，即上部的低压油腔和下部的高压油腔。当球阀开启后，则成为一个通腔。

液压挺柱与凸轮的接触面为平面，为了使其在工作中旋转以减小摩擦，液压挺柱中心线与凸轮的对称中心线错位1.5mm，同时凸轮在轴向倾斜0.002～0.02mm，使挺柱在工作过程中能绕其轴线微微转动。

当凸轮基圆与挺柱接触时，补偿弹簧使挺柱顶面和凸轮轮廓线保持紧密接触，液压缸下端面与气门杆尾部紧密接触，因此没有气门间隙。

在凸轮基圆与挺柱接触时，挺柱体上的环形油槽与缸盖上的斜油孔对齐（图中位置），来自汽缸盖油道的润滑油经量油孔、斜油孔和环形油槽流入挺柱体内的低压油腔，并经挺柱背面上的键形槽进入柱塞上方的低压油腔。

当凸轮按图示方向转过基圆使凸起部分与挺柱接触时，挺柱体和柱塞向下移动，高压油腔中的润滑油被压缩，油压升高，加上补偿弹簧的作用，使球阀紧压在柱塞下端阀座上，这时高压油腔与低压油腔被分隔开。由于液体的不可压缩性，整个挺柱如同一个刚体一样下移打开气门。此时，挺柱环形油槽已离开了进油的位置，停止进油。

当挺柱达到下止点后开始上行时，由于仍受到气门弹簧和凸轮两方面的顶压，高压油腔继续封闭，球阀也不会打开，液压挺柱仍可认为是一个刚体，直至气门完全关闭时为止。此时，挺柱无凸轮的压力，高压油腔内的压力油和补偿弹簧一起推动柱塞上行，高压油腔油压下降。从低压油腔来的压力油推开球阀进入高压油腔，使两腔连通充满润滑油。这时挺柱顶面仍和凸轮紧贴，气门间隙得到补偿。

在气门受热膨胀时，柱塞和液压缸作轴向相对运动，高压油腔中的油液可经过液压缸与柱塞间的缝隙挤入低压油腔，使挺柱自动"缩短"保证气门关闭紧密。当气门冷却收缩时，补偿弹簧将液压缸向下推动，而使柱塞与挺柱体向上移动，高压油腔压力下降，球阀打开，低压油腔油液进入高压油腔，挺柱自动"伸长"，保证配气机构无间隙。故使用液压柱时，可以不预留气门间隙，也不需要调整气门间隙。

在发动机刚启动时，高压油腔还未得到润滑油的补充，在凸轮轴与液压柱间还有间隙，因此有轻微噪声，这是正常现象。当高压油腔得到润滑油补充后（起动后运转一会儿），噪声会自动消除。为此，有些发动机在汽缸盖油道中设置了一个机油止回阀，以使发动机停止工作时挺柱内的润滑油不会回流汽缸盖油道。

液压挺柱结构复杂，加工精度要求高，磨损后会因泄油过多、补油不足而出现气门间隙，无法调整与维修，只能更换。

学习任务三 气门传动组的构造与检修

学习目标
- ◎ 了解凸轮轴的结构与工作原理；
- ◎ 掌握凸轮轴的检修内容和检修方法。

能力要求
- ◎ 能够对正时同步带进行正确安装；
- ◎ 能够正确分析液压挺柱的工作原理；
- ◎ 能够对正时同步带、正时链条进行检测。

根据发动机配气机构的形式不同，气门传动组一般由凸轮轴、凸轮轴正时齿轮、挺柱、挺柱导管、推杆、摇臂和摇臂轴等零件组成，如图3-37所示。随着发动机的运转，气门传动组会发生什么变化，出现什么现象或故障呢？如何对气门传动组各组件进行检修？

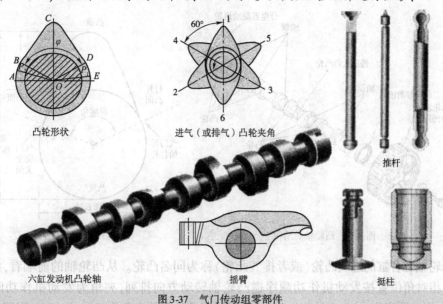

图3-37 气门传动组零部件

发动机配气机构零件多，旋转、往复运动频繁，运动规律特殊，润滑条件相对较差。由于磨损使各配合副、摩擦副的间隙增大，会影响配气正时、气门间隙、充气效率。严重时，会出

现漏油、产生各种异响等故障,从而影响发动机的动力性和经济性。为减少故障的发生,并能及时地、有效地排除故障,首先应熟悉气门传动组各零件的结构、工作原理及检修方法。

一 凸轮轴

1 凸轮轴的作用

凸轮轴的作用是根据发动机工作循环要求,使各缸进排气门按照配气相位规定的时间开启和关闭,并驱动分电器、机油泵等。

2 凸轮轴的构造

如图3-38所示,凸轮轴主要由各缸进排气凸轮、凸轮轴轴颈等组成凸轮轴的主要工作部件是凸轮。凸轮的结构及其各部分参数名称如图3-39所示,在这里不再赘述。进排气凸轮用于使气门按一定的工作次序和配气相位及时开闭,并保证气门有足够的升程。

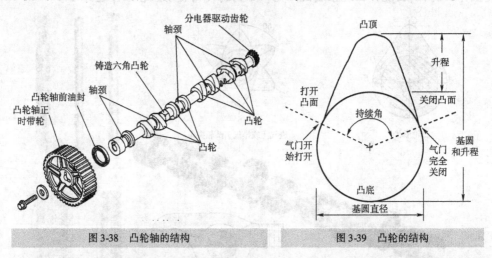

图3-38 凸轮轴的结构　　　　　　图3-39 凸轮的结构

凸轮轴上各缸的进气凸轮(或者排气凸轮)称为同名凸轮。从凸轮轴的前端看,各缸同名凸轮的相对角位置按发动机作功顺序逆凸轮轴转动方向排列,夹角为发动机作功间隔角的1/2。如作功顺序为1-3-4-2的四缸发动机,其同名凸轮间的夹角为180°/2 = 90°,以第一缸进气凸轮为基点,第三缸进气凸轮与第一缸进气凸轮相隔90°布置在逆凸轮轴旋转方向的位置上。

同一缸的进排气凸轮称为异名凸轮。四冲程发动机的排气行程和进气行程是两个相连的行程,如果气门不早开晚关,从排气门开启到进气门开启,刚好是一个行程,曲轴转过180°,反映到凸轮轴上两异名凸轮之间的夹角为90°。由于气门是早开晚关的,所以两异名凸轮间的夹角大于90°。

二 凸轮轴的传动与轴向定位

凸轮轴均由曲轴驱动,下置式凸轮轴与曲轴间用一对正时齿轮传动,安装时使正时标记对齐。中置式凸轮轴在曲轴与凸轮轴的两正时齿轮间加入一个惰性齿轮,安装时也要使各轮间的标记对齐。上置式凸轮轴由于与曲轴相距较远,用链条或同步带传动。

为防止凸轮轴在工作中产生轴向窜动,凸轮轴都装有轴向定位装置,常见的有以下几种:

止推凸缘定位:是在凸轮轴正时齿轮与汽缸体之间,装有轴向定位装置,可使凸轮轴在工作中能够可靠定位而不至于轴向窜动。

轴承的翻边定位:我国引进的大众车系(桑塔纳、捷达、奥迪等)发动机,其凸轮轴的轴向定位是在第一和第五道轴径处,用轴承的翻边代替止推片进行定位。

卡块定位:有些发动机在凸轮轴的尾端(如微型车462Q汽油机)或前端(富康轿车发动机)加工一环形槽,再用固定于汽缸盖后端面或前端面上的半圆形卡块卡入环槽中进行定位。

润滑油自动控制定位:北京切诺基发动机凸轮轴的轴向定位由润滑油自动控制。装配时,凸轮轴的轴向间隙较大,但当发动机工作时,润滑油进入凸轮轴轴端,能防止凸轮轴轴向窜动。

三 正时传动装置

凸轮轴靠曲轴来驱动,传动方式由齿轮传动、链传动和带传动三种,不管哪种传动方式,在装配时必须将正时标记对正后才能正确安装。气门的开启和关闭时刻、凸轮轴与曲轴的传动比均靠传动装置来保证。

1 齿轮传动

齿轮传动正时精度高,传动阻力小且无需张紧机构,凸轮轴下置式、中置式配气机构大多采用圆柱形正时齿轮传动。正时齿轮分别安装在曲轴和凸轮轴的前端,用螺栓或螺母固定,齿轮与轴靠键传动。为了减少传动噪声,正时齿轮一般采用斜齿轮且用不同的材料制成。通常,曲轴上的小齿轮用金属材料制成;而凸轮轴上的大齿轮用非金属材料制造。凸轮轴正时齿轮的齿数为曲轴正时齿轮的两倍,以实现传动比为2∶1,为保证气门的开启和关闭时刻正确,装配时,应对正两正时齿轮上的正时标记。一般只需要一对正时齿轮,必要时可增设中间齿轮,如图3-40所示。

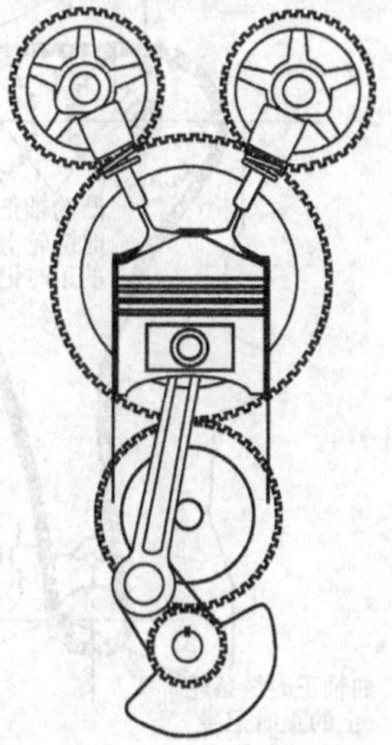

图3-40 齿轮传动

2 链传动

链条驱动式如图3-41所示,凸轮轴位于汽缸盖上,由曲轴带动的曲轴链轮,通过正时链条驱动凸轮轴上的链轮旋转,从而带动凸轮轴旋转。为防止正时链抖动,链条导槽和链条张紧装置将张力传递至链条,以调节链条的张紧度。导链板采用橡胶导向面为链导向,一般应与链一起更换。

正时链条的形式有滚柱链条式及静音链条式两种,如图3-42所示。现代发动机所使用的滚柱链条,其经镀铬硬化处理,使其耐磨性提高;而发动机高度的缩短,使链条的振动及噪声减小。由于耐久性好,可靠性高,免维护,故部分现代汽油发动机已逐渐改用正时链条。

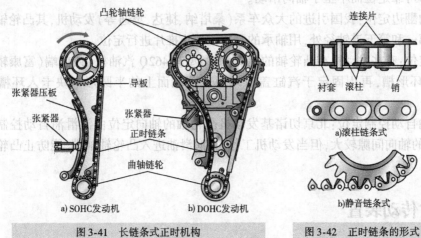

图3-41 长链条式正时机构　　图3-42 正时链条的形式

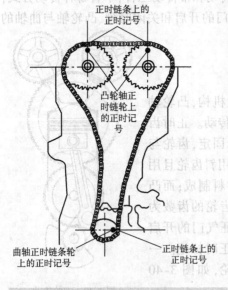

图3-43 链条驱动式及其正时记号

采用正时链传动装置的配气机构,其正时标记多种多样,如图3-43所示。装配时应特别注意,常用的正时方法有:对正两链轮上的标记、在两链轮标记之间保持一定的链节数、对正链与链轮上的标记、一缸活塞处于压缩上止点时对正凸轮轴链轮与缸盖或缸体上的标记。

3 齿形带传动

正时齿形带传动如图3-44所示,由于齿形带传动与链传动相比传动平稳噪声小,不需要润滑,结构简单、传动可靠,且制造成本低,近年来在中高速发动机上已广泛采用齿形带代替链条。齿形带一般用氯丁橡胶制成,中间夹有玻璃纤维和尼龙织物,以增加强度。一汽奥迪、上海桑塔纳、神龙富康等轿车的发动机都采用齿形带传动。

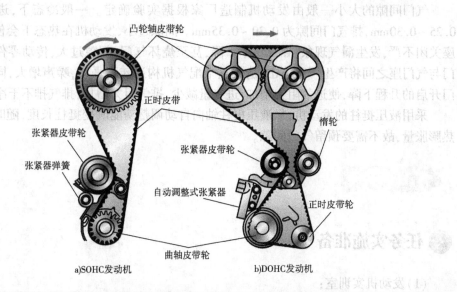

图 3-44 正时齿形带驱动式

四 气门间隙

发动机工作中,气门及其传动件将因温度升高而膨胀。如果气门及其传动件之间,在冷态时无间隙或间隙过小,则在热态下,气门及其传动件受热膨胀必然会造成气门关闭不严,造成发动机在压缩和做功行程中的漏气,会使发动机功率下降。为了消除上述现象,通常在发动机冷态装配时,在气门及其传动机构中留有适当的间隙,以补偿气门受热后的膨胀量,这一预留间隙称为气门间隙,如图 3-45 所示。

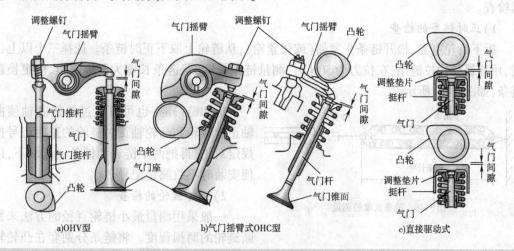

图 3-45 气门间隙

气门间隙的大小一般由发动机制造厂家根据实验确定。一般冷态下,进气门间隙为 0.25~0.30mm,排气门间隙为 0.30~0.35mm。间隙过小,发动机在热态下会使气门与气门座关闭不严,发生漏气现象,导致功率下降,甚至烧坏气门;间隙过大,传动零件之间以及气门与气门座之间将产生严重撞击,造成整个配气机构运转不平稳,噪声增大,同时会造成气门开启的升程下降,使进气阻力增加,进气量减少,排气阻力增加,排气排不干净。

采用液压挺柱的发动机,靠液压挺柱轴向自动调整功能改变挺柱长度,随时补偿气门的热膨胀量,故不需要预留气门间隙。

任务实施

一 任务实施准备

(1) 发动机实训室;
(2) 正时齿轮传动发动机一台、正时链传动发动机一台、正时带传动发动机一台;
(3) 常用工具一套、游标卡尺、厚薄规、百分表、平台等。

二 任务实施步骤

1 正时链条和链轮的检修

采用链条传动的上置凸轮轴式配气机构,在发动机工作中,由于正时链条的磨损,造成节距变长,工作噪声增大,严重时还会使配气正时失准。因此,在维修中应对链条和链轮认真检查。

1) 正时链条的检查

拆下齿轮室盖,松开链条张紧器(或张紧轮),从链轮上取下正时链条。选择三个以上位置,用弹簧秤钩拉链条,在拉力为 50N 时,测量链条长度,若链条长度大于极限值,应更换新链条,如图 3-46 所示。

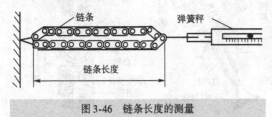

图 3-46 链条长度的测量

拆卸链条时,也可以通过摇转曲轴使曲轴正时链轮和凸轮轴正时链轮的正时记号按规定对正,再把两个链轮和链条一起取下,以便安装时不致搞错记号。

2) 正时链轮的检查

一般采用测量最小链轮直径的方法来判断链轮的磨损程度。将链条分别套在凸轮轴正时链轮和曲轴正时链轮上,用手指捏紧链条后,用游标卡尺分别测量其链轮直径,如图 3-47 所示。如磨损严重,最小链轮直径小于允许值则应更换链轮和链条。

2 正时同步带的检修

正时同步带为帘布层或玻璃纤维层结构,具有较高的使用寿命,正常情况下,一般在汽车行驶 10 万 km 时才需要更换。正时同步带经过一段时间的使用后,会发生老化和损伤,因此使用中应该经常检查和维护,避免发生折断、滑齿,造成活塞与进、排气门相撞,从而使活塞与气门损坏,严重时还会造成气门摇臂、摇臂轴、凸轮轴、汽缸盖的损坏。

1)正时同步带张紧度的检查

拆去正时同步带护罩,用拇指和食指捏住两带轮之间同步带的中间部位,用力翻转,若刚好能翻转 90°,即为张进度合适,否则应松开张紧轮紧固螺母,将张紧轮压紧同步带,保持适当张紧力后紧固张紧轮固定螺母,然后复查,直至合适,如图 3-48 所示。

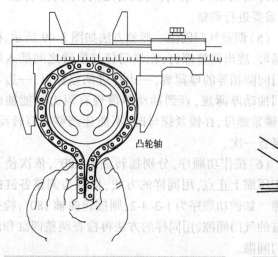

图 3-47 链轮最小直径的测量

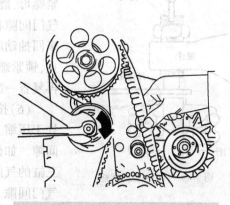

图 3-48 正时同步带张紧度的检查

2)正时同步带的更换

如果在检查正时同步带时发现同步带有裂纹、磨损、橡胶老化、纤维拉毛起层、掉齿等损坏现象,则应予以更换。

3 气门间隙调整

气门间隙是指为保证气门关闭严密,通常在发动机冷态装配时,在气门杆尾端与气门驱动零件(摇臂、挺柱或者凸轮)之间所预留的间隙。发动机工作过程中,气门因温度升高会有一定量的膨胀,如果没有气门间隙或者气门间隙过小,就会导致发动机工作时气门关闭不严,从而出现气门处漏气,而气门间隙过大,将会导致配气机构配合松旷,引起异响的产生。因此除了液压挺柱之外的配气机构,必须预留气门间隙,在使用过程中还应进行调整。

调整气门间隙的方法主要有逐缸法和两次调整法两种。

1) 逐缸法

逐缸法调整气门间隙就是一次调整一个汽缸的进气门和排气门气门间隙的方法,有几个缸就要进行几次调整,其调节步骤如下:

(1)打开气门室盖。

(2)摇转曲轴,直至飞轮(或曲轴带轮)的正时记号与缸体上固定的正时记号对正,这时,第一缸处于上止点位置。

(3)判断第一缸是压缩上止点还是排气上止点。用手摇第一缸的气门摇臂,如果进排气门的摇臂均可摇动,则表明此时第一缸处于压缩上止点。(如果进排气门的摇臂均摇不动,则表明此时第一缸处于排气上止点,再转动曲轴一周,使一缸处于压缩上止点)。或用其他方法使第一缸处于压缩上止点。

(4)气门间隙检查。用规定厚度的厚薄规插入气门杆与摇臂之间,来回抽动塞尺,如果过紧或过松,都表明气门间隙不合适,需要进行调整。

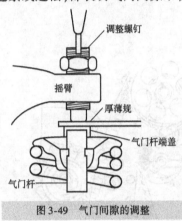

图3-49 气门间隙的调整

(5)调整气门间隙。调整方法如图3-49所示,松开锁紧螺母,旋出调整螺钉,在气门杆与摇臂之间插入厚度与气门间隙相等的厚薄规,一边拧进调整螺钉,一边不停地来回抽动厚薄规,直到抽动厚薄规有阻力又能抽出时为止,锁紧螺母,在锁紧螺母时,不能让调整螺钉转动,最后再复查一次。

(6)按作功顺序,分别摇转曲轴180°,依次使下一缸处于压缩上止点,用同样的方法,检查与调整各缸的气门间隙。如做功顺序为1-3-4-2,则摇转曲轴180°,检查调整三缸的气门间隙,用同样的方法再检查调整四缸和两缸的气门间隙。

2) 两次调整法

两次调整法可以通过两次调节将所有汽缸的气门间隙调整完毕,有"一分为二"法、"右排、左进、压缩全调"法以及"双一排一不一进"法等,这里只介绍"双排不进法"。"双排不进法"的"双"指处于压缩上止点汽缸的两个气门间隙均可调整,"排"指该缸的排气门间隙可调整,"不"指该缸的两个气门间隙均不可调整,"进"指该缸的进气门间隙可调整。

(1)"两次调整法"的操作程序

①摇转曲轴,根据正时记号找出第一缸压缩行程上止点。

②根据发动机的工作顺序,按"双、排、不、进"原则确定能调整的气门,然后检查、调整气门间隙。

③将曲轴再转一圈,使正时记号对准,用同样的方法检查、调整其余气门间隙,至此所有的气门检查、调整完毕。

(2)几种工作顺序不同的发动机气门可否调节的确定

①六缸发动机。第一缸处于压缩上止点时,若发动机工作机顺序为1→5→3→6→2→4,根

据"双、排、不、进"原则,1(1 2)→5(9 10)→3(5 6)→6(11 12)→2(3 4)→4(7 8)双排排不进进(括号内为各缸对应气门,单数排气门,双数进气门),可调整的气门:1、2、9、5、3、4。把曲轴转过360°,六缸处于压缩上止点时,发动机工作顺序为:6→2→4→1→5→3,根据"双、排、不、进"原则,6(11 12)→2(3 4)→4(7 8)→1(1 2)→5(9 10)→3(5 6)(括号内为各缸对应气门)双排排不进进,可调整的气门:11、12、3、7、10、6。刚好是一缸压缩上止点时没调的气门。也就是说第一次用"双排不进法"确定第一次可调整的气门,第二次调整调整剩下的气门。

②五缸发动机。若点火顺序是1→2→4→3,第一遍调整(一缸在压缩上止点):1(1 2)→2(3 4)→4(7 8)→5(9 10)→3(5 6)双排排不进,可调气门为1、2、3、7、6。第二遍调整(一缸在排气上止点):1(1 2)→2(3 4)→4(7 8)→5(9 10)→3(5 6)不进进双排,可调气门为4、8、9、10、5。

③四缸发动机。若点火顺序是1→2→4→3,第一遍调整(一缸在压缩上止点):1(1 2)→3(5 6)→4(7 8)→2(3 4)双排不进,可调气门为1、2、5、4。第二遍调整(四缸在压缩上止点):1(1 2)→3(5 6)→(7 8)→2(3 4)不进双排,可调气门为6、7、8、3。

④八缸发动机。若点火顺序是1→5→4→2→6→3→7→8,第一遍调整(一缸在压缩上止点):1(1 2)→5(9 10)→4(7 8)→2(3 4)→6(11 12)→3(5 6)→7(13 14)→8(15 16)双排排排不进进进,可调气门为1、2、9、7、3、6、14、16。第二遍调整(六缸在压缩上止点):1(1 2)→5(9 10)→4(7 8)→2(3 4)→6(11 12)→3(5 6)→7(13 14)→8(15 16)不进进双排排排,可调气门为10、8、4、11、12、5、13、15。

⑤三缸发动机。若点火顺序是1→2→3,第一遍调整(一缸在压缩上止点):1(1 2)→2(3 4)→3(5 6)双排进,可调节气门为1、2、3、6。第二遍调整(一缸在排气上止点):1(1 2)→2(3 4)→3(5 6)不进排,可调节气门为4、5。

(3)"两次调整法"调整气门间隙应注意的问题

①不同结构的发动机,其进、排气门的排列不一定相同,调气门前应辨认清楚。

②一缸在压缩上止点还是在排气上止点不能搞错。一般发动机上都有正时记号。当正时记号对正时,有可能是一缸在压缩上止点,也有可能是一缸在排气上止点。此时把曲轴逆时针转一个角度,一缸的排气门有打开的动向;顺时针转一个角度,一缸的进气门有打开的动向,则一缸在排气上止点。如果一缸的两个气门没有打开的动向,则为一缸在压缩上止点。

③相同缸数的发动机,若工作顺序不同,则气门调整的顺序也不一样。

④不同型号的发动机气门间隙不一样,同一型号发动机在冷态和热态时的气门间隙不一样,同一型号发动机进气门和排气门间隙也不一样。调整时一定要根据维修手册按标准进行调整。

⑤把所有的气门调整以后,必须全部检查一遍,确保每个气门间隙完全符合标准要求。

⑥采用液压挺杆的发动机,因挺杆长度能自动变化,不需要预留气门间隙,所以没有气门间隙调整装置,也就不用进行气门间隙的调整了。

知识拓展

一、气门旋转器

为了改善气门与气门座密封锥面的工作条件,可设法使气门在工作中相对气门座缓慢旋转,这样可使气门头部沿圆周方向温度均匀,减小气门头部的热变形。气门旋转时,在密封锥面上产生轻微的摩擦力,有阻止沉积物形成的自洁作用。

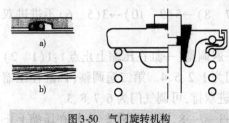

图3-50 气门旋转机构

气门旋转器有多种类型,目前最常用的是强制式气门旋转器,如图 3-50 所示。它是将气门弹簧座圈分成上、下两部分,两者之间有一个碟形弹簧和几个钢球。当气门弹簧被压缩时,旋转器中的小钢球会沿着倾斜的表面向上滚动,这样使气门每开启一次就转动一定角度。气门旋转时,在气门密封锥面和气门座之间产生轻微的摩擦作用,可以保持气门密封锥面和气门座的清洁,还可使气门头部沿圆周方向温度均匀,减小气门头部的热变形;同时,还可以减小气门杆上的积炭,改善气门杆与气门导管之间的润滑,并使气门杆顶部磨损均匀。

二、无间隙齿轮传动

在大部分双上置凸轮轴(DOHC)式发动机中,都是采用一根链条或一根齿形带来同时驱动进、排气两根凸轮轴。由于凸轮轴的转速要比曲轴的转速低一半,所以两个凸轮轴上的正时链轮(或齿形带轮)的外径都较大。有些 DOHC 式发动机由于空间布置的限制,或为了使燃烧室形状紧凑,从而减小气门夹角和汽缸盖宽度,必须减小两个凸轮轴的距离。这种设计不能采用在两个凸轮轴上都装用大直径正时链轮(或齿形带轮)的方式,只能在 1 个凸轮轴上装用大直径正时链轮,由曲轴带动,再由另一套传动机构带动另 1 个凸轮轴。两个凸轮轴之间的传动方式可以是链条传动,如图 3-51 所示,也可以是齿轮传动,如图 3-52 所示。

当两个凸轮轴之间用齿轮传递运动时,由于这对齿轮位于汽缸盖上,其润滑条件较差(只能由发动机机油润滑),因此必须采用无间隙齿轮机构,以减小齿隙所产生的齿轮噪声。

无间隙齿轮传动机构由装在主动轴上的主动轮和装在从动轴上的从动轮和副齿轮组成,如图 3-53 所示。从动轮和副齿轮齿形相同,两者互相贴合;在从动轮与副齿轮的相贴面上开有环形槽,槽中装有非封闭环状弹性体;在从动轮和副齿轮的相贴面上均固定有一个销子,弹性体位于两销子之间,且弹性体两端紧贴两销子。从动轮和副齿轮组装在一起并与主动齿轮啮合后,在弹性体的弹力作用下,从动轮和副齿轮产生错位,使从动轮和副齿轮上的轮齿始终与主动齿轮的轮齿相啮合,从而消除了齿隙,减小了齿轮传动噪声。

无间隙齿轮传动的正时记号标注在主、从动齿轮的端面上，在安装时，应使两个正时记号对齐。

图3-51 双上置凸轮轴链条转动

图3-52 双上置凸轮轴齿轮转动

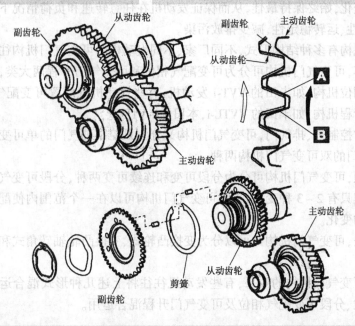
图3-53 无间隙齿轮传动机构

三、可变气门机构

1 可变气门机构原理

在传统的发动机上，进气门和排气门的开闭时刻是固定不变的，气门叠开角也是固定不变的，是根据试验而取得的最佳配气相位，在发动机运转过程中是不能改变的。然而发动机转速和负荷不同时，其进气量、排气量、进排气流的流速、进气及排气行程的持续时间、汽缸内燃烧过程等都不一样，对配气相位和气门升程的要求也不同。例如，转速高时，进气气流流速高，惯性能量大，所以希望进气门早些打开，晚些关闭，以便充分利用进气气流的惯性，使新鲜气体尽量多一些充入汽缸；反之，在发动机转速较低时，进气流速低，惯性能量也小，如果进气门迟闭角过大，会使已进入汽缸的新鲜气体被压缩行程中上行的活塞挤出汽缸；同样，如果进气门过早开启，由于此时活塞正上行排气，很容易把废气挤到进气管中，使进气中的残余废气增多，新鲜气体反而少了，会使发动机工作不稳定。因此，没有任何一种固定的配气相位设置能让发动机在高低转速时都能获得令人满意的性能，只能根据其匹配车型的需求，选择最优化的固定配气相位。

同样，传统发动机的气门升程也是固定不变的，是以满足发动机高速、大负荷运转的需要而设计的。但是在发动机低速、小负荷状态下，进气量很少，无需太大的气门升程，此时较小的气门升程还能使进入汽缸的气流产生较好的涡流效果，并减少配气机构的运转阻力。

可变气门机构就是通过技术手段，使发动机的配气相位和气门升程能随发动机转速和负荷的变化而变化，始终保持最佳，从而保证发动机在任意转速和负荷情况下都有良好的燃料经济性、动力性、运转稳定性，减少排放污染。

可变气门机构有多种结构形式，不同厂家、不同发动机的可变气门机构往往有很大的不同。按控制内容，可变气门机构可分为可变配气相位和可变气门升程两大类，有些发动机只配置可变配气相位机构，如丰田的 VVT-i 发动机；有些发动机既配置可变配气相位机构，又配置可变气门行程机构，如丰田的 VVTL-i，本田的 i-VTEC。

按是否同时控制进、排气门，可变气门机构又分为只控制进气门的单可变气门机构和同时控制进、排气门的双可变气门机构两种。

按控制过程，可变气门机构可分为分段可变和连续可变两种，分段可变气门机构的配气相位或气门升程只有 2~3 种变化，连续可变气门机构可以在一个范围内使配气相位或气门升程产生连续的变化。

按控制方法，可变气门机构又可以分为变换凸轮式、变换凸轮轴转角式和变换摇臂支点式等几种。

为了提高可变气门机构的效果，有些发动机往往将上述几种形式混合运用，例如：将连续可变配气相位、分段可变配气相位及可变气门升程混合运用。

2 分段可变气门机构

分段可变气门机构通常是采用变换凸轮的方式。这种机构是在一根凸轮轴上布置 2~3 组凸轮，每组凸轮的大小、形状、配气相位和气门升程都各不相同。当发动机处于不同的运转工况时，ECU 利用液压控制方式，通过摇臂上的控制机构来选择不同的凸轮驱动气门，从而实现配气相位和气门升程的改变。采用这种方式的有本田汽车发动机的 VTEC 机构、三菱发动机的 MIVEC 机构等。

图 3-54 为本田汽车发动机上采用的三段式 VTEC（Variable valve Timing&lift Electronic Control system）可变气门机构。这是一种四气门、单上置凸轮轴（SOHC）的可变进气门机构。这种发动机的凸轮轴上对应于每个汽缸有 2 个排气凸轮和 3 个进气凸轮。这 3 个进气

凸轮的大小和形状各不相同,如图3-54c)所示:中间为高速凸轮,其轮廓线是以满足发动机高速、大负荷运转需要而设计的,升程最大,并有较大的进气门迟后角和气门叠开角;右边为中速凸轮,其轮廓线是以满足发动机最常用工况的中速、中小负荷运转需要而设计的,所以又称为主凸轮,其升程次之,进气门迟后角和气门叠开角也较小;左边的凸轮升程最小(只能使气门产生一个微小的开度),称为次凸轮。

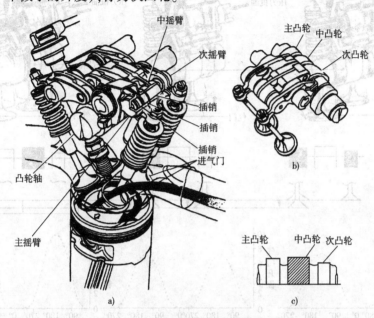

图3-54 本田VTEC可变配气机构

与3个进气凸轮相对应的3个摇臂按其所对应的凸轮分别称为中摇臂、主摇臂、次摇臂,如图3-54b)所示,3个摇臂内有两组受油压控制的插销(上面一组插销分为两段;下面一组插销则分成三段),插销的移动可控制3个摇臂是各自独立运动或互相连成一体运动。控制插销移动的油压来自发动机润滑系统,并受控于发动机ECU。

当发动机处于低转速或者低负荷时,摇臂中的上、下两组插销的油压室内都没有油压,3个摇臂互相分离。主凸轮和次凸轮各自通过左边和右边的摇臂分别驱动两个进气门,使两者具有不同的配气相位及升程。左边由次凸轮驱动的气门基本上没有打开,只是有个微小的动作,以防止气门在高温下不动作而卡死,同时防止进气歧管壁上凝结的汽油聚集在进气门背面。此时只有1个气门进气,如图3-55a)所示,以形成挤气作用,使进气气流在汽缸内产生涡流,促使燃烧完全。此时中摇臂虽然也随中凸轮运动,却没有驱动气门,只是在摇臂轴上作无效的运动。

当发动机处于中速、中负荷运转工况时,ECU通过电磁阀使发动机润滑系统的压力机油进入摇臂中上面一组插销的油压室,推动插销移动,将左右两边的主、次摇臂相连,两个进气门同时受最右边的主凸轮控制,按中速模式工作,如图3-55b)所示。而中摇臂仍是独立的,所以中间的中凸轮仍没有起作用。

当发动机转速升高到需要变换为高速模式时,ECU通过电磁阀使压力机油同时进入摇臂上、下两组插销的油压室,下面一组插销的移动将3个摇臂连接成一体,由于中间的凸轮较大,使其他两个凸轮碰不到摇臂,故此时两个气门都受中间的高速凸轮控制,如图3-55c)所示,气门开启的持续时间和升程都比中速模式大。

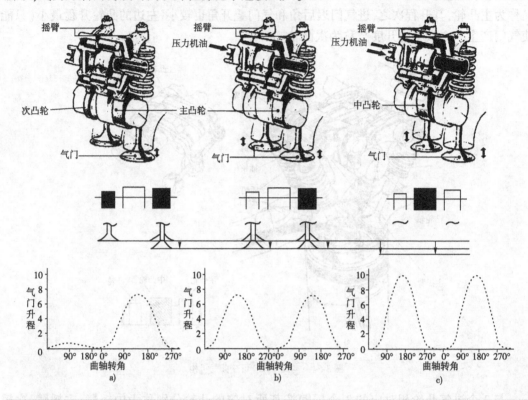

图3-55　三段式VTEC可变气门驱动机构工作原理

同理,当发动机转速降低时,ECU通过电磁阀将摇臂中油压室内的压力机油泄出,使气门回到中速或低速工作模式。

本田汽车公司开发的这种分段可变气门机构能根据发动机运转工况,自动改变气门配气相位和升程,从而达到增大功率、降低油耗及减少污染的目的。但由于其控制过程是分段有级的(早期只有2段,目前最新的也只有3段),当控制模式从低速段转换到中、高速段时,由于进气流量突然增大,使得发动机的输出功率也突然增大,导致发动机在整个转速范围内输出功率的变化不够柔和。

3 连续可变气门机构

连续可变气门机构包括连续可变配气相位和连续可变气门升程两种机构。

1)连续可变配气相位机构

目前所采用的连续可变配气相位机构都是通过使凸轮轴和曲轴的相位改变一个角度,从而使该凸轮轴所决定的所有配气相位角同时提前或推迟,达到配气相位的连续可变。

常见的连续可变气门驱动机构有两种,分别采用可变正时齿轮控制器和可变正时链条控制器来控制配气相位。

可变正时齿轮控制器位于凸轮轴前端的正时链轮(或带轮)内,如图 3-56 所示,它利用发动机润滑系统的机油压力,可使凸轮轴与其前方的正时链轮之间的相对角度发生连续的变化。可变正时凸轮控制器的壳体与正时链轮结合为一体,壳体中有一呈十字形的叶片式转子与凸轮轴连接,如图 3-57 所示。转子的每个叶片与壳体的内腔之间形成两个封闭的油压室,由电磁阀控制的发动机润滑系统的压力机油通过凸轮轴上的油道进入或流出油压室,从而改变转子与壳体之间的相对角度,使该凸轮轴所决定的配气相位发生变化。电磁阀由发动机的 ECU 控制,当 ECU 控制电磁阀内的滑阀向左移动时,如图 3-58a)所示,进入油压室的压力机油使转子相对于壳体向顺时针方向旋转,使配气相位角提前。与此相反,当 ECU 使电磁阀内的滑阀向右移动时,如图 3-58b)所示,进入油压室的压力机油使转子相对于壳体朝逆时针方向旋转,使配气相位角推迟。

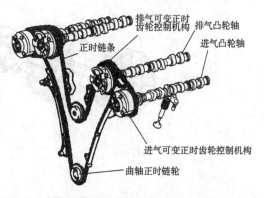

图 3-56 可变正时齿轮控制器的布置

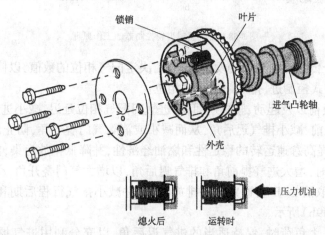

图 3-57 可变正时齿轮控制器结构

转子中的锁销可以在发动机熄火后机油压力为"0"时自动将转子和壳体相互连接(图 3-57),使发动机起动时的配气相位能保持为某一固定的角度,防止起动时因机油压力不足而使气门正时失去控制。

可变正时齿轮控制器是目前较为成熟的连续可变配气相位机构,具有结构紧凑,布置方便的特点。根据不同发动机的具体设计要求,可以仅在进气凸轮轴上设置可变正时齿轮控制器,只对进气门的配气相位进行控制(称为单可变气门机构),在不增加太多成本的情况下获得较大的性能改善;也可以在进气凸轮轴和排气凸轮轴上都设置可变正时齿轮控制器,使进气门和排气门的配气相位同时可变,使发动机的动力性、燃油经济性、排放性都得到最大的改善。

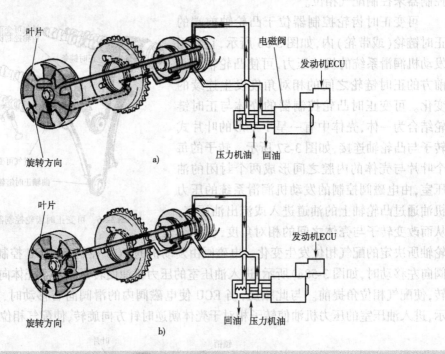

图3-58 可变正时齿轮控制器的工作原理

ECU根据各个传感器检测得的发动机工况,决定配气相位的数值,以使控制效果达到最佳。通常按以下方式控制进、排气门的配气相位:

(1)怠速、小负荷以及起动、暖机期间,将进气门配气相位延迟,减小进气提前角;同时将排气门配气相位提前,减小排气迟后角,从而减小或消除气门叠开角,防止废气进入进气道,以稳定燃烧过程,提高怠速运转的稳定性和燃油经济性,并降低排放污染,如图3-59a)所示。

(2)中小负荷时,增大进气提前角和排气迟后角,以增大气门叠开角,产生缸内废气再循环(这种设计可以取消EGR装置),降低排放污染,并减小排气行程后期和进气行程早期的泵气损失,如图3-59b)所示。

(3)中低转速、大负荷时,保持适当的进气迟后角,以充分利用进气惯性,提高充气量。同时将排气门配气相位推迟,减小排气提前角,以充分利用燃烧气体的压力作功,提高燃油经济性,如图3-59c)所示。

(4)高速大负荷时,尽量增大进气迟后角,以充分利用进气惯性,提高充气量。同时适当增大排气提前角,以减小排气行程后期的泵气损失,提高发动机的输出功率,如图3-59d)所示。

可变正时链条张紧器布置在进气凸轮轴和排气凸轮轴之间的链条张紧机构内。在这种机构中,发动机曲轴的正时链轮只通过正时链条驱动排气凸轮轴,进气凸轮轴则由排气凸轮轴通过另一根链条驱动,如图3-60a)所示。该链条的长度比正常的长度要长几节,并用自动链条张紧器保持张紧,如图3-60b)所示。该张紧器在使链条保持张紧状态的同时,还可以在压力机油的控制下作整体的上下移动,使进、排气凸轮轴之间两侧链条的长度发生变化,以改变两凸轮轴之间的相对角度,从而达到使进气凸轮轴的配气相位角发生变化的目的,如图3-61所示。这种可变气门驱动机构结构简单,成本低,但只能在1个凸轮轴上(通常为进气凸轮轴)实现配气相位的变化,而且变化的角度范围较为有限。

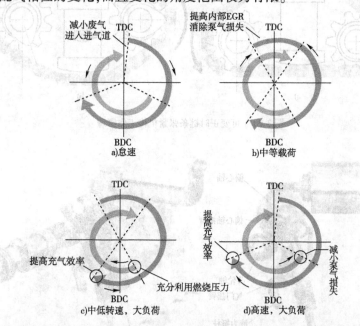

图3-59 可变气门机构的控制方式

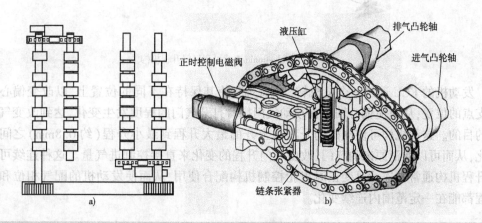

图3-60 可变正时链条张紧机构

2) 连续可变气门升程机构

目前在汽车发动机上采用连续可变气门升程机构的只有宝马汽车公司,该公司设计并应用在宝马汽车发动机上的连续可变气门升程机构称为 Valvetronic 系统。该机构的凸轮没有直接驱动气门,而是先驱动偏心轴摇臂,使其以偏心轴为支点摆动。偏心轴摇臂摆动时,其下端斜面顶动气门摇臂,从而将气门打开,如图3-62所示。

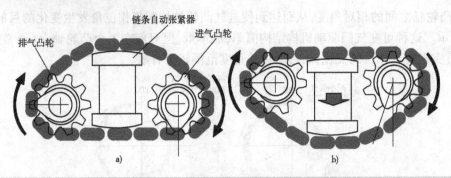

图3-61 可变正时链条张紧机构工作原理

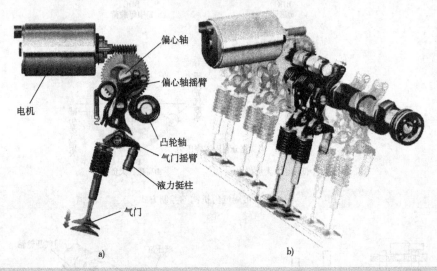

图3-62 Valvetronic连续可变气门升程机构

发动机的ECU通过一个电机转动偏心轴,使其保持在不同的位置上,以改变偏心轴摇臂支点的位置,从而使偏心轴摇臂顶动气门摇臂打开气门的程度发生变化,达到改变气门升程的目的。这种机构可使气门的升程从全开的最大升程到最小升程(约0.8mm)之间连续变化,从而可以取消原来的气门,改由气门升程的变化来直接控制进气量。这种连续可变气门升程机构通常和连续可变正时齿轮控制机构配合使用,从而使发动机的配气相位和气门升程都能在一定范围内连续变化。

复习思考题

一、填空题

1. 配气机构的功用是_____。
2. 进、排气门同时开启的现象称为_____。
3. 气门导管的功用是给气门的运动_____。

4. 四冲程发动机的曲轴与凸轮轴的转速传动比为_____,即发动机每完成一个工作循环,曲轴旋转_____周,凸轮轴旋转_____周,各缸进、排气门各开启_____次。
5. 气门组一般由_____、_____、_____和_____等部件组成。
6. 气门头部的形状有_____、_____和_____。
7. 常见的气门弹簧座的固定方式有_____、_____、_____三种。
8. 凸轮轴的驱动方式有_____、_____、_____和_____四种。
9. 凸轮轴的安装位置有_____、_____、_____和_____。

二、选择题

1. 对张紧轮的叙述错误的是(　　)。
   A. 防止产生噪声　　　　　　B. 避免气门正时改变
   C. 避免点火正时改变　　　　D. 缩短正时皮带长度
2. 对采用正时皮带的优点叙述错误的是(　　)。
   A. 噪声小　　B. 不需润滑　　C. 价格便宜　　D. 免保养
3. 对气门的叙述正确的是(　　)。
   A. 气门锥面的角度通常为30°　　B. 气门尾端有槽沟装气门锁夹
   C. 中空气门杆可使外径缩小　　　D. 气门杆与气门导管接触可帮助密封
4. 气门锥面磨成44°时,则气门座应磨成(　　)。
   A. 42°　　B. 43°　　C. 45°　　D. 48°
5. 直接驱动式配气机构,无(　　)。
   A. 气门摇臂　　B. 凸轮轴　　C. 气门挺杆　　D. 气门弹簧
6. 四冲程发动机曲轴与凸轮轴的转速比为(　　)。
   A. 1:2　　B. 1:1　　C. 2:1　　D. 1:4
7. 气门的(　　)部位与气门座接触。
   A. 气门杆　　B. 气门锥面　　C. 气门侧面　　D. 气门导管
8. 当机油泄漏到排气管中时,说明气门的(　　)部分磨损了。
   A. 气门导管　　B. 气门头部　　C. 气门座　　D. 气门弹簧
9. 使用4气门发动机的原因是(　　)。
   A. 可使更多的燃油和空气进入发动机　　B. 可得到更好的润滑
   C. 使发动机预热更快　　　　　　　　　D. 使发动机冷却得更快
10. 采用双气门弹簧或变螺距弹簧的主要作用是(　　)。
    A. 提高弹簧的疲劳强度　　　　B. 防止气门弹簧产生共振
    C. 提高弹簧的使用寿命　　　　D. 防止弹簧折断
11. 若气门间隙过大时,则气门开启量(　　)。
    A. 不变　　B. 变小　　C. 变大
12. 安装曲轴正时齿轮和凸轮轴正时齿轮时,应注意(　　)。
    A. 总是按照制造厂的规范对齐正时　B. 不用担心两个齿轮的正确正时
    C. 将两个齿轮彼此按90°分开　　　D. 将两个齿轮彼此按180°分开

13. 排气门在活塞位于( )开启。
    A. 作功行程之前   B. 作功行程将要结束时
    C. 进气行程开始前   D. 进行行程开始后
14. 关于可变气门正时错误的说法是( )。
    A. 气门升程上可变   B. 气门打开的周期是固定的
    C. 在低转速可获得最大转矩   D. 每套进气门和排气门有三个凸轮

三、判断题
1. 现代汽油发动机,以正时皮带或正时链条带动凸轮轴旋转。（　）
2. 采用正时皮带的缺点是必须定期检查及更换。（　）
3. 排气门头部外径比进气门大。（　）
4. 排气门座宽度比进气门座小,以利散热。（　）
5. 排气门杆与导管的间隙应比进气门杆与导管的间隙小。（　）
6. 气门摇臂上的调整螺钉,可调整气门间隙。（　）
7. 气门的工作锥面也称为密封锥面,用来与气门座接触,起到密封气道的作用。（　）
8. 气门座可接收气门头部传来的热量使气门得到散热。（　）
9. 变螺距气门弹簧能够避免弹簧在工作中共振以致断裂。（　）
10. 桑塔纳轿车凸轮轴的轴向定位一般是在第二道轴颈处,用止推片进行定位。（　）
11. 气门头部烧蚀、烧裂、烧损将无法修复（　）
12. 对于材质坚硬不易铰削的气门座,可用气门座光磨机进行磨削。（　）
13. 气门弹簧自由长度的检查一般可用卡尺来检测。（　）
14. 凸轮轴弯曲变形后,可使气门间隙失准,但对配气相位没有影响。（　）
15. 配气相位失准会造成发动机运转无力或不稳,油耗增加等现象。（　）
16. 对于正时链轮的检查一般都是采用测量最小链轮直径的方法来判断磨损规律。（　）
17. 安装正时同步齿带时要用手操作,忌用螺丝刀撬正时同步齿带来对记号。（　）
18. 液压挺柱一般由挺柱体、液压缸、柱塞、球阀和补偿弹簧等组成。（　）
19. 液压挺柱的作用是使凸轮与气门间实现无间隙传动。（　）
20. 气门锥角越大,气门口通道截面宽度越大,因此进气阻力越小。（　）

四、简答题
1. 试述凸轮轴的功用。
2. 采用正时链条的优点是什么?
3. 采用正时皮带的优缺点各是什么?
4. 何谓干涉角?有何用意?
5. 试述气门摇臂的功用。
6. 气门组包括哪些零件?
7. 气门头部的形状有哪些?
8. 何为气门锥角?

9. 气门的检测项目主要包括哪些？
10. 气门座圈的铰削步骤是什么？
11. 凸轮轴的驱动方式有几种？
12. 凸轮轴有何功用？

五、思考题

1. 检查气门与气门座密封性的常见方法有哪些？
2. 配气机构有何功用？配气机构主要由哪些部件组成？
3. 按凸轮轴的安装位置配气机构分几种类型？
4. 气门弹簧有何功用？有几种类型？
5. 装用液力挺杆有何优点？
6. 为何设气门间隙？
7. 什么叫配气相位？请画出配气相位图。什么叫气门叠开？叠开出现在什么区域？
8. 发动机在实际工作过程中，排气门在哪一个行程开始开启，在哪一个行程完全关闭，其目的是什么？
9. 气门头部有哪些形状？各有何特点？
10. 气门座有哪些形式？各有何特点？
11. 凸轮轴的构造是怎样的？如何进行轴向定位？
12. 试述液力挺柱的工作原理，它是如何保证气门无间隙传动的？采用液力挺柱有哪些优点？
13. 凸轮轴有几种布置方式？各有何特点？
14. 简述本田汽车可变气门驱动机构(VTEC)的工作原理。

项目4　汽油机燃料供给系统

学习任务一　混合气的浓度对发动机工况的影响

> **学习目标**
> ◎ 理解可燃混合气的形成；
> ◎ 了解混合气的浓度对发动机工况的影响；
> ◎ 掌握发动机不同工况时对混合气的要求。
>
> **能力要求**
> ◎ 能够根据发动机的故障现象，判断混合气是否过浓或过稀。

有一辆桑塔纳3000型汽车发动机，低速运转较好，急加速时转速升高过迟，动力不足，且发动机有明显的抖动现象，而此时故障灯不亮，初步诊断为混合气过稀所致。混合气过稀为何会出现上述现象？试分析原因并加以排除。

造成上述故障的原因一般有两种：一是点火系统故障，即点火过迟或高压火花弱；二是混合气过稀。故障灯不亮，说明传感器工作正常；又因为该发动机点火系统是无分电器的点火系统，且低速运转较好，说明是后一种原因所致。混合器过稀有可能是燃油压力过低、喷

油器工作不良、空气流量计之后有漏气部位等原因引起的。

要解决混合气过浓或过稀的故障,必须了解可燃混合气的有关知识。

一 可燃混合气的形成

汽油机混合气的形成有两种方式:一种是化油器式,另一种是电控燃油喷射式。

化油器式即利用化油器在汽缸外部形成大致均匀的可燃混合气,靠控制节气门开度调节混合气数量。这种化油器式的燃油系统已被淘汰。

电控燃油喷射系统混合气的形成是在进气管或汽缸中进行的。喷油器将来自供油系统具有一定压力的汽油喷射到进气门前方的进气歧管内,与来自空气供给系统的新鲜空气在缸外混合形成可燃混合气,进入汽缸被点燃做功。由于汽油是从细小的喷嘴喷出,可以充分的雾化,因此能够与空气均匀的混合,形成良好的可燃混合气;而且由于喷油量是由电脑控制的,所以混合气的浓度是最佳的。

二 空燃比与过量空气系数

1 空燃比与过量空气系数的概念

汽油机正常燃烧必须使汽油和空气形成可燃混合气。可燃混合气是按照一定比例混合的汽油与空气的混合物。可燃混合气中燃料含量的多少称为可燃混合气浓度。

可燃混合气浓度通常用空燃比或过量空气系数来表示。

空燃比(R)是指每工作循环充入汽缸的空气量与燃油量的质量比(A/F)。

$$R = A/F = 空气质量(kg)/燃油质量(kg)$$

理论上,1kg 汽油完全燃烧需要 14.7kg 空气,故空燃比 $A/F = 14.7$ 的可燃混合气为标准混合气;$A/F > 14.7$ 的可燃混合气称为稀混合气;$A/F < 14.7$ 的混合气为浓混合气。

过量空气系数是指燃烧 1kg 燃料实际供给空气质量与理论上完全燃烧所需的理论空气量的质量比,一般用 α 表示。

α = 燃烧 1kg 燃料实际供给的空气质量/理论上完全燃烧 1kg 燃料所需的空气量
 = 实际空燃比/理论空燃比

$\alpha = 1$ 时的可燃混合气为理论混合气,$\alpha < 1$ 时的可燃混合气为浓混合气,$\alpha > 1$ 时的可燃混合气为稀混合气。

2 发动机运行工况及对混合气浓度的要求

汽车在实际行驶过程中,发动机工况变化,可燃混合气浓度也必须跟着变化。如汽车起步前和短暂停车时,发动机应处于急速状态,此时节气门开度最小,负荷为0,转速最低;汽车在一般道路上行驶时,行驶阻力不大,发动机处于中等负荷状态,此时节气门部分开启,车速和汽油机转速不一定很高;汽车在满载爬坡或者全速行驶时,发动机应处于全负荷状态,此时节气门全开,但转速并非一定最高。

1)稳定工况对混合气浓度的要求

稳定工况是指发动机已经预热,转入正常运转,并且在一定时间内工况没有突然变化。它可以分为急速工况、小负荷工况、中等负荷、大负荷和全负荷五个范围。

(1)急速工况。急速是指发动机不对外输出动力,做功行程产生的动力只用来克服发动机的内部阻力,维持发动机以最低稳定转速运转。汽油机急速转速一般为 650~1000r/min。

在急速工况下,由于节气门开度小,进入汽缸内的混合气很少,汽缸内残余废气对混合气稀释严重,而且转速低,空气流速小,汽油雾化和蒸发不良,混合气形成不均匀。因此,要求供给 $\alpha=0.6\sim0.8$ 的少量浓混合气。

(2)小负荷工况。发动机负荷在25%以下时称为小负荷。小负荷时,由于混合气的数量比急速时有所提高,废气对混合气的稀释作用也有所减弱,因而混合气浓度可以略为减小,一般 $\alpha=0.75\sim0.9$。

(3)中等负荷工况。发动机负荷在25%~85%之间称为中等负荷。由于进入汽缸的混合气数量增多,燃烧条件较好,此外,汽车发动机大部分的时间处在中等负荷下工作,为提高其经济性,应供给较稀的经济混合气,一般 $\alpha=1.05\sim1.15$。

(4)大负荷和全负荷工况。发动机负荷在85%以上时称为大负荷,负荷为100%时称为全负荷。此时,为了克服较大的外部阻力,要求发动机发出尽可能大的功率。因此,应供给较浓而多的功率混合气,一般 $\alpha=0.85\sim0.95$。

2)过渡工况对混合气浓度的要求

汽车在运行中常遇到的过渡工况有冷起动、暖机和加速三种工况。

(1)冷起动工况。起动是指发动机由静止到正常运转的过程。当熄火时间较长、发动机温度下降至环境温度时的起动称为冷起动。冷起动时,发动机温度低,汽油蒸发困难,只有供给极浓的混合气($\alpha=0.2\sim0.6$),才能保证进入汽缸内的混合气中有足够的汽油蒸气,以利于发动机起动。

(2)暖机工况。暖机一般是指冷起动后,发动机的温度逐渐升高到正常工作温度的过程。在暖机过程中,混合气的浓度应随温度升高而减小,从起动时的极浓减小到稳定急速运转所要求的浓度为止。

(3)加速工况。加速是指发动机负荷增加的过程。急加速时(如超车),节气门迅速开大,要求发动机的动力迅速提高,然而在急剧加大节气门的瞬间,由于汽油的惯性比空气惯性大,汽油流量的增加比空气流量的增加要慢得多,使混合气暂时过稀,反而使发动机的动力下降甚至熄火。因此,在急加速时,必须采用专门的装置额外供油,加浓混合气,以满足发动机急加速的要求。

综上所述,发动机所要求的可燃混合气是随发动机工况而变化的,见表4-1。

可燃混合气是随发动机工况而变化　　　　　　表4-1

工况	混合气性质	工作环境	对α的要求	空燃比(A/F)
起动工况	极浓	冷车起动,曲轴转速慢(50~150r/min),发动机温度低,汽油雾化、蒸发不良,部分汽油在进气歧管内形成油膜,进入汽缸的燃油量少	必须供给多而浓的混合气,α=0.2~0.6	约2
暖机工况	极浓→过浓	发动机温度逐渐升高,雾化条件稍有改善	供给的混合气由α=0.4~0.6到α=0.6~0.8	约5
急速工况	过浓	节气门开度小,进气量小,发动机转速低,蒸发条件仍然很差	需要少而浓的混合气,提高燃烧速度,α=0.6~0.8	约11
小负荷工况	稍浓	发动机输出功率小(25%以下负荷),节气门稍开,混合气量小;汽缸残留废气比例高,对混合气有稀释作用	混合气浓度稍有减小,α=0.7~0.9	约12~13
中等负荷工况	经济	发动机负荷在25%~85%之间,工作范围大,时间长,节气门开度适中,转速高,汽油蒸发好	经济混合气,α=1.05~1.15	约15~18
大、全负荷工况	浓	需要克服很大的阻力,节气门开度在85%以上,进气量很多	多而浓的混合气,即功率混合气,α=0.85~0.95	约12~13
加速工况	过浓	节气门突然加大,发动机转速迅速提高,由于空气流量比汽油喷出量增加快得多,致使混合气瞬间过稀,会导致熄火	需额外加浓,α=0.7~0.9	约8

由上表可知,发动机正常运转时,在小负荷和中等负荷工况下,要求随负荷的增加,供给由浓逐渐变稀的混合气。当进入大负荷直到全负荷工况下,又要求混合气由稀变浓,最后加浓到保证发动机发出最大功率。

一 任务实施准备

(1)发动机性能实训室;
(2)发动机综合分析仪。

二 任务实施步骤

1 可燃混合气浓度对发动机性能的影响

可燃混合气浓度对发动机的燃烧过程以及其动力性和经济性都有很大的影响。

(1) 理论混合气 ($\alpha = 1$)。它是理论上推算的完全燃烧的混合气浓度。但由于时间和空间条件的限制,汽油不能及时与空气绝对均匀的混合,实际上不可能完全燃烧。

(2) 稀混合气 ($\alpha > 1$)。稀混合气可以保证所有的汽油分子获得足够的空气实现完全燃烧,因而经济性最好。α 值为 $1.05 \sim 1.15$ 的稀混合气称为经济混合气。如果混合气过稀,因空气量增多,燃烧速度变慢热量损失过大,会导致汽油机过热、加速性能变差等,造成经济性和动力性都下降。

(3) 浓混合气 ($\alpha < 1$)。浓混合气中汽油含量较多,汽油分子密集,燃烧时速度快、压力大、发动机输出功率高。α 值为 $0.85 \sim 0.95$ 范围内的浓混合气燃烧速度最快,发出功率最大,称为功率混合气。由于空气量不够,浓混合气燃烧不完全产生大量 CO,导致发动机排气冒黑烟、放炮、燃烧室积炭、功率下降、耗油率显著增大,造成排放性能和经济性能都降低。

(4) 燃烧极限。可燃混合气过浓或过稀到一定程度,即 $\alpha < 0.4$ 或 $\alpha > 1.4$ 时,火焰将在燃烧室内无法传播,导致发动机熄火,称为混合气的燃烧极限。

(5) 可燃混合气对汽油机性能影响。图 4-1 所示为发动机转速一定和节气门全开的条件下,改变 α 值的大小,测绘出汽油机功率 P_e 和油耗率 g_e 的相对值与过量空气系数 α 的关系曲线。从图中可以看出:

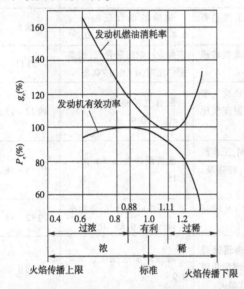

图 4-1 可燃混合气浓度对汽油机性能的影响
(汽油机转速不变,节气门全开)

① 可燃混合气过稀和过浓,动力性和经济性能都不理想。

② 可燃混合气浓度在 $\alpha = 0.88 \sim 1.11$ 范围内最有利,可以获得较好的动力性或者经济性。

③ 功率点和经济点不对应,动力性和经济性也存在矛盾,不能同时获得最好的动力性和经济性,只能获得相对较好的动力性和经济性。

2 可燃混合气浓度引起的相关故障

混合器过浓或者过稀都会造成发动机工作不正常,影响发动机的功率,增大燃油消耗量。

如果发现汽车发动机过热,加速不良,我们基本可以判断是混合器过稀,而造成混合气过稀的原因是喷油量比所需的少,原因可能是燃油压力过低、喷油器工作不良或空气流量计之后有漏气部位等造成。

诊断步骤:按照由简到繁的原则,首先检查空气流量计之后是否有漏气部位,然后检查燃油压力,最后检查和测试喷油器。

在诊断过程中,空气流量计之后与进气软管连接处松动,有漏气现象。由于连接处的漏气量未经空气流量计计量,即实际吸入汽缸内的空气多,而检测到的进气量少,ECU 按空气流量计提供的少空气量的信号供油,发出的是喷油量少的指令,所以造成混合气过稀,以致出现以上故障。

重新紧固以上连接处,起动发动车后再试,故障随即消失,发动机运转正常。

混合气不正常会引起发动机的诸多故障,详见下表 4-2,排除方法可以参照上文所述。

可燃混合气浓度对发动机工作的影响　　　　　　　　　　　表 4-2

混合气	过量空气系数 α	发动机功率 P	油耗率 g_e	原因	发动机工作情况
火焰传播上限	0.4			太浓,火焰无法传播	混合气不燃烧,发动机不工作
过浓混合气	0.43~0.88	减小	显著增加	燃烧不完全	排气管冒黑烟、放炮,燃烧室积炭,排气污染严重
稍浓混合气	0.85~0.95	最大	增大 18%	燃烧速度快、压力大、热损失小	
理论混合气	1	减小 2%	增大 4%		
稍稀混合气	1.05~1.15	减小 8%	最小	燃烧完全	加速性能变差,经济性好
过稀混合气	1.13~1.33	显著减小	显著增大	燃烧速度慢、压力小、热损失大	发动机过热,加速性能变坏
火焰传播下限	1.4			油太少,火焰无法传播	混合气不燃烧,发动机不工作

学习任务二　燃油供给装置的构造与检修

学习目标
◎ 熟悉燃油供给系统的组成和原理。

能力要求
◎ 能检测燃油供给系统的供油压力;
◎ 能拆卸燃油箱和燃油泵;
◎ 能拆装燃油滤清器。

任务导入

一辆红旗牌轿车,车主反映这段时间以来一直感觉不太正常,加速的时候,加速踏板踩得很深,但是车速上不去,还有时候能听到排气管发出异样的声音,上坡时动力好像没有以前足。

项目4 汽油机燃料供给系统

学习指引

根据车主的陈述,技术人员对车辆进行了必要的检查,最后怀疑问题可能出在油路上,于是决定对油路进行清理和检查。

要对整车进行油路清洗,就要掌握汽车燃油供给系统结构和原理。

相关知识

1 化油器式燃料供给系统的基本组成

化油器式汽油机燃料供给系统如图4-2所示,其主要结构包括以下四部分:

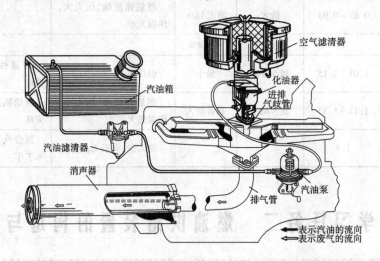

图4-2 化油器式汽油机燃料供给系统组成

(1)汽油供给装置:由汽油箱、汽油滤清器、汽油泵和汽油管等组成,主要用于汽油储存、输送和清洁。

(2)空气供给装置:主要结构是空气滤清器,也有些发动机还装有进气预热装置。主要用于空气的输送、清洁和预热。

(3)可燃混合气形成装置:即化油器,用于将空气和燃料形成可燃混合气。

(4)可燃混合气供给和废气排出装置:由进、排气管和排气消声器等结构组成,主要用于可燃混合气的供给、排气消声和废气排出。

2 供油装置的基本结构与原理

1)汽油箱

图4-3为汽车的油箱结构。它主要由箱体、汽油箱盖、油面指示传感器、汽油箱支架、放

油螺塞等组成,其作用是储存汽油。通常布置在远离发动机的车架一侧或者车身后部,以减少火灾的危险,同时为改善汽车行驶的稳定性,其安装位置一般较低。汽油箱的容量视车辆大小和发动机排量而定。

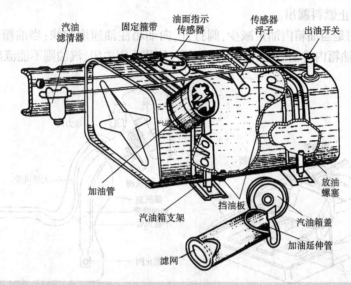

图4-3 货车汽油箱

普通汽油箱是用薄钢板冲压件焊接而成。其油箱盖用以防止汽油的溅出及减少汽油挥发,通常将油箱盖设计成卡爪式并与波状片弹簧所压橡胶垫片将汽油箱口周缘夹住,以保证密封,有些盖上还设计了锁止装置,防止脱落或丢失。

为保证油箱内气压平衡,在油箱盖上设计了空气阀和蒸气阀(图4-4)。空气阀用较弱的空气阀弹簧压住,当油箱内油面下降,压力低于某一数值时,空气阀打开,使空气进入汽油箱,确保汽油箱内不致产生真空,避免受到内外空气压力差的作用而损坏。蒸气阀用较硬的弹簧压住,仅在汽油箱内因温度过高,压力超过规定值时才开启,因而有利于减少油箱内汽油蒸气挥发。

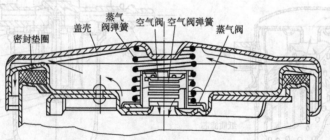

图4-4 汽油箱盖

汽油表传感器是装于油箱内,其与油面浮子联动的滑线变阻器、浮子与滑线变阻器构成一个小总成,并与汽油表连接用于指示汽油箱内燃料量。

现代轿车的汽油箱通常由耐油硬塑料制成。图4-5所示为轿车的汽油箱。它的主要结构包括油箱体、加油管、油量传感器等构成。

图 4-6 为一汽奥迪 100 型轿车汽油箱内部结构图。其结构中重力阀的作用是依靠阀的自重,在正常情况下允许空气进入油箱以消除负压。当车辆倾斜 45°或者翻车时,此阀自动将通风口关闭,防止燃料漏出。

截止阀的作用是当油箱内油量减少,阀打开,向油箱注油速度加快;当油箱内燃油已接近加满,空气不能从油箱内排出时,油面上有了压力,使截止阀关闭,汽油则不能流出油箱。

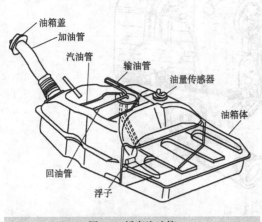

图 4-5 轿车汽油箱　　　　　　　　图 4-6 一汽奥迪 100 型轿车汽油箱内部

2)汽油滤清器

汽油滤清器的作用是滤出汽油中的杂质和水分,以保证汽油泵等部件工作正常。

汽油滤清器有不可拆式(图 4-7)和可拆式(图 4-8)两种形式。国外目前多使用不可拆式汽油滤清器,根据生产厂家的规定,定期更换整个滤清器总成。而国内多采用可拆式汽油滤清器。

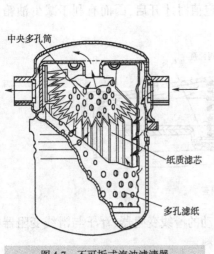 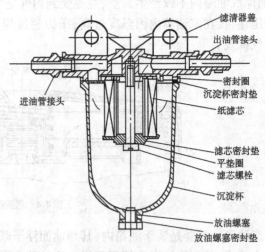

图 4-7 不可拆式汽油滤清器　　　　　图 4-8 282 型可拆式汽油滤清器

可拆式汽油滤清器一般由滤清器外壳、滤芯、进出油管接头等组成。滤清器外壳有塑料和金属两种。滤芯除有尼龙布、聚合粉末塑料和纸质滤芯外,还有金属片缝隙式和多孔陶瓷式滤芯。当发动机工作时,在汽油泵的作用下,将汽油从汽油箱吸入油管,经滤清器过滤,杂质被吸附在滤芯上,过滤后的清洁汽油进入汽油泵。

解放 CA1091 型汽车采用的 282 型汽油滤清器的就是一种可拆式汽油滤清器,其构造如图 4-8 所示。它由滤清器盖、纸滤芯、沉淀杯等结构组成。滤清器盖上有进油管接头和出油管接头。纸滤芯用螺栓装在盖上,中间用密封圈密封。用锌合金制成的沉淀杯与滤清器盖之间有密封垫,并用螺钉固定。沉淀杯底部有放油螺塞。

发动机工作时,燃油在汽油泵作用下,经进油管接头流入沉淀杯中,由于水的密度大于汽油,故水分及较重的杂质颗粒沉淀于杯的底部,较轻的杂质随燃油流向滤芯,被黏附在滤芯上,而清洁的燃油通过纸滤芯渗入滤芯的内腔,然后从出油管接头流出。

3)汽油泵

汽油泵的作用是将汽油从油箱中吸出,并以足够的泵油量和压力向燃油系统供油。汽油泵有机械膜片式和电动式两种。机械驱动膜片式汽油泵安装在发动机曲轴箱的一侧,由发动机配气机构的凸轮轴上偏心轮驱动,其总体结构如图 4-9 所示。

当发动机工作时,凸轮轴转动,偏心轮驱动摇臂轴逆时针偏转时,内摇臂带动拉杆使泵膜向下拱曲,直到最低位置,此时泵膜弹簧被压缩。在此过程中,泵膜上方的泵室容积增大,产生真空度,使进油阀开启,出油阀关闭,于是汽油经进油管接头、进油阀流入泵室内,如图 4-10a)所示。当偏心轮的偏心部分转离摇臂后,在复位弹簧作用下,摇臂即改为顺时针转动,泵膜便在泵膜弹簧的作用下连同内摇臂向上移动,使泵室内容积减小,油压增大,于是进油阀关闭,出油阀开启,汽油便从出油阀经出油管接头流向化油器,如图 4-10b)所示。

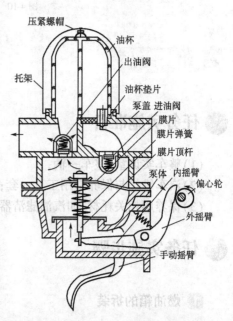

图 4-9 机械膜片式汽油泵总体结构

一般汽油泵的泵油能力要比发动机最大耗油量大 2.5~3.5 倍,以保证发动机起动时浮子室能很快地充满汽油,并在油管中存有少量气体时也能保证供油充足。当发动机正常工作时,为了保证化油器浮子室油面高度不变,汽油泵应能根据发动机的耗油量自动调节供油量。

在发动机起动前,若发现化油器浮子室内无油或储油不足时,可用手摇臂泵油。将手摇臂上下摇动,便可带动手摇臂轴(截面为半圆)转动,通过内摇臂使泵膜上下移动而泵油。当化油器浮子室油面达到一定高度后,针阀关闭进油孔,泵室内油压与泵膜弹簧的伸张力相平衡,泵膜停止在较低的位置。此时,在摇臂与内摇臂的接触斜面处出现较大的分离间隙,手动泵油就不起作用了。应注意,若手动泵油时,恰好偏心轮的凸起部分顶着摇臂,处于吸油位置,则泵膜实际行程很小,甚至为零,而使手动泵油作用极小甚至不起作用。此时,应转动曲轴,使偏心轮的凸起部分转过摇臂,处于泵油位置,再用手摇臂泵油。

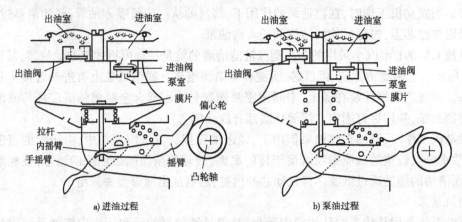

图 4-10　膜片式汽油泵工作原理

一　任务实施准备

(1) 整车实训室、整车一辆；
(2) 汽车维护与保养常用工具一套；
(3) 保养用相关耗材,如汽油滤清器、垫圈等。

二　任务实施步骤

1 燃油箱的拆装

如图 4-11 是桑塔纳 2000GSi 轿车燃油箱及其附件的分解图,其拆装步骤如下：
(1) 在点火开关断开的情况下,拔下蓄电池的搭铁线。
(2) 使用专用设备抽取燃油箱内的燃油,使燃油箱内燃油的容量不能超过 2/3。
(3) 旋下位于行李箱内地毯下的燃油箱密封凸缘。
(4) 拔下导线插头,如图 4-12 所示。
(5) 打开加油口盖板,撬出环绕在加油口颈部的橡胶件系统的夹环。
(6) 将橡胶件推入。
(7) 旋下在车底部的加油颈口固定螺栓。
(8) 拔下位于车辆底部的进油管、回油管和通气管,如图 4-13 所示。

(9) 将托架放置在燃油箱下。
(10) 松开燃油箱夹带,放下燃油箱。
(11) 按拆卸的相反顺序装配燃油箱。

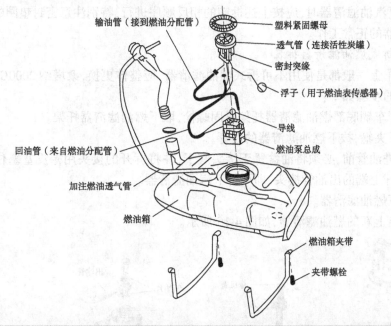

图 4-11　桑塔纳 2000GSi 轿车燃油箱及其附件分解图

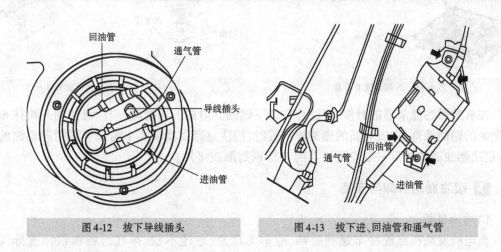

图 4-12　拔下导线插头　　　　图 4-13　拔下进、回油管和通气管

2 燃油滤清器的拆装

1) 可拆式燃油滤清器拆装

(1) 拧松汽油滤清器总成上紧定螺母,同时扶住沉淀杯,将汽油滤清器总成从发动机上拆下。

(2) 取下汽油滤清器,拧松沉淀杯,取下沉淀杯。

(3)拧下滤芯紧固螺栓,取下滤芯上的密封垫圈、滤芯、滤芯下的密封垫圈。

(4)取下沉淀杯密封垫圈,拆下进、出油接头。

(5)检查滤芯和各种密封垫圈的完好状况,清洗滤芯和各油道,若损坏应及时更换。

(6)装复汽油滤清器时,应按上述拆卸的相反顺序进行,特别注意密封垫圈的安装,以确保汽油滤清器的正常工作。

2)不可拆式燃油滤清器拆装

现代轿车上一般都是使用不可拆式燃油滤清器,应整体更换,桑塔纳2000GSi轿车燃油滤清器更换的步骤如下:

(1)松开车辆底部燃油滤清器托架紧固螺栓,取下燃油滤清器托架。

(2)松开夹箍,拔下燃油滤清器的油管。

但拆开进油管前,必须将油盆置于接头底下,并将拆开的接头用橡皮塞塞住,如图4-14所示。再拆开上端的出油管接头,即可拆下汽油滤清器。

(3)取下燃油滤清器。

(4)安装上新的燃油滤清器,如图4-15所示。

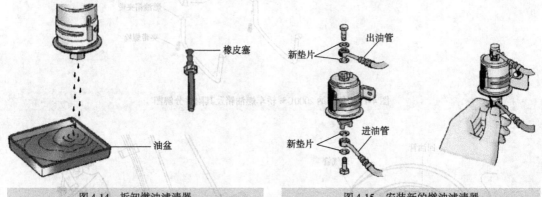

图4-14 拆卸燃油滤清器　　　　图4-15 安装新的燃油滤清器

在拆装燃油滤清器的时候,要注意在拔下燃油滤清器的油管时,应注意使用一块抹布防止剩余的燃油滴落;在安装新的燃油滤清器时,应注意燃油滤清器上箭头应该指向燃油的流向;更换燃油滤清器后一般应更换新的O形密封圈或垫片。

3 喷油器的拆卸与安装

1)喷油器拆卸

当电喷发动机出现冷车起动困难、冷车无怠速、怠速不稳、排气污染物超标或排气冒黑烟等故障时,通常是由于喷油器堵塞或雾化不良所致,此时应拆卸喷油器,以便清洗或更换。

喷油器的拆卸:在拆卸喷油器之前,应先释放燃油系统的油压;有些车型在拆卸喷油器时,还应先拆除发动机上方影响喷油器拆卸的有关零部件,如进气管、节气门体等,然后按图4-16所示顺序拆卸喷油器。

(1)拆下蓄电池负极电缆。

(2)拔下各缸喷油器线束插头。
(3)拆下连接在分配油管上的进油管和回油管。
(4)拔去油压调节器上的真空软管,拆下油压调节器。
(5)拧下分配油管的固定螺栓,将分配油管和喷油器一同拆下。
(6)从分配油管中拔出喷油器(上方供油式喷油器)。
(7)取下喷油器和进气歧管之间的橡胶垫圈。

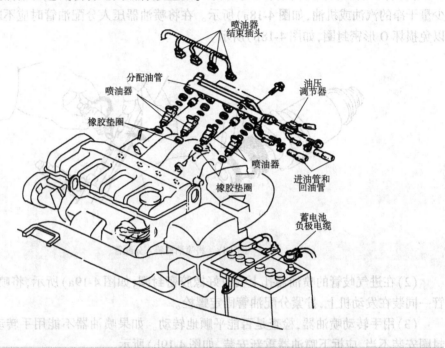

图4-16 喷油器的拆卸

对于侧方供油式喷油器,在拆下分配油管后,可按图4-17所示方法将喷油器从分配油管中压出。

对于拆下的喷油器,应先进行目测检查,其方法是:在工作台上铺一块干净的白布,将分配油管及喷油器内的残余汽油倒在白布上。若发现有铁锈或水珠自喷油器进油口处流出,说明喷油器已锈蚀,应更换。

2)喷油器的清洗

喷油器可以用喷油器清洗试验台进行测试和清洗。在喷油器清洗试验台上可以观察喷油器喷油雾化状况,测定喷油器在一定时间或一定喷油次数内的喷油量,检查喷油器针阀密封性能。对于工作不良的喷油器,可在清洗试验台上进行超声波清洗和反流冲洗,以达到彻底清洁喷油器,使之恢复良好的喷油雾化

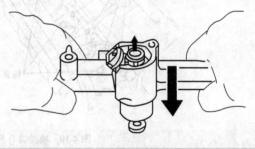

图4-17 从分配管上压出喷油器

能力的目的。

如果没有喷油器清洗试验台,也可以用手工的方法,用化油器清洗剂清洗喷油器。在清洗时,应重点对喷油器的喷孔进行清洗。

3)喷油器的安装

更换喷油器或清洗喷油器后,应按下述步骤进行安装:

(1)将喷油器装在分配油管上。安装时应更换所有O形密封圈,并在O形密封圈上涂少量干净的汽油或机油,如图4-18a)所示。在将喷油器压入分配油管时应不断转动喷油器,以免损坏O形密封圈,如图4-18b)所示。

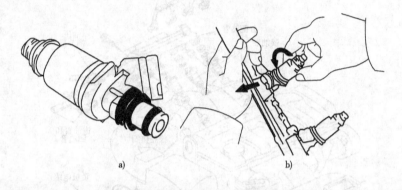

图4-18 将喷油器装入分配管

(2)在进气歧管的喷油器孔上安放好橡胶密封圈,如图4-19a)所示,将喷油器和分配油管一同装在发动机上,拧紧分配油管固定螺栓。

(3)用手转动喷油器,检查是否能平顺地转动。如果喷油器不能用手转动,说明O形密封圈安装不当,应拆下喷油器重新安装,如图4-19b)所示。

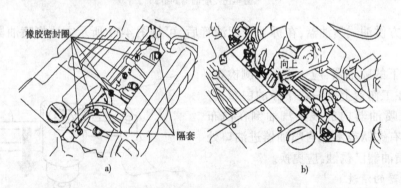

图4-19 喷油器O形密封圈的安装与检查

(4)安装进油管和回油管,插上油压调节器真空软管,插好各喷油器线束插头。

(5)按拆卸时相反的顺序安装进气管等其他零件。

(6)起动发动机后立即熄火,检查喷油器及油管接头有无漏油。

知识拓展

电控汽油喷射系统

电控汽油喷射系统尽管形式多样,但它们都遵循相同的控制规则。即以电子控制单元(ECU)为控制核心,以空气流量和发动机转速为控制基础,以喷油器为控制对象,保证发动机在各种工况下获得最佳的混合气浓度,以满足发动机动力性、经济性和排放性要求。相同的控制原理决定了各类电控汽油喷射式发动机的燃料供给系统的基本组成和结构相似。一般说来,电控汽油喷射式发动机的燃料供给系统由空气供给系统、燃油供给系统和电子控制系统三大部分组成,如图4-20所示。

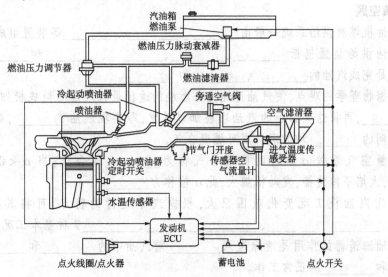

图4-20 电喷系统的组成

(1)空气供给系统主要包括进气系统和排气系统,由空气滤清器、空气流量计(D型无)、节气门、进气总管、进气歧管和怠速空气控制阀等组成。

(2)汽油供给系统主要由汽油箱、电动燃油泵、燃油滤清器、燃油压力脉动阻尼器、燃油压力调节器、喷油器和燃油管路等组成。

(3)电子控制系统主要由传感器、ECU和执行器三大部分组成。

燃油箱内的汽油被电动汽油泵吸出并加压,压力燃油经汽油滤清器滤去杂质后,被送至发动机上方的分配油管。分配油管与安装在各缸进气歧管上的喷油器相通。喷油器是一种电磁阀,由发动机电控系统的电脑(又称ECU)控制。通电时喷油器开启,压力燃油以雾状喷入进气歧管内,与空气混合,在进气行程中被吸进汽缸。分配油管的末端装有油压调节器,用来调整分配油管中汽油的压力,使油压保持某一定值(250~300kPa),多余的燃油从油压调节器上的回油口经回油管返回汽油箱。混合气浓度由ECU控制。ECU控制喷油器在每次进气行程开始之前喷油一次,由每次喷油持续时间的长短来控制喷油量。ECU 根据安装在发动机上的各种传感器,测得发动机的进气量、冷却液温度、进气温度、节气门开度、发动机转速等运转参数,根据 ECU 中设定的控制程序,在不同的工况下按不同的模式来控制喷油量。例如,在节气门全闭的怠速工况下,提供较浓的混合气;在节气门中小开度的一般运转工况下,提供理论混合气;在节气门全开或接近全开的满负荷、大负荷工况下,提供较浓的功率混合气。总之,使发动机在各种工况下都能获得所需的最适宜浓度的混合气,以达到既降低油耗,又保证发动机发出最大功率,同时使发动机的排放污染尽可能低的目的。

复习思考题

一、填空题

1. 汽油机燃料供给系统一般由_____、_____、_____等装置组成。
2. 汽油供给装置包括_____、_____、_____、_____和_____等零部件。它的作用是完成汽油的_____、_____和_____。
3. 根据物理学的观点,使汽油迅速完全燃烧的途径是将汽油喷散成极细小的颗粒,即使汽油_____,再将这些细小的汽油颗粒加以蒸发,即实现汽油_____,最后使_____与适当比例的_____均匀混合成可燃混合气。
4. 过量空气系数 $\alpha > 1$,则此混合气称为_____混合气;当 $\alpha < 0.4$ 时,混合气_____,火焰不能传播,发动机熄火,此 α 值称为_____。
5. 车用汽油机工况变化范围很大,根据汽车运行的特点,可将其分为_____、_____、_____、_____、_____、_____、_____ 7 种基本工况。
6. 汽油滤清器的作用是清除进入_____前汽油中的_____和_____,从而保证_____和_____的正常工作。
7. 机械驱动汽油泵安装在发动机曲轴箱的一侧,由发动机配气机构中凸轮轴上的_____驱动;它的作用是将汽油从_____吸出,经油管和_____,泵送到_____。
8. 机械膜片式汽油泵,泵膜在拉杆作用下下行,_____开_____关,汽油被_____吸入到膜片上方油腔内;泵膜在弹簧作用下上拱,_____关_____开,汽油被压送到_____中。
9. 按照滤清的方式,汽油机用的空气滤清器可分为_____、_____和_____三种。

二、选择题

1. 获最低耗油率的混合气成分应是( )。
   A. $\alpha = 1.05 \sim 1.15$ B. $\alpha = 1$ C. $\alpha = 0.85 \sim 0.95$ D. $\alpha = 1.2 \sim 1.3$
2. 膜片式汽油泵实际泵油量的大小决定于( )。
   A. 泵膜弹簧的弹力   B. 泵膜的实际行程
   C. 垫片的厚度   D. 泵的运动速度

3. 发动机在中等负荷时,过量空气系数 α 值应为( )。
   A. 0.6~0.8　　B. 0.9~1.1　　C. 0.8~0.9　　D. 1.1~1.2
4. 汽油机的过量空气系数在 0.6~0.8 之间的可燃混合器称为( )。
   A. 功率混合器　　B. 经济混合器　　C. 过浓混合器　　D. 过稀混合器

三、判断题

1. 空气质量与燃料质量之比,称为过量空气系数。　　　　　　　　　　(　)
2. 如果汽油泵与汽缸体之间的垫片加厚,则供油量增加。　　　　　　　(　)
3. 由于机械式汽油泵膜片行程是一定的,所以汽油输出压力与发动机转速成正比。
   　　　　　　　　　　　　　　　　　　　　　　　　　　　　　　(　)
4. 急速时,汽缸内真空度较高,燃料容易雾化,故只需较稀混合气。　　　(　)
5. 可燃混合器完全燃烧必须有足够的空气。　　　　　　　　　　　　　(　)

四、问答题

1. 什么是空燃比?空燃比过大或过小对混合气有什么影响?
2. 什么是过量空气系数?过量空气系数过大或过小对混合气有什么影响?
3. 空燃比和过量空气系数有什么关系?
4. 汽油机燃料供给系统的作用是什么?
5. 为什么发动机在起动工况要供给多而浓的混合气?
6. 为什么汽油箱必须要与大气相通?
7. 汽油滤清器是如何去除汽油中的杂质的?

项目 5
柴油机燃料供给系统

学习任务一　柴油机燃料供给系统的拆装

学习目标
◎ 掌握柴油机燃料供给系统的功用、基本组成；
◎ 了解柴油机的燃烧过程；
◎ 了解柴油机燃烧室的类型、特点及应用。

能力要求
◎ 能辨认出柴油机燃料供给系统的部件名称及安装位置；
◎ 能进行对柴油机燃料供给系统的拆装。

有一柴油机汽车,每天早上起动时,需用手油泵泵油后才能起动。根据故障现象判断,属低压油路进空气故障。根据故障流程图进行故障诊断：先泵手油泵,发现无力,再检查输油泵出油口是否出油,发现有少量气泡,锁紧手油泵后,发现油面下降较快,故障原因为输油泵单向阀关闭不严,取出单向阀观察,表面凹凸不平,在平板上稍加研磨后装上,用手油泵排除空气,起动发动机,工作正常。

为了能够对柴油机燃油供给系统进行拆装,我们需要掌握柴油机燃油供给系统的具体组成及安装知识。

柴油机燃油供给系统基础知识

1 柴油机燃油供给系统的功用

柴油机燃油供给系统的功用是储存、滤清、输送柴油,并按柴油机各种不同工况要求,定时、定量、定压以一定的喷油质量喷入汽缸燃烧室,使其与空气迅速良好地混合和燃烧。燃油供给系是柴油机一个非常重要的系统,其工作的好坏直接影响柴油机的动力性、经济性、使用可靠性、噪声和排放烟度等问题。

2 对柴油机燃油供给系统的要求

(1) 根据柴油机的不同转速和不同负荷,供给相应的燃油量。当工况不变时,每循环所供给的燃油量不变;当工况改变时,系统应能相应地改变供油量。多缸柴油机每缸所获得的燃油量应相等,以避免个别汽缸负荷过大。

(2) 燃油要在规定时刻喷入汽缸内,即定时喷油。必要时应加装附属设备或零件,使该喷油定时随转速和负荷自动变化。喷油过早或过迟都将导致功率不足、排气温度增高、燃油消耗率增大等后果。

(3) 喷入汽缸的燃油应呈良好的雾化状,并满足规定的喷雾形状和角度,以高压喷入。在喷油结束时,断油应迅速干脆,不应产生"二次喷射"等现象。

(4) 根据不同柴油机的需要,提供与之相应的供油规律和供油持续时间,即保证燃烧过程最经济、功率最大、运转平稳,同时对柴油机零部件寿命和运行安全有利。

(5) 柴油机运转时,可根据负荷变化自动调节供油量大小,以保证柴油机在最低空车转速下不熄火,在允许最高空转下运转稳定而不飞车。该功用是由柴油机的调速器完成的。

3 柴油机燃油供给系统的组成

一般柴油机燃油供给系的组成如图 5-1 所示,是由柴油箱、柴油粗滤器、输油泵、柴油细滤器、喷油泵、喷油器、油管等部件组成。

发动机工作时,输油泵从油箱中将柴油吸出,经柴油粗滤器滤清之后,并将柴油机压力提高到 0.15～0.30MPa,再经过柴油细滤器滤出杂质后输送至喷油泵,喷油泵将柴油压力进一步提高至 10MPa 以上,通过高压油管输给喷油器,喷油器再将柴油以雾状喷入燃烧室,并与空气迅速混合后自行着火燃烧。输油泵供给的多余柴油经喷油器顶部回油孔流出,经回油管流回柴油箱。

除上述燃油供给装置外,柴油机燃油供给系还包括空气供给装置、废气排出装置。空气供给装置由空气滤清器、进气管和进气道组成,有的柴油机还装有增压器及中冷器;废气排出装置由排气道、排气管和排气消声器组成。

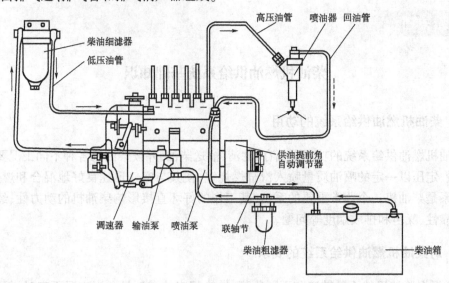

图5-1 柴油机燃油供给系统组成

4 柴油机的燃烧过程和燃烧室

1）柴油机的燃烧过程

柴油机的柴油与空气在缸内混合，因此，需要有较大的供油提前角（一般为22°~26°，如图5-2所示）。

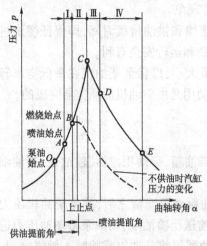

图5-2 汽缸压力与曲轴转角的关系

供油提前角：泵油始点 O 至活塞上止点所对应的曲轴转角。若供油提前角过大，则着火准备期过长，会引起爆震；着火时间提前，会引起活塞敲缸，使得发动机工作粗暴，噪声增加。若供油提前角过小，则着火发生在活塞下行时，发动机动力下降。

喷油提前角：喷油始点 A 至活塞上止点所对应的曲轴转角。

喷油延迟期：是喷油泵供油 O 点到喷油器喷油 A 点的间隔时间。高压油管越长，喷油延迟期越长；高压油腔的膨胀量越大，喷油延迟期越长。因此，应尽量缩短喷油延迟期。

燃烧延迟期（$A—B$）：是因为喷油后，混合气形成需要一定的时间才能着火，由此，形成了燃烧延迟期。燃烧延迟期越长，累积的燃油越多，着火时的压力增加越快，使柴油机工作粗暴，发动机的噪声越大。

燃烧延迟期：取决于：

(1)燃油的十六烷值。
(2)混合气形成的过程(喷油压力、喷油器形式、压缩比和燃油喷射的方式等)。
(3)发动机的温度等。

2) 柴油机燃烧室

燃烧室是柴油机混合气的燃烧场所。它对燃烧有重要影响,其结构形式,基本分为直喷式燃烧室和分隔式燃烧室两大类。

(1)直喷式燃烧室。

直喷式燃烧室的特点是只有一个燃烧室,位于活塞顶面和汽缸盖底平面之间,燃料直接喷入该燃烧室中与空气进行混合燃烧。

图5-3a)所示为ω形燃烧室,其凹坑较浅,底部较平,空气压缩涡流小,主要靠喷油器高压喷油到燃烧室空间与空气混合,属于空间雾化混合为主的方式。ω形燃烧室的优点是结构简单、紧凑,由于空间小,传热少,动力性、经济性与起动性都较好。因此在一些中小型高速柴油机上得到了广泛应用,如解放CA6110系列、CA6DE系列和CA6DF系列及上海柴油机厂生产的6135Q型柴油机等,均使用这类型燃烧室。其主要缺点是对喷油系统要求高,需要较高的喷油压力,喷油器的喷孔也要求小而多,工作起来也比较粗暴。

图5-3b)所示为球形燃烧室,其凹坑呈球状,较深,同时产生较强的空气涡流,喷油器顺气流喷射,在强涡流气流的带动下,燃油被涂布到球形燃烧室壁面上,形成一层油膜,属于油膜蒸发为主的混合方式。由于空气的强烈涡流,空气利用率较高;燃料燃烧是逐层蒸发燃烧,所以工作起来比较柔和。它对燃油系统要求不高,可以使用单喷孔喷油器,喷油压力也较低。但它的起动性能不好,因为起动时机体温度低,油膜较难蒸发燃烧,低速性能也不好。目前球形燃烧室使用比较少,仅有国产90系列和6120Q型柴油机使用。

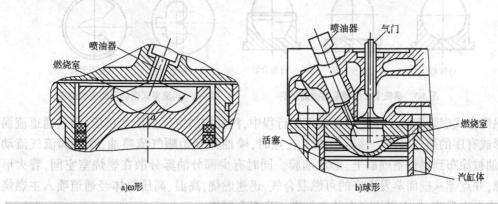

图5-3 直喷式燃烧室

(2)分隔式燃烧室。

分隔式燃烧室的结构特点是燃烧室被分隔为主、副两个燃烧室,二者用一个或数个通道相通。副燃烧室在汽缸盖内,容积占总压缩容积的50%~80%,主燃烧室在缸盖底平面与活塞顶面之间。燃料先喷入汽缸盖中的副燃烧室进行预燃烧,再经过通道喷到活塞顶上的主燃烧室进一步燃烧。

分隔式燃烧室根据结构原理的不同,可以分为涡流室式和预燃室式两种,如图 5-4 所示。

①涡流室式燃烧室如图 5-4a)所示,其副燃烧室的形状有球形(图 5-5a)、吊钟形(图 5-5b)和组合形(图 5-5c);主燃烧室的活塞顶也有不同凹坑,如双涡流凹坑(图 5-6a)、铲形凹坑(图 5-6b)等。

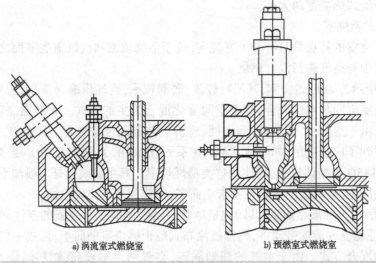

a) 涡流室式燃烧室　　b) 预燃室式燃烧室

图 5-4　分隔式燃烧室

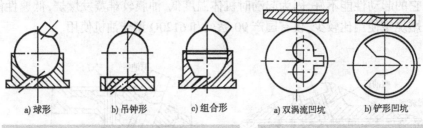

a) 球形　　b) 吊钟形　　c) 组合形　　　　a) 双涡流凹坑　　b) 铲形凹坑

图 5-5　涡流室式燃烧室的副燃烧室　　　图 5-6　涡流室式燃烧室的主燃烧室

涡流室式燃烧室的工作特点是在压缩行程中,汽缸中的空气被活塞挤压,经过通道流涡流室形成有序的强烈涡流。接近压缩上止点时,喷油器开始顺气流喷油,在强涡流气流动下,燃油被涂布到燃烧室壁面上,形成油膜。同时有少部分油雾分散在燃烧室空间,着火形成火源,并点燃从壁面蒸发出来的可燃混合气,迅速燃烧,高温、高压气体经通道喷入主燃烧室,形成二次涡流,与主燃烧室内的空气进一步混合燃烧。

由于采取强烈有序的气体二次涡流,空气利用率高,对喷雾质量要求不高,可采用单喷孔喷油器,喷油压力较低,喷油器故障少,调整方便,工作比较柔和。缺点是副燃烧室相对散热面积大,又直接与冷却液接触,加上主、副燃烧室之间的通道节流,使热利用率减低,经济性较差,起动也较困难。

为了改善起动性能,有的增加了副喷孔(起动喷孔),使得在起动时,由于空气涡流不强,从喷油器喷出的燃油可通过副喷孔,直接喷入活塞顶的主燃烧室温度较高处,燃料容易着火燃烧。

②预燃室式燃烧室如图5-6b)所示,其副燃烧室与主燃烧室的通道截面较小,而且方向与喷油方向相对。其工作特点是压缩时,空气经通道被压向副燃烧室,形成强烈的紊流,燃料逆气流方向喷射,与空气相撞混合,并着火预燃烧,所以副燃烧室也称预燃室。随后不完全燃烧的混合气经通道到主燃烧室,与主燃烧室内的空气进一步混合燃烧。这种燃烧室工作比涡流室式燃烧室更柔和,而且可以燃用多种燃料,但它的节流损失比涡流室式更大,所以经济性能较差。

任务实施

一 任务实施准备

(1)汽车发动机实训室;
(2)6BT5.9柴油机(A型喷油泵),工作台;
(3)常用工具、维修手册、工作台。

二 任务实施步骤

柴油机燃料供给系的拆装:柴油机燃料供给系的拆装以6BT5.9柴油机A型喷油泵为例。

1 柴油机燃料系的拆卸

(1)拆卸前,先对发动机外表作全面清洗,清洗时需防止清洗液进入燃料系统。
(2)关闭柴油箱出油阀开关,并放尽燃料系管道中的余油以及喷油泵内的润滑油。
(3)拆除供油操纵机构,拆下高压油管,进、回油管、润滑油管和喷油泵托架。
(4)拆除油水分离器、柴油滤清器。
(5)拆卸输油泵进、出油管接头和输油泵的固定螺栓,取下输油泵总成。
(6)拆卸喷油泵。打开齿轮室盖上的孔盖,拧下喷油泵凸轮轴上的传动齿轮(正时齿轮)紧固螺母。用专用工具从喷油泵凸轮轴上拔下传动齿轮,另用专用工具拆下喷油泵前端凸缘上的4个固定螺母,将A型喷油泵取下。从发动机上拆卸喷油泵总成时应注意装配记号。拆卸前,在将喷油泵操纵臂向断油方向推到底的同时,按曲轴旋转方向转动曲轴至喷油泵转动凸缘上的标记与喷油泵外壳上的标记对正后,再拆卸喷油泵。拆卸喷油泵期间不得转动曲轴,否则在装复时,应在重新对准第一缸喷油时的活塞位置和喷油正时记号后,方可装复喷油泵。
(7)拆卸喷油器压紧螺母和进油口接头,取出喷油器总成。
(8)拆卸增压器进油软管、回油管及增压器与中冷器的连接管道,分别拆卸增压器和中冷器的固定螺栓,取下增压器和中冷器总成。

对拆卸的总成或部件进行外部清洗后,应检查其工作性能,必要时按要求进行拆检、维修和调试。

2 柴油机燃料系的安装

柴油机燃料系装配前应彻底清洗燃料供给系的部件、总成。在确定其性能良好、工作可靠后,按一定的程序进行装配。

(1)确定并固定发动机第一缸处于压缩上止点位置,发动机正时齿轮室侧面的尼龙正时销正好插入正时齿轮上的小孔内。

(2)确定喷油泵的正时锁止位置,此时正时器盖帽不能松动,否则应重新调整喷油器正时,并用 4~7N·m 的拧紧力矩紧固正时器盖帽。

(3)检查喷油泵前端轴承盖上的 O 形圈应完好无损且安装正确。

(4)清洁是保持喷油泵正常工作的重要措施。在安装喷油泵前,泵的凸轮轴前端锥面和正时齿轮的锥孔必须清洗干净,防止转动过程中打滑。如果喷油泵带键,还应检查键在泵轴上的松紧度。

如是新的喷油泵,还必须做好以下准备工作:

(1)擦净外表面的防锈油脂。

(2)放净调速器内腔、喷油泵内腔的防锈油,换上规定牌号的润滑油。

(3)燃油通道里也以规定牌号换入清洁柴油。更换方式:柴油接入喷油泵管路,用手不断转动喷油泵或将喷油泵装上试验台运转,直至出油阀接头喷油为止。

(4)将喷油泵的凸轮轴插入正时齿轮中,并将齿轮室后端的 4 个安装螺柱插于泵前端凸缘的 4 个长孔中,装上并拧紧固定泵的 4 个 M15 的固定螺母,拧紧力矩为 43N·m。

(5)装上固定传动齿轮的螺母和弹簧垫圈,先拧紧螺母,力矩为 12N·m(注意这不是传动齿轮固定螺母的最终拧紧力矩,过大的力矩将损坏 A 型泵的正时销)。

(6)松开泵的正时器的盖帽,拔出正时销,将正时销掉头,大头朝外装回座内,拧紧正时器盖帽,拧紧力矩为 25N·m。注意正时销孔内有一个密封铜垫不得脱落,密封铜垫应在正时销之前装入座孔内。

(7)退出一缸上止点正时定位销,拧紧泵的传动齿轮的固定螺母,力矩为 92N·m。

(8)供油提前角自动调节装置和喷油泵的连接。转动喷油泵凸轮轴,对准供油提前角自动调节装置壳体上的刻线与喷油泵泵体上的箭头,安装联轴节。若此时联轴节的装配角度不正,可松开前接盘与连接盘之间的固定螺母,适当转过一定角度,调好后锁紧。

(9)检查发动机的静态供油提前角,应为 180°~220°。

(10)装上进、回油管接头(拧紧力矩为 15N·m)、高压油管(拧紧力矩为 24N·m)、润滑油管(拧紧力矩为 15N·m)和燃油泵托架。

(11)装复柴油滤清器、油水分离器、供油操纵系统等其他部件。

3 柴油机燃料系的检查与调试

柴油机燃料供给系所有零部件装配齐全后,必须进行检查和调试。

1) 排放燃油管路中的空气

(1) 低压油路排气。首先注入足量的柴油并打开出油阀开关,松开柴油滤清器放气螺栓,柱塞泵应松开喷油泵放气螺钉或回油管接头,用输油泵的泵油手柄泵油。同时,观察放气螺钉处的出油情况,直到从放气螺钉处流出来的柴油不含气泡,在溢油状态下旋紧放气螺钉。

(2) 高压油路排气。拧松喷油器端的高压油管接头,用起动机带动发动机旋转,直到油管接头处不再有气泡产生,在溢油状态下旋紧油管接头。依次排除各缸高压油路中的空气。排气后,发动机应运转稳定。

2) 供油提前角的就机调整

(1) 将柴油机第一缸调整至压缩行程上止点位置(TDC)。

(2) 将调整手柄处于最大供油位置。

(3) 松开喷油泵紧固螺钉,使喷油泵处于可摆动状态。

(4) 根据喷油泵与柴油机的连接方式进行供油提前角的调整,调整范围应符合柴油机的要求。松开喷油泵固定螺母(或螺栓),若向凸轮轴旋转的相反方向旋转泵体,供油提前角增加;反之,则供油提前角减小。调整时严禁通过改变正时螺钉的高低位置或增减垫片来满足提前角要求,防止各缸凸轮工作段不一致,从而偏离凸轮轴最佳工作区域,影响发动机工作。

(5) 调整完毕后紧固喷油泵总成固定螺栓。

学习任务二　柴油机燃料供给系统的构造与检修

学习目标
- ○ 掌握柴油机燃料供给系统各总成的功用、结构;
- ○ 了解输油泵、调速器的工作情况;
- ○ 掌握喷油泵的工作情况。

能力要求
- ○ 能进行柴油机燃料供给系统各个总成的拆装;
- ○ 能进行喷油器、喷油泵的检修。

某柴油发动机动力不足且发动机曲轴箱内有柴油,经分析柴油只能通过两种途径进入曲轴箱:一是从活塞环;二是从喷油泵。由于发动机能顺利起动,所以柴油一定是从喷油泵

流入曲轴箱的。喷油泵与曲轴箱相通的只有喷油泵的机油管,柴油流入喷油泵壳体的可能有两种:一是柱塞不密封或壳体裂缝;二是输油泵活塞漏油。第一种可能会造成起动不好,因而排除,所以故障只能是输油泵活塞漏油。

为了能够对柴油机燃料供给系统进行检修,我们需要掌握柴油机燃料供给系统各个总成的具体构造、组成和工作原理。

一、输油泵

1 输油泵的作用

把柴油从油箱泵压到一定的压力输送至滤清器,经过滤清后输入喷油泵。

2 输油泵的结构与工作情况

输油泵由柱塞、弹簧、挺杆、进油止回阀、出油止回阀、滤网、滚轮等组成,输油泵是安装在喷油泵侧的单动泵,与喷油泵总成用螺栓连接,由喷油泵的偏心凸轮带动,输油泵结构如图5-7所示,分解图如图5-8所示。输油泵工作时,凸轮的凸起部分下转时,柱塞因复位弹簧的作用向下运动。这时,柱塞上部空间增大,压力降低,产生一定的抽吸力,出油阀被吸紧闭,进油阀被吸开,柴油经进油阀吸入上腔;同时,柱塞下腔的燃油受压进入出油道而输出。当凸轮的凸起部分向上,将柱塞推动向上运动时,进入上腔的燃油受压,关闭了进油阀,顶开了出油阀,燃油被推挤出,并经过通道进入输油泵的下腔。如此周而复始,使燃油不断地被吸进、输出。当出油压力过高时,油的压力由通道传来,

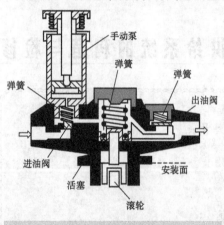

图5-7 输油泵结构

使柱塞推向下腔与弹簧的压力相平衡,即柱塞不再移动,这时挺杆与挺柱形成空转,供油停止。柱塞式输油泵就是依靠这样的柱塞下腔与复位弹簧之间的压力平衡,自动调节压力而少供油或不供油的。挺杆与铜套间有数个小孔,多余的油便从此孔经溢油孔而至进油道,以免余油挤向凸轮箱。

在输油泵上装有手动油泵,可以用它作上下运动来泵油,使柴油机起动时喷油泵充满燃

油,也可在维护燃油系统时排除燃油系统内的空气。

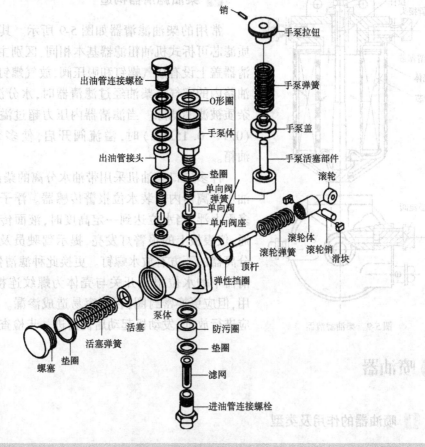

图 5-8 输油泵解体图

二、柴油滤清器

1 柴油滤清器的功用

柴油在进入喷油泵之前,必须仔细地清除其中的尘土、水分或其他杂质。否则,会加剧燃油系统的精密偶件的磨损,导致各缸供油不均,功率下降,油耗增加等问题。

2 柴油滤清器类型

柴油滤清器分为粗滤器和细滤器。粗滤器一般安装在输油泵之前,细滤器安装在之后,或两者都安装在输油泵之前。粗滤器主要用于清除柴油中较大的杂质,滤芯有金属带缝隙式、片式、网式、纸质式等几种。纸质式滤芯滤清效果好,成本低,得到广泛应用。细滤器主要用于最后清除柴油中的微小杂质,保证柴油在进入喷油泵之前洁净,以避免柴油中的杂质导致喷油泵和喷油器出现过度磨损和损坏。细滤器的滤芯有毛毡式、金属网式、纸质式等。

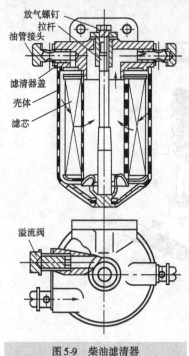

图 5-9 柴油滤清器

3 柴油滤清器构造

常用的柴油滤清器如图 5-9 所示。其结构原理与纸质滤芯可拆式机油粗滤器基本相同,区别主要是在柴油滤清器盖上设有放气螺钉和限压阀,放气螺钉用于排除低压油路内的空气。柴油经过滤清器时,水分沉淀在壳体内,杂质被滤芯滤除。当滤清器内压力超过溢流阀开启压力(0.1~0.15MPa)时,溢流阀开启,使多余的柴油流回油箱。

许多进口柴油机采用带油水分离的柴油滤清器,并在油水分离器内安装水位报警传感器。浮子随着积水的增多而上浮,当水位达到一定高度时,液面传感器将电路接通,仪表板上的报警灯发亮,提示驾驶员及时放水。油水分离器的下方有放水螺钉。更换此种滤清器时要注意,滤清器中的水位报警开关与壳体为螺纹连接,可以重复使用,但应更换密封圈,否则容易造成渗漏。更换滤清器后应进行放气,发动机起动后仍需进一步检查和排除渗漏。

三 喷油器

1 喷油器的作用及类型

喷油器的作用是将燃油雾化成细小的微粒,均匀地喷入汽缸内与空气混合并燃烧。根据柴油机混合气与燃烧的要求,喷油器应具有一定的较高喷射压力、喷射距离和适宜的喷射锥角,并保证在规定的停止喷油时刻,能够迅速地切断燃油的供应和不发生燃油的滴漏。

喷油器可分为开式喷油器和闭式喷油器两类。

2 喷油器的结构

开式喷油器的内腔直接与燃烧室相连通,结构简单,加工方便。喷油时只需要高压油管中的压力略高于燃烧室内的压力,燃油就能喷入汽缸。但这种喷油器在发动机低速运转时,不能很好地把燃油雾化,而且不能迅速断油和容易出现滴漏现象,因此,开式喷油器一般较少采用。

目前,柴油机多采用闭式喷油器,根据混合气的形成和燃烧要求,闭式喷油器有不同的结构。常用的有孔式和轴针式,如图 5-10 所示。

1)孔式喷油器

孔式喷油器一般用于直接喷射式发动机。喷油孔的数目一般为 1~8 个,由于孔数多,它能喷出几个锥角不大、射程较远的喷雾。它由喷油器体、针阀体、针阀座、喷油器锥体、调压弹簧、调压螺钉等组成。喷油泵将高压燃油送至喷油器,经滤芯沿油道向下进入针阀体而至油压室内。油压作用于针阀的斜面上,当油压作用力达到能克服调压弹簧的弹力时,针阀被推压上升,将喷孔开启,柴油此时以极高的速度经过单孔或多孔喷入燃烧室。喷油器形状如图 5-10 所示。调压螺钉是用来调整喷油开启压力大小的。喷油工作中有少量的柴油从针阀体的缝隙中流出,经挺杆周围从上端的回油管流回油箱。孔式喷油器可以分为短型和长型两种,如图 5-11 所示,短型孔式喷油器(图 5-11a))针阀较短,受热较大,多用在热负荷不高的柴油机中。长型孔式喷油器(图 5-11b))的针阀导向圆柱面远离燃烧室,减少了针阀受热变形卡死在针阀体中,用于热负荷较高的柴油机中。

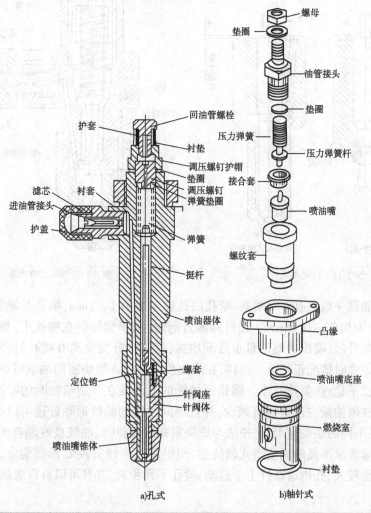

图 5-10 喷油器

2)轴针式喷油器

轴针式喷油器的结构和工作原理与孔式喷油器基本相同。其结构特点是针阀在下端的喷嘴底座面以下,还延伸出一个轴针,其形状可以是倒锥形或圆柱形,如图 5-12 所示。轴针伸出喷孔外面,使喷孔成圆环状的狭缝,这样,喷油时喷雾将以空心状的锥形或圆柱形喷入汽缸燃烧室。喷孔通过断面与喷雾锥角的大小取决于轴针的升程和形状,因此对轴针形状的加工制造精度要求很高。

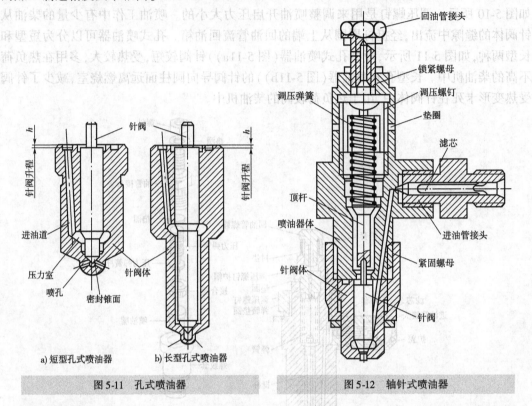

图5-11 孔式喷油器　　　　图5-12 轴针式喷油器

轴针式喷油器一般只有一个喷孔,喷孔的孔径一般为 1~3mm,喷孔与轴针之间有微小的间隙,其大小为 0.02~0.06mm。当针阀刚升起时,由于轴针仍在喷孔中,喷出油量较小,随着轴针的逐渐升起,喷出的燃油量也逐渐增加,直到轴针完全离开喷孔时,喷油量达到最大。当喷油快结束时情况正相反。这样,在燃烧后期内喷入燃烧室的油量可以少些,从而使发动机工作比较平稳,热负荷减小。圆锥形轴针的喷油器在开始喷油时的喷油量比圆柱形轴针的喷油量在喷油量方面更显著减少,并且不同角度的圆锥形轴针还可以改变喷雾锥角的大小,以满足不同的燃烧室形状,使之与燃烧室相匹配,达到油气良好混合的要求。因此,它适用于对喷雾要求不高的涡流室式燃烧室、预燃室式燃烧室及 U 形燃烧室。轴针式喷油器由于喷孔直径较大,孔内有轴针上下运动,喷孔不易积炭,并且可以自行清除积炭。

四 喷油泵

1 喷油泵的作用

喷油泵总成又称高压油泵总成。它是柴油机燃油系中最重要的一个总成。其功用是提高柴油压力,根据发动机的不同工况,按规定的时间,将一定量的燃油以一定的压力输送到喷油器。

2 喷油泵的要求

每只汽缸都应该有一套喷油泵,几个相同的喷油泵装置在共同的铝合金泵体上就构成了喷油泵总成,如图 8-7 所示。多缸柴油机的喷油泵总成还应保证:各缸的供油次序应符合选定的发动机发火次序。各缸供油量应均匀,不均匀度在标定供油量时应不大于 3%~4%。各缸供油提前角要相同,相差不大于 0.5° 曲轴转角。各缸喷射延续时间要相等。

3 喷油泵的分类

喷油泵的结构类型较多,目前柴油机上常用的有柱塞式喷油泵、喷油泵—喷油器和转子分配式喷油泵等三类。

(1) 柱塞式喷油泵是利用柱塞的往复运动来泵油的,这种喷油泵结构紧凑、性能良好、工作可靠,在大多数拖拉机、汽车的柴油机上应用。

(2) 转子分配式喷油泵是依靠转子的转动实现压油及分配,它具有体积小、重量轻、零件少、成本低等优点。但其最大的供油量和供油压力均比柱塞式喷油泵小,比较适合用在中小型功率的多缸柴油机上。

(3) 喷油泵—喷油器的结构特点是将喷油泵和喷油器结合成一个整体,直接安装在汽缸盖上,消除了高压油管所引起的压力波动现象,可以更加精确地控制喷油规律。应用于 PT 燃油供给系统的喷油泵属于此类。

下面以柱塞式喷油泵为例,介绍喷油泵的结构原理及检修。

4 柱塞式喷油泵

多缸柴油机柱塞式喷油泵,通常是与汽缸数相同的单体分泵以及传动机构和油量调节机构组装成一整体,共用一根控制凸轮轴。喷油泵装置于发动机的一侧,由曲轴通过正时齿轮而驱动。

1) 喷油泵分泵结构

喷油泵的作用是将燃油压缩使压力升高后输送至喷油器。其组成是由柱塞、柱塞套、出油阀、出油阀座、柱塞弹簧、出油阀弹簧等组成,图 5-13 所示为柱塞式喷油泵结构。

喷油泵分泵最上面有连接至喷油器的高压油管的螺套,螺母下用弹簧压着一个出油阀,螺套与出油阀座之间设有垫圈。柱塞套内装有柱塞,其因弹簧及垫片的作用,向下压紧在调整螺钉上面,调整螺钉则旋转在挺柱上,并用锁紧螺母紧固。因此挺柱下面的凸轮转动时经过滚轮、挺柱、调整螺钉而推动柱塞上下运动。向上的动作是由凸轮完成的,向下则是靠弹簧的弹力。另外,通过控制齿条,柱塞还能靠旋转齿盘和调节齿轮的作用而旋转。柱塞套上设有进油孔和出油孔,柱塞上设有控制油量的斜油槽与直槽。

2) 柱塞和柱塞套

柱塞和柱塞套由轴承钢制成,构造精密,研磨配合,不能单独调换,一般是成套供应,称为柱塞偶件或柱塞副。柱塞套上有制成一个孔供进油和回油之用,也有制成两个孔供油和回油之用的。柱塞上的斜油槽是向右倾斜向下的,也有向左倾斜向下的,而它们的作用是完全一样,一般称此型为槽形柱塞。它的上部具有直切槽和调整油量的螺旋斜槽。

如图 5-14 所示为柱塞偶件(柱塞副)工作原理图。

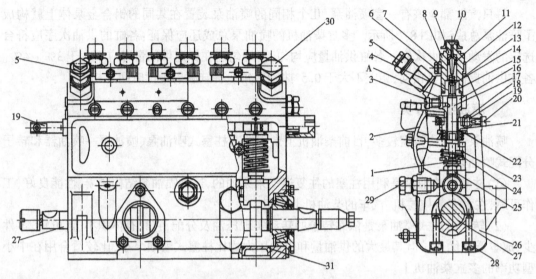

图 5-13　柱塞式喷油泵结构图

1-螺塞;2-衬垫;3-凸轮轴轴承端盖;4-凸轮轴;5-滚轮体;6-齿杆端罩;7-供油齿杆;8-齿圈;9、12-油管接头座;10-泵体;11-油尺;13-放气螺钉;14-齿杆限位螺钉;15-出油阀弹簧;16-减容体;17-出油阀衬垫;18-出油阀;19-密封垫;20-挡油螺钉;21-柱塞偶件;22-柱塞套定位螺钉;23-侧盖;24、26-柱塞弹簧座;25-柱塞弹簧;27-凸轮轴;28-紧固螺钉;29-润滑油进油空心螺栓;30-柴油进油空心螺栓;31-堵盖;A-低压油腔

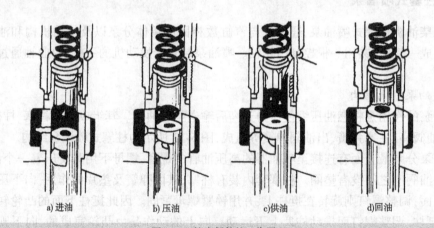

a) 进油　　b) 压油　　c) 供油　　d) 回油

图 5-14　柱塞偶件的工作原理

进油过程(图 5-14a))——柱塞在最低位置,柴油从柱塞套的油孔进入,并通过柱塞的直槽充满柱塞的凹穴部分。

压油过程(图 5-14b))——柱塞继续上行,柱塞顶端关闭油孔,柱塞套内部密封的容积逐渐缩小,油压增高。

供油过程(图 5-14c)——出油阀受油压压力而被顶开,柴油被压送至喷油器。

回油过程(图 5-14d)——柱塞上升到一定位置时,左边的油孔已露出在柱塞斜槽的边缘下面,柱塞套内压力迅速降低,供油停止,余油经直槽由回油孔流回。

如图 5-15 所示为柱塞偶件有效行程示意图。

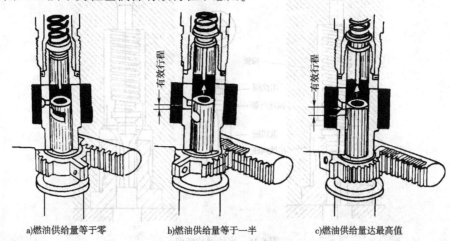

图 5-15　柱塞偶件有效行程简图

柱塞上行时,其中只有一段行程喷油,即从柱塞顶面遮挡住柱塞套油孔开始,至斜槽边缘将油孔露出为止,此行程称为柱塞的"有效行程",其供油量的大小由此有效行程决定,所以供油量的大小,可通过转动柱塞以使柱塞和柱塞套之间的相对位置的改变,即改变柱塞的有效行程来调节。

当柱塞上的直槽与油孔对准,柱塞上行时不供油(图 5-15a),发动机停止工作,燃油供给量等于零。当柱塞向左转一个角度,有效行程缩短,柱塞上行时(图 5-15a、b),油孔开放时间较早,喷油量便减少,以适应怠速及小负荷时的工作情况。当柱塞向右转一个角度,有效行程增大,喷油量增加(图 5-15a、c),以适应全负荷时的工作状况。

3)出油阀和阀座

出油阀和阀座也是喷油泵分泵的精密偶件,阀和阀座的配合间隙为 0.10mm 左右,其密封锥面经配对研磨,不能互换,属精密偶件。它位于柱塞的上部,由弹簧压紧在阀座上。

如图 5-16 所示,出油阀上部呈圆锥面,与阀座锥面相配合,锥面下有小的圆柱面,称为减压环带,下部是十字形断面的导向部分。

出油阀的作用:一是利用圆锥面和阀座配合,在喷油泵停止供油时,将高压油管与泵腔隔绝,防止管内燃油倒流入泵腔;二是利用减压环带在喷油泵停止供油时,使高压油管中的油压迅速降低,避免喷油器产生滴漏或二次喷射现象。

柱塞上升压油时,因为有减压环带的存在,燃油只有在出油阀上升到减压环带完全离开阀座的导向孔时,才能由柱塞泵腔进入高压油管。当柱塞有效行程结束时,泵腔油压迅速下降,出油阀下落,减压环带一经进入座孔,高压油管与柱塞泵腔即被隔断,此后直到出油阀落座。这样,在高压油管中就增加了一部分容积,以使油管中的油压迅速下降,喷油器就可以立即停止喷油。如果缺乏减压环带,则在出油阀锥面落座时,高压油管中因油管的收缩和燃油的膨胀,存在瞬时的高压,将使喷油器发生滴漏现象。

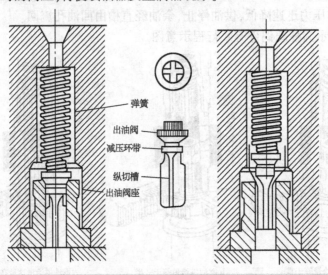

图 5-16 出油阀的结构

五、调速器

1 调速器的作用

调速器是一种自动调节喷油泵供油量的装置,它能根据柴油机负荷的变化,自动地作相应的调节,使柴油机能以较稳定的转速进行运转,从而保证柴油机既不会产生超速也不会在急速时造成熄火。

在柴油机上,机械离心式调速器应用较广泛,包括两速调速器和全速调速器,它们的调速范围不一样。下面以两速调速器为例介绍调速器的结构与工作原理:

2 两速调速器

两速调速器的作用是稳定发动机急速和防止发动机超速,所有中间转速范围内则由驾驶人控制。

两速调速器结构和工作原理如图 5-17 所示,调速器用螺钉与喷油泵连接。两个飞块装在喷油泵凸轮轴上,当飞块向外张开时,飞块臂上的滚轮推动滑套沿轴向移动。导动杠杆的上端铰接于调速器壳上,下端紧靠在滑套上,其中下部则与浮动杠杆铰接。浮动杠杆上部通过连杆与供油调节齿杆相连,起动弹簧装在浮动杠杆顶部。浮动杠杆的上端有一销轴,插在支持杠杆的下端的凹槽内。控制杠杆的一臂与支持杠杆相连,另一臂则由驾驶人通过加速踏板与杆系来操纵。速度调定杠杆、拉力杠杆和导动杠杆的上端均支承于调速器壳上的轴销上。用速度调整螺栓顶住速度调定杠杆,使装在拉力杠杆与速度调定杠杆之间的调速弹簧保持拉伸状态。因此在所有中间转速范围内,拉力杠杆始终紧靠在齿杆行程调整螺栓的头部。在拉力杠杆的中、下部位置上有一轴销,其插在支持杠杆上端的凹槽内。怠速弹簧在拉力杠杆的下部,用于控制怠速。

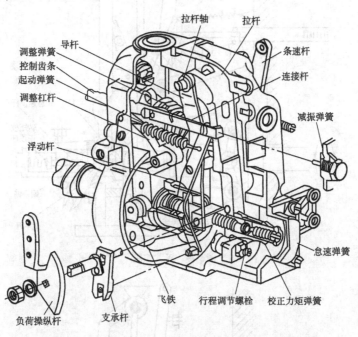

图5-17 两速调速器结构

(1)起动和怠速。如图5-18所示,起动时,轻踏油门踏板,负荷控制杆逆转,控制浮动杆带动供油拉杆向加油方向移动。起动后,放松油门踏板,负荷控制杆回到怠速位置。飞块离心力推动拨叉后移,与怠速弹簧平衡。此时,浮动杆支点位移,供油拉杆向减少供油方向移动至平衡位置。怠速转速高,则飞块离心力压缩怠速弹簧使供油拉杆向减油方向移动,怠速转速低时则相反。

(2)正常控制。如图5-19所示,油门在怠速和高速之间,飞块离心力已完全克服怠速弹簧但尚不能压动高速弹簧。供油拉杆完全由油门控制。油门大,则浮动杆逆转,供油拉杆向加油方向移动;反之,则减少。

(3)额定转速的控制。如图5-20所示,当柴油机转速刚达额定转速时,飞块的离心力就可以克服高速弹簧的拉力。

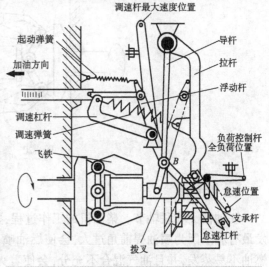

图5-18 起动和怠速控制

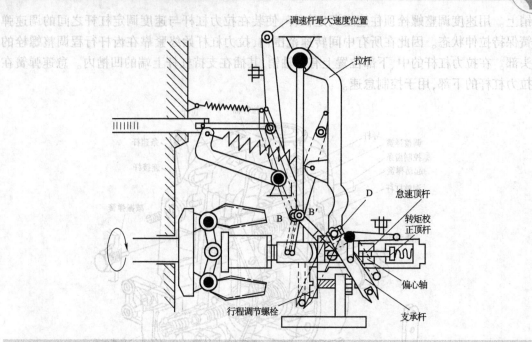

图 5-19 正常控制

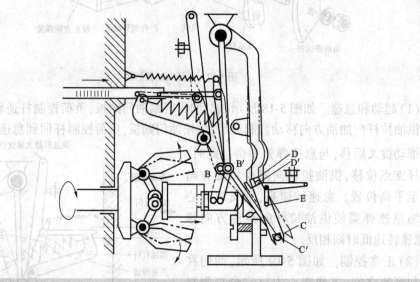

图 5-20 额定转速控制

3 联轴器

联轴器又称联轴节。柴油机的工作过程,要求燃油在一定的时间喷入汽缸,对燃料的蒸发最有利。因为喷油提前角过大,会使燃油喷射时间过早,而此时汽缸内温度压力比较低,燃油不易蒸发,并且油气混合不充分,会使着火燃烧过程的滞燃时期增加,使急燃时期工作压力升高速率过大,发动机工作粗暴。如果喷油提前角过小,燃油喷入时间太迟,会使柴油机燃烧过程后移,导致柴油机后燃增加,排气温度和排放的污染物增加,使柴油机燃烧恶化,经济性下降以及柴油机冒黑烟,热效率大大下降。所以柴油机要求燃油在上止点前一定时间喷入汽缸,也就是要求一定的喷油提前角。

由装置在喷油泵凸轮轴上的接头和传动圆盘组成的联轴器,是喷油泵总成与控制喷油规律的凸轮轴的联接部件,如图 5-21 所示。传动圆盘用螺栓与传动联轴器相接。螺栓穿过传动联轴器的弧形孔,中间传动圆盘与传动圆盘相接。长螺栓将传动联轴器楔紧在驱动轴上。当两个螺栓旋松时,传动联轴器可沿弧形孔相对传动圆盘和接头转过一个角度,从而可改变喷油泵驱动凸轮与曲轴之间的相位关系,以改变和调整各缸的喷油时间,获得最佳的喷油提前角。一般联轴器可以调整的角度约为 30°。

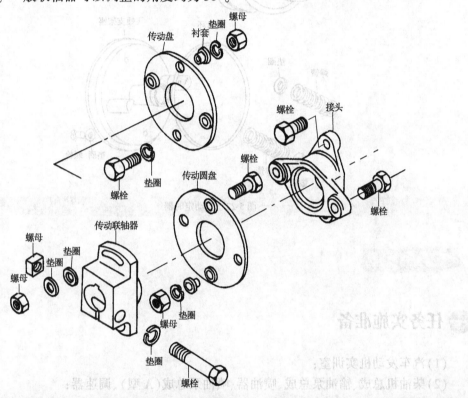

图 5-21　联轴器

4 自动定时器

最佳喷油提前角是随发动机的转速和负荷而变化的,为了提高发动机的经济性和功率,一般柴油机装置设有自动定时器,以根据转速的变化自动调整喷油提前角,其调节范围一般为 0°~5°30′。

自动定时器如图 5-22 所示。自动定时器由两块飞锤、两个弹簧、飞锤支架座、定时器凸缘、壳盖等组成。自动定时器利用旋转时飞锤所产生的离心力,根据发动机转速来自动提前喷油定时。当发动机转速变化时,飞锤离心力使定时器凸缘与飞锤支架座在弹簧作用下稍作移动,从而微调了喷油提前角,以适应由转速的变化而自动改变其喷油提前角,实现对喷油提前角的微量调节。

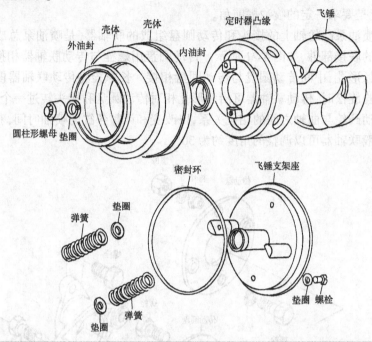

图 5-22　自动定时器

一 任务实施准备

(1) 汽车发动机实训室;
(2) 柴油机总成、输油泵总成、喷油器、喷油泵总成(A 型)、调速器;
(3) 常用工具、喷油器性能试验、喷油泵拆装专用工具、维修手册、工作台。

二 任务实施步骤

1 输油泵检修及试验

1) 输油泵的检修

输油泵解体后,检查进出油阀和阀座的磨损情况,如有破裂或严重磨损时,应予以更换。如磨损轻微可研磨修复。输油泵活塞与壳体由于磨损出现配合松旷和运动不平稳时,应更换新泵。输油泵装复后,要进行性能试验。

(1) 密封性试验。试验时,旋紧手油泵手柄,堵住出油口,将输油泵浸没在清洁的柴油中,从进油口通入147～196kPa的压缩空气,若输油泵密封性能良好,在推杆与泵体的间隙中,只会有微小的气泡冒出。如气泡的直径超过1mm,表示漏气量将超过30mL/min,说明输油泵的密封性能过差,应更换新泵。

(2) 吸油能力的试验。以内径φ8mm、长2m的软管为吸油管,由水平高度低于输油泵1mm的油箱中,用输油泵供油,能在30个活塞行程内出油为合格。

(3) 输油量的检验。将输油泵装回喷油泵,输油泵的出口接油管。油管出口插入容量为500mL的量杯中,量杯的位置必须高于输油泵0.3m。当喷油泵转速为1000r/min,测量15s内流入量杯内的燃油量,并与技术条件规定的流量相比较,判断出油量是否合格。

(4) 输油压力的检验。在输油泵出油口接上压力表,在规定的转速条件下,检验输油泵的输油压力是否符合原厂规定。

2) 输油泵密封性试验

拧紧手泵拉柄,堵住输油泵出油口,然后将输油泵浸在清洁的柴油中,从进油口输入200～300kPa的压缩空气,输油泵各连接处应无气泡冒出。

3) 排出低压油路空气

经过维修或长时间停止工作的柴油机燃料供给系统,一般内部都会混入空气。在起动前,应先将燃油滤清器和喷油泵的放气螺钉拧松,再将手压泵出油口拉钮旋出,上、下反复拉动手压泵活塞,可见柴油从放气螺塞中流出,直至流出的柴油中无气泡为止,然后拧紧放气螺钉,旋紧手压泵拉钮,再起动柴油机。

2 柴油滤清器拆装

1) 滤清器拆卸

(1) 对于不可拆式滤清器,只能整体更换。

(2) 对于可拆式滤清器,先旋下滤清器下端的排污螺塞,放出污垢,然后对滤清器外壳进行清洁。拧出滤清器的拉杆螺栓,取出壳体、弹簧、托盘、各密封圈和滤芯等,然后进行清洗。纸质滤芯更换新品,金属陶瓷滤芯可用丙酮或溶解性更强的溶剂清洗。

2) 滤清器的装复

按拆卸相反的顺序装配滤清器。但在装配过程中应注意:

(1) 不可拆式滤清器安装时应先在O形圈处涂上一层机油,然后用手将滤清器旋紧在支座上,最后用专用工具套在有特殊台阶的拆装位置上旋紧少许即可。

(2) 可拆式滤清器在装复滤芯时,应注意沉淀杯与外壳位置要正确,必要时还要在二者的接合处涂上密封剂。

3 喷油器的检修

1) 喷油器的解体

喷油器的针阀偶件为精密配合零件,在使用中不允许互换。解体前,应确认缸序标记,按缸序拆卸喷油器。并保证能正确装回原对应汽缸,切记避免位置错装。

2) 喷油泵的清洗

解体后喷油泵应在清洁的柴油中清洗针阀偶件。清洗时,可用木条清除针阀前端轴针上的积炭;对阀座外部的积炭用钢丝刷清除;切记避免手上的汗渍遗留在精密表面,引起偶件的锈蚀。

3) 喷油器外观检验

(1) 针阀和阀座的配合表面不得有烧伤或腐蚀等现象。

(2) 针阀的轴针不得有变形或其他损伤。

4) 喷油器滑动性试验

针阀偶件的配合可按图 5-23 所示的方法检验。将针阀体倾斜 45°~60°,针阀拉出 1/3 行程;当放开后,针阀应能靠其自重平稳地滑入针阀座之中;重复进行上述动作,每次转动针阀以在不同位置检验。如针阀在某位置不能平稳下滑,说明针阀座变形或表面损伤,若下落速度太快,说明其配合间隙因磨损而过大,出现以上两种现象,应更换针阀偶件。

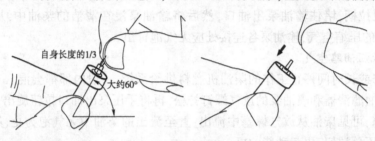

图 5-23　针阀的检修

5) 喷油器性能的检验及调整

喷油器是柴油燃料供给系中的易损件,一般汽车每行驶里程 10 万~12 万 km 或发动机产生动力不足、冒烟、怠速不稳等现象时,必须检查、校验喷油器的性能。

(1) 喷油器性能的检验:喷油器性能的检验主要包括喷油器开始喷射压力的检查与调整,喷雾质量、密封性能的检查等。喷油器的试验应在专用的试验器上进行,如图 5-24 所示。试验器由手油泵、油箱和压力表等组成。油箱的柴油经过滤清流入手油泵的油腔中,压动手油泵泵油时,高压油经油阀流入压力表和喷油器,使喷油器喷油。喷油压力极其变化情况可以从压力表上读出。

(2) 喷油压力的检查与调整:将喷油器安装在测试器上,压动手柄排净系统内的空气,再快速压动手柄几次,清除喷油器内的积炭。然后慢慢压动手柄同时观察压力表,当喷油器喷射时,压力表指针会摆动,指针刚摆动时的压力值即为喷油压力,此值应符合标准。若油压太低,则拧入喷油器油压调节螺钉;反之,则退出油压调节螺钉。调整完后,

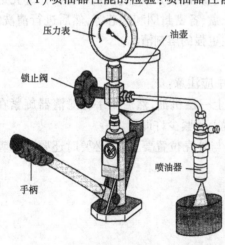

图 5-24　喷油器性能试验

须将锁止螺母锁紧后重试。有些喷油器无调节螺钉(如依维柯 SOFIM8140·27 发动机),则应分解喷油器,更换调整楚片。

(3)密封性能的检查:将压力保持在高于喷油压力 1~2MPa 的状态下,保持 10s,喷油嘴处不应有油滴流出。

(4)喷雾质量的检查:喷出的油束应细小均匀,不偏斜;各孔各自形成一个雾化良好的燃油雾束;喷射时可听到断续、清脆的声音。

(5)喷油干脆程度的检查:喷油一次后看压力表指示压力下降是否超过 10%~15%,若压力下降过多,则喷雾质量差。

4 喷油泵拆装及检修

1)喷油泵的拆装

喷油泵的拆装顺序随结构的不同而异,下面以 A 型柱塞式喷油泵为例介绍。

(1)喷油泵的拆卸。首先将喷油泵操纵臂向断油方向推到底,然后按曲轴旋转方向转动曲轴,直到喷油泵传动凸缘上的标记与喷油泵外壳上的标记正对后才可拆卸喷油泵。从拆卸到装回喷油泵这一期间,不能转动曲轴,否则在装复喷油泵时,要重新找准该缸喷油时的活塞位置才能装复喷油泵。

喷油泵解体前最好做一次试验,分析确定是局部解体还是全部解体,随后放尽燃油和润滑油,并彻底清洗喷油泵外表和分解用的工作台。

如图 5-25 所示,解体时应注意装配记号或者重新做记号,并按拆卸顺序用专用工具进行。分解中拆下的零件应依次放置整齐,对于不能互换的配件必须按原来的组合成对放置,绝对不允许错乱,然后将零件浸放在清洁的柴油中。

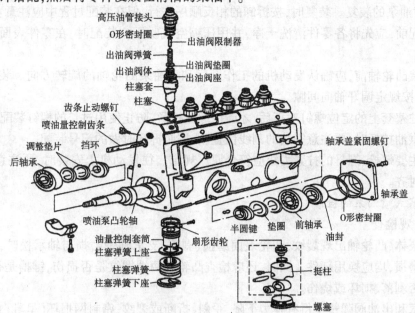

图 5-25　A 型柱塞式喷油泵分解图

①在A型喷油泵的泵体侧面有一块检查窗盖板,拆下检查窗盖板后可以接近各泵油柱塞及柱塞套筒,以方便拆装及调整,拆下输油泵等附件。

②拆分泵时要先放松调节齿圈,拆下高压油管接头,使用图5-26所示的专用工具依次取出限制器、出油阀弹簧和出油阀偶件,然后用硬钢丝做成的钩子将柱塞和柱塞套一起从泵体上方的座孔内取出,如图5-27所示。

③转动凸轮轴使某缸的滚轮挺柱转到下止点,然后用螺钉旋具撬起柱塞弹簧或插入一个专用的插片,如图5-28所示,使之与弹簧座脱离后就可以用尖嘴钳从侧面取下弹簧下座了。根据需要还可以用专用工具取出柱塞弹簧上座、油量控制套筒、滚轮体部件、凸轮轴支撑轴瓦、前盖板及凸轮轴等。

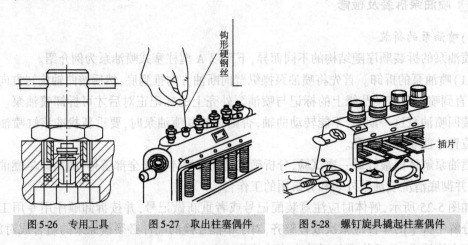

图5-26 专用工具　　图5-27 取出柱塞偶件　　图5-28 螺钉旋具撬起柱塞偶件

(2)喷油泵的装复。装复时,按拆卸的相反顺序进行,但在装配过程中应注意:

①装配前,应先将各零件清洗干净,并用压缩空气吹干。装配时,在零件表面涂上清洁的柴油。

②安装凸轮轴前,应确认发动机的工作顺序和喷油泵凸轮轴的旋转方向。装配后应转动灵活,并按规定调好轴向间隙。

③把柱塞套上的定位螺钉对正后,才能用螺栓拧紧,防止使用过长的螺钉装配。

④装供油拉杆时,要注意安装的刻线位置,或按照拆卸时做的记号装配。

⑤各主要螺栓、螺母的拧紧力矩应符合原厂规定。往发动机上安装时,要注意使"0"记号与指针对齐。

2)柱塞式喷油泵的检修

(1)外观检查

①若泵体、凸轮轴出现裂纹,凸轮表面磨损、剥落,支承轴颈磨损与轴承松旷,驱动输油泵偏心轮磨损,均应换用新件。同时,还应检查凸轮轴两端螺纹是否损伤,键槽是否损坏,轴承表面是否剥落、损坏或烧伤。

②柱塞和出油阀弹簧不得有弹力下降、歪斜、折断或裂纹,密封网损坏(呈乳白色的纵向伤痕)、调节齿圈磨损等,若出现上述情况应换用新件。

(2)供油齿杆及调节齿圈的检修

将供油齿杆放在平板上,用塞尺检验其直线度,误差应不大于0.05mm,否则应冷压校正。齿杆与调节齿圈的啮合间隙应不大于0.20mm,否则应更换齿杆或齿圈。

(3)柱塞副的检修

柱塞副的外观检验:柱塞副外观检视,发现有以下情况时应更换。

①柱塞表面有明显的磨损痕迹。

②柱塞弯曲或头部变形。

③柱塞或柱塞套有裂纹。

④柱塞头部斜槽、直槽及环槽边缘有剥落或锈蚀等现象。

⑤柱塞套的内圆表面有锈蚀或显著的刻痕。

⑥齿杆式油量调节机构的柱塞副,其柱塞下端凸耳与旋转套筒配合间隙超过0.15mm(标准为0.02~0.10mm)。

柱塞的滑动性能试验:先用洁净的柴油仔细清洗柱塞副,并涂上干净的柴油后进行试验。如图5-29所示,将柱塞套倾斜45°~60°,拉出柱塞全行程的1/3左右。放手后柱塞应在自重作用下平滑缓慢地进入套筒内。然后转动柱塞,在其他位置重复上述试验,柱塞均能平稳地滑入套筒内。

如下滑时在某个位置有阻滞现象,可用抛光剂涂在柱塞表面上,插入柱塞套内研配,若柱塞顶部

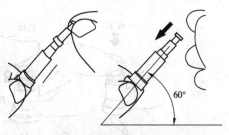

图5-29 柱塞的滑动性试验

边缘部分有毛刺而产生阻滞时,可用细质油石磨去毛刺,然后清洗干净,涂上抛光剂与柱塞套互研至无阻滞时为止。如果下滑很快,说明磨损过甚,必须成对更换。

(4)柱塞的密封性检验

①将各分泵机构中的出油阀拆除,放出泵内的空气,将喷油器试验器的高压油管接入出油阀接头上。

②移动供油量调节机构的齿条或拉杆,使喷油泵处在最大供油位置。转动喷油泵凸轮轴,使被测柱塞移动到行程的中间部位,柱塞顶面应完全盖住进油孔和回油孔。

③将喷油器试验器的压力调至20MPa后停止泵油,测定压力下降至10MPa的时间应不小于下式计算的结果:时间=48-4×(柱塞直径)。

例如某一泵的柱塞为9mm,则上述试验所测得的时间不得少于48-4×9=12s。同一喷油泵的所有柱塞副的密封性误差应在5%的范围内。无试验设备时,也可用手指盖住柱塞套的顶部和进、出油口,使柱塞处于最大供油位置,另一只手将柱塞由最上方位置向下拉。此时,应感到有明显的吸力;放松柱塞后,柱塞应能迅速回到原位。否则,应更换新柱塞副。

(5)出油阀的检修

检验出油阀偶件的外观时,发现有下列情况之一者应更换:

①出油阀的减压环带有严重的磨损痕迹;

②锥面磨损过多,并有金属剥落痕迹和划痕;

③出油阀体和阀座端面及锥面有裂纹;

④阀体或阀座锥面锈蚀。

出油阀滑动性试验:将出油阀及阀座在柴油中浸泡后,拿住阀座,并在垂直位置向上抽出阀体约1/3,松开时阀体应能在自重下落座。以在几个不同位置上,试验都能符合上述要求为良好。

出油阀密封性试验:如图5-30所示,将出油阀从出油阀座拉出约5mm(减压环带与出油阀座平齐);堵住出油阀座的下孔然后用力压出油阀入阀座。压时费力,存在较大阻力,松开时出油阀能自动弹出为正常,否则为不密封。或先堵住出油阀座下孔,拉出出油阀约5mm(减压环带与出油阀平齐),然后放松出油阀,出油阀能自动吸回为正常。这种试验法多用于检查出油阀偶件的磨损程度,因为出油阀的减压环带很窄,稍有磨损就能对密封性产生很大的影响。

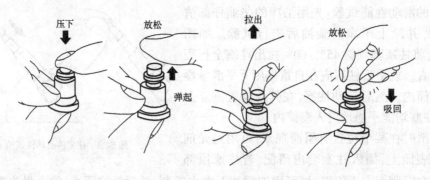

图5-30 出油阀密封性试验

3)调速器检修(见表5-1)

调 速 器 检 修　　　　　　表5-1

检测方法	两速调速器	全速调速器
表面直观检查	检查调速弹簧,应无断裂、变形和弹性减弱等现象;用手扭动飞锤,飞锤不得有晃动感觉;各连接部位要转动灵活	检查调速弹簧,应无断裂、变形和弹性减弱等现象,飞锤伸展自如
间隙检查	调速器总成对凸轮轴保持0.05~0.10mm的轴向间隙	调速器与滑套保持一定的配合间隙,调速器轴端面与喷油泵安装面之间的间隙保持约3mm
其他方法检查	将弹簧装于重锤座上,并用专用工具压紧,检查重锤的怠速行程。不符合要求时,可通过改变下弹簧座下面的调整垫片厚度,使两侧重锤的行程相等	①"飞车"转速试验:检查发动机额定转速时的供油量后,逐步提高油泵转速,使之达到最高限止(断油)转速,其单缸供油量应符合规定 ②怠速试验:使喷油泵以250~300r/min的转速运转,其单缸供油量应符合规定

知识拓展

柴油机电子控制燃油喷射系统

1 电控柴油机燃料供给系统概述

随着电子技术的发展,柴油机电子控制技术发展很快。自20世纪80年代投放市场以来,更是得到迅速发展。目前,柴油机电子控制技术在国外应用率以达60%～90%,在我国也有很大的市场潜力。柴油机电子控制技术主要体现在燃油喷射系统。

柴油机电控燃油技术是由电子控制系统根据收集到的各传感器信息,按预设的程序进行计算,通过控制各执行器(如喷油器、电子提前器和电磁溢油阀等)来控制喷油量、喷油压力、喷油时间、喷油率和其他附加控制功能。EFI柴油机系统通过控制燃油喷油量和喷油正时使之达到最佳水平,其主要优点为油耗低、输出功率大、稳定性强、噪声低、尾气排放少等。

电控系统由三大部分组成:传感器、控制器(ECU)和执行器。

(1)传感器

实时检测柴油机、车辆运行状态及使用者的操作思想、操作量等信息,并送给控制器。基本传感器有:发动机转速传感器、齿杆位移传感器、喷油提前角传感器及加速踏板位置传感器等。

(2)控制器

如图5-31所示,其核心部分是计算机,它负责处理所有信息,执行程序,并将运行结果作为控制指令输出到执行器。此外,还有一种通信功能,即和其他的控制系统——如传动装置控制器进行数据传输和交换,同时考虑到其他系统的实时情况,适当修正燃油系统的执行指令,即适当修正喷油量、喷油提前角等。与此同时,还可以向其他控制系统送出必要的信息。

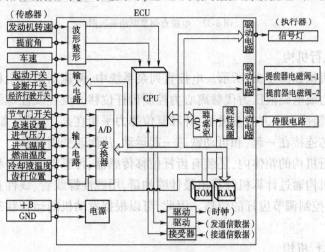

图5-31 控制器(ECU)的结构示意图

(3) 执行器

根据控制器送来的执行指令驱动调节喷油量及喷油正时的相应机构,从而调节柴油机的运行状态。在直列泵系统中,有调节喷油泵的齿杆位移的调速器执行器,调节发动机驱动轴和喷油泵凸轮轴的相位差的提前器执行器,从而调节喷油时间,在分配泵系统中也还有一些独特的执行器。

2 典型电控柴油机燃料供给系统

1) 电控直列泵燃油供给系统

电控直列泵燃油供给系统如图 5-32 所示。在电控直列泵燃油系统中,由调速器执行机构控制调节齿杆的位置,从而控制供油量;由提前器执行机构控制发动机驱动轴和喷油泵凸轮轴间的相位差,从而控制喷油时间。调速器执行机构和提前器执行机构是电控直列泵系统中的两个特殊机构。

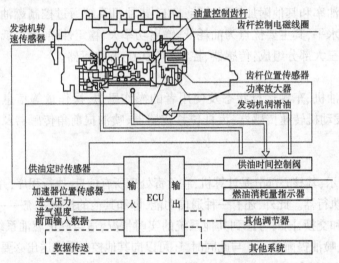

图 5-32 电控直列泵燃油系统图

(1) 调速器执行机构

调速器执行机构如图 5-33 所示。电控直列泵系统中,调速器执行机构的作用相当于飞块。用电磁作用力或电磁液压力代替离心力控制齿杆位移。流经线性螺线圈中的电流增加时,则可动铁芯在箭头所示方向被吸引,并和复位弹力平衡在某个位置,如图 5-34 所示。控制齿杆和可动铁芯连接在一起,和可动铁芯一起运动,从而改变喷油量。

在调速器执行机构的箱体内,还装有齿杆位移传感器、传感器放大器和转速传感器等。

调速器执行机构通过计算机计算出最佳喷油量,用线性螺线管、线性直流电动机等代替传统的杠杆机构,控制调节齿杆的位移。因此,可以根据发动机的运行状态将喷油量控制到最佳。

(2) 提前器执行机构

提前器执行机构位于发动机驱动轴和凸轮轴之间,调节两轴之间的相位,而且由它传递喷油泵的驱动转矩。因此,相位调节需要很大的作用力,大多采用液压进行调节。

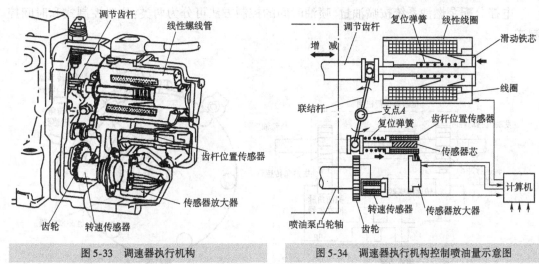

图 5-33 调速器执行机构　　　　图 5-34 调速器执行机构控制喷油量示意图

角度提前机构的典型例子是偏心凸轮方式和螺线形花键轴。偏心凸轮方式的实例如图 5-35 所示。

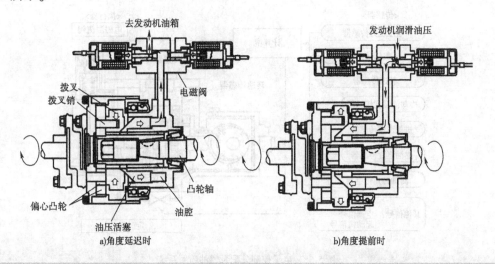

图 5-35 提前器执行机构

电磁阀由 ECU 驱动,控制作用在油压活塞上的油压。油压活塞左右移动使转换机构上下运动,从而改变发动机驱动轴和凸轮轴之间的相位。相位差的检查方法如图 5-36 所示。

发动机驱动轴和凸轮轴上分别装有转速脉冲发生器和进角脉冲发生器,如图 5-37 所示。对应两个脉冲发生器分别装置了传感器。从这两个传感器的信号 ne 和 np 可检出两者的相位差。

2) 电子控制分配泵燃油喷射系统

电子控制分配泵燃油喷射系统如图 5-38 所示,是根据各种传感器的信息检测出发动机的实际运行状态,由计算机完成如下控制:喷油量控制、喷油时间控制、怠速转速控制。

从原理方面来说,电控分配泵燃油系统的构成,除喷油泵外,和直列泵系统几乎一样。

电控分配泵燃油系统按喷油量、喷油时间的控制方法可分为两类:位置控制式和时间控制式。

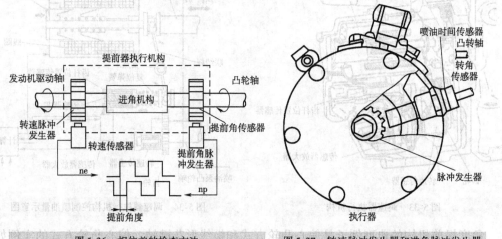

图 5-36　相位差的检查方法　　　　图 5-37　转速脉冲发生器和进角脉冲发生器

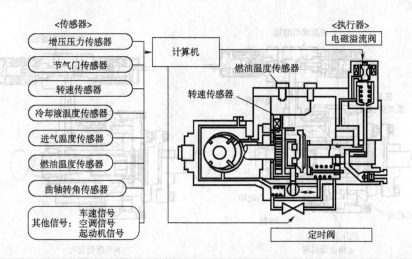

图 5-38　电子控制分配泵燃油喷射系统

(1) 位置控制式

①喷油量控制。喷油量的控制方式如图 5-39 所示。ECU 根据发动机的状态计算出目标喷油量,并将其结果输出到驱动回路;驱动回路根据 ECU 的指令一边反馈控制执行机构的位置,一边控制输出。这样,将 VE 分配泵的溢油环控制在目标位置,从而控制喷油量。

②喷油时间控制。喷油时间的控制方法如图 5-40 所示。VE 型分配泵的提前器活塞内设有连通高压腔和低压腔的通道,按占空比控制定时调节阀,使定时活塞两侧的压力差变化,从而控制喷油时间。由传感器检测出定时活塞的位置,从而进行反馈控制。

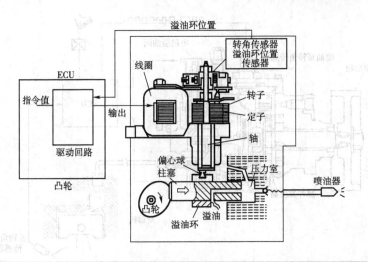

图5-39 喷油量的控制

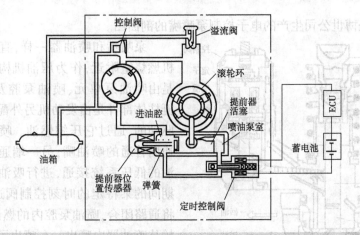

图5-40 喷油时间的控制

(2) 时间控制式

时间控制式电控分配泵如图5-41所示。微型计算机内设有时钟,通过利用时钟,控制喷油终了时间,从而控制喷油量。控制喷油终了的执行机构是电磁阀,对每一次喷油都可以进行控制,因此,可以取消其他的喷油量控制机构。在时间控制方式中,电子回路比较简单。

典型的时间控制式分配泵产品有:日本电装公司的ECD—V3型分配泵、德国博世公司的VP44型分配泵等。

3) 电子控制泵喷嘴

所谓泵喷嘴就是将喷油泵的压油机构紧缩到喷油器处,即高压油管长度为零的燃油系统。因为没有高压油管,所以高压系统的容积可以最大限度地减小,这对高压化非常有利。

关于喷油量的控制,则是由电磁阀控制喷油的开始和终了,使喷油泵腔和低压系接通或切断进行控制的。

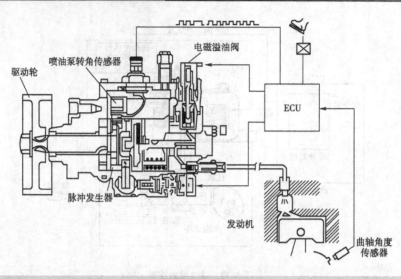

图 5-41 时间控制式电控分配泵

图 5-42 是博世公司生产的电子控制泵喷嘴的剖面图。

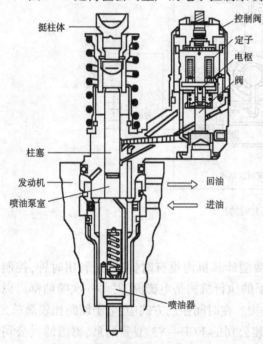

图 5-42 电子控制泵喷嘴

泵喷嘴和喷油器一样，直接安装在发动机燃烧室附近，作为压油机构的喷油泵部分是由喷油泵单元、喷油泵腔及挺柱体构成。挺柱体部件是由发动机另外配置的凸轮机构驱动的，通过它压缩燃油。喷油泵腔的一端通向普通的喷油嘴，另一端通过控制阀和燃油的低压系统接通，进行吸油。在凸轮压油期间的某特定的时刻控制阀通电，则控制阀将通路闭合，喷油泵腔内的燃油被压缩，并开始从喷油器内喷出。在喷出了必要的燃油量之后，停止向电磁阀通电，控制阀再一次开启，高压燃油快速溢流，喷油终止。在凸轮的吸油期间（柱塞下行），通过电磁阀，燃油被吸入喷油泵腔内。

电子控制泵喷嘴在沃尔沃、卡特匹勒等大型载货汽车柴油机中广泛采用，最大喷油压力可达 150～180MPa。

4）电控高压共轨式燃油系统

电控高压共轨式燃油系统的基本组成如图 5-43 所示，其组成框图如图 5-44 所示。从功能方面分析，电控共轨系统可以分成两大部分：

(1) 电子控制系统可以分成三大部分：传感器、计算机和执行器。

电子控制系统的核心是 ECU。ECU 的输入是安装在车辆和发动机上的各种传感器和开关；ECU 的输出是送往各个执行机构的电子信息。

ECU 根据各个传感器的信息，计算机进行计算、完成各种处理后，求出最佳喷油时间和最合适的喷油量，并且计算出在什么时刻、在多长的时间范围内向喷油器发出开启电磁阀、或关闭电磁阀的指令，从而精确控制发动机的工作过程。

电子控制系统的框图如图 5-45 所示。

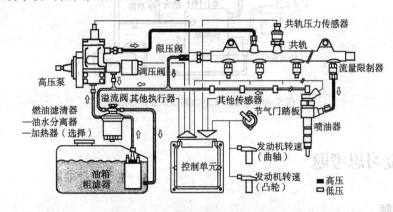

图 5-43　电控高压共轨式燃油系统的基本组成

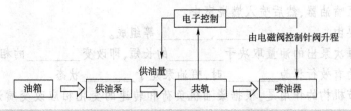

图 5-44　电控高压共轨式燃油系统组成框图

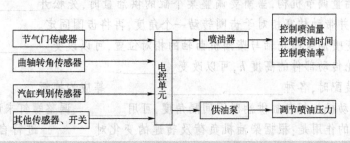

图 5-45　电子控制系统的框图

（2）燃料供给系统的主要组成部分如图 5-46 所示。由图可见，燃油供给系统的主要构成是供油泵、共轨和喷油器。

燃油供给系统的基本工作原理是：1 供油泵将燃油加压成高压，供入共轨内（共轨实际上是一种燃油分配管），储存在共轨内的燃油在适当的时刻通过喷油器喷入发动机汽缸内。电控共轨系统中的喷油器是一种由电磁阀控制的喷油阀，电磁阀的开启和关闭由计算机控制。

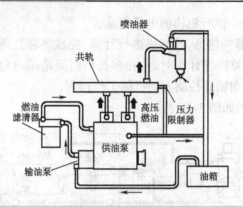

图 5-46　电控高压共轨系统燃油供给部分

复习思考题

一、填空题

1. 喷油泵使燃油_____，并按照柴油机各种不同工况的要求，_____、_____地将高压燃油送至喷油器，然后喷入燃烧室中。
2. 分泵主要由_____、_____、_____等组成。
3. 喷油泵每次泵出的油量取决于_____的长短，即改变_____的相对位置。
4. 当柱塞的有效行程为_____时，喷油泵处于_____状态。
5. 油量调节机构的作用是：根据柴油机负荷和转速的变化相应改变喷油泵的_____并保证_____。
6. 齿杆式油量调节机构，当需要调整某个缸的供油量时，先松开_____的紧固螺钉，然后_____，并带动柱塞相对于齿圈转动一个角度，再将齿圈固定。
7. 通过改变喷油泵凸轮轴与柴油机曲轴的相对位置，可以改变_____。
8. 改变滚轮传动部件的高度 h，可以改变_____。
9. 喷油泵装配时，各种_____、_____、_____等应均换新。
10. 同一发动机相邻各缸供油时间间隔角度，可用_____调整螺钉来调整。
11. 调速器的作用是：根据柴油机负荷及转速的变化对_____进行自动调节，以使柴油机能以稳定的转速运转。
12. 输油泵的作用是保证柴油在低压油路内循环，并供应_____及_____的柴油喷油泵。
13. 输油泵有_____式、_____式、_____式和_____式等。
14. 压力调节阀的作用是控制_____的燃油压力。

二、选择题

1. 柱塞式喷油泵改变供油量大小是通过油量调节机构来改变柱塞的(　　)。
    A. 减压带行程　　　　　　　B. 柱塞有效行程

C. 柱塞总行程　　　　　　　　D. 柱塞剩余行程

2. 柱塞喷油泵循环供油量的多少,取决于(　　)。
   A. 喷油泵凸轮轴升程的大小
   B. 柱塞有效行程的长短
   C. 喷油泵出油阀弹簧张力的大小
   D. 柱塞行程的长短

3. 柱塞式喷油泵通过滚轮体的调整螺钉或调整垫块可以(　　)。
   A. 改变喷油泵各分泵的供油提前角及各分泵的供油间隔角度
   B. 改变喷油泵的供油压力
   C. 改变喷油泵的循环供油量
   D. 改变各分泵的有效行程

4. 柴油机的供油提前角是指(　　)。
   A. 从泵油始点到喷油始点
   B. 从泵油始点到燃烧始点
   C. 从泵油始点到活塞上止点
   D. 从泵油始点到着火点

5. 柴油机供油提前角自动调节装置的作用,是在柴油机转速升高时(　　)。
   A. 喷油泵供油提前角增大
   B. 喷油泵供油提前角减小
   C. 喷油泵供油提前角不变化
   D. 以上都不对

6. 带有两速调速器的柴油机,在中等转速工作时(　　)。
   A. 调速器的怠速弹簧被压缩,高速弹簧不被压缩
   B. 调速器的高速弹簧被压缩,低速弹簧不被压缩
   C. 调速器的怠速弹簧和高速弹簧均不被压缩
   D. 调速器的怠速弹簧和高速弹簧均被压缩

7. 喷油泵高压油管内残余压力的大小与出油阀弹簧弹力的大小有关(　　)。
   A. 弹力大,残压高　　　　　　B. 弹力大,残压低
   C. 弹力小,残压高　　　　　　D. 以上都不对

8. 柱塞式喷油泵的速度特性表明,当供油拉杆位置不变时,喷油泵喷油量与转速的关系(　　)。
   A. 转速越高,喷油量越多　　　B. 转速越高,喷油量越少
   C. 与转速无关　　　　　　　　D. 以上都不对

9. 柴油机的混合气是在(　　)内形成的。
   A. 进气管　　　B. 化油器　　　C. 燃烧室　　　D. 喷油器

10. 柴油机燃料供给系的输油泵多采用(　　)。
    A. 膜片式　　　B. 活塞式　　　C. 齿轮式　　　D. 电动式

11. 将柴油自油箱中吸出的是（　　）总成。
   A. 喷油泵　　　B. 输油泵　　　C. 喷油器　　　D. 调速器
12. 柴油机安装调速器是为了（　　）。
   A. 维持柴油机转速稳定　　　　B. 维持供油量不变
   C. 自动改变汽车车速　　　　　D. 自动调整供油提前角

三、判断题

1. 多缸柴油机，为使各缸喷油器工作一致，各缸高压油管长度应视需要有所不同。（　　）
2. 轴针式喷油器的轴针在喷孔内往复运动，能清除喷孔中的积炭和杂物。（　　）
3. 针阀体和针阀有变形和损坏，应更换针阀。（　　）
4. 针阀和针阀体应在清洁的柴油中装复。（　　）
5. 喷油器喷油开始和停止供油时，应无滴油现象，喷油干脆并伴有清脆、连续的响声。（　　）
6. 在检验喷油器时，手和眼睛应离喷油器的喷孔远一些，否则喷出的高压油束将损伤人体。（　　）
7. 喷油泵—喷油器，就是将喷油泵和喷油器合成一体，直接安装在缸盖上。（　　）
8. 滚轮架在工作中不仅能上下移动还能转动。（　　）
9. 喷油泵凸轮轴是由柴油机的曲轴通过齿轮驱动的。（　　）
10. 喷油泵上的限压阀还兼有放气作用。（　　）
11. 喷油泵泵体下腔内的润滑油与调速器壳体内的润滑油是不通的。（　　）
12. 喷油泵的装配时，周围空气不应有灰尘、烟雾。（　　）
13. 多缸柴油机各缸的供油量不一致，将使各缸工作压力不同，从而使发动机功率降低且运转不稳。（　　）
14. 手油泵的活塞与泵体以及顶杆与配合孔等偶件，都无互换性。（　　）
15. 输油泵中的手油泵可用来驱除高、低压油路中的空气。（　　）

四、名词解释

1. 低压油路：
2. 高压油路：
3. 供油时间间隔：
4. 喷油泵的速度特性：
5. 两极调速器：

五、简答题

1. 柴油机可燃混合气的形成特点。
2. 对喷油器有哪些具体的要求？
3. 对喷油泵有哪些具体的要求？
4. 简述柱塞偶件的滑动性能试验。
5. 简述出油阀偶件的密封性试验。

六、分析题

1. 试述喷油器的基本结构和工作原理。
2. 试述喷油泵的泵油原理。
3. 如何诊断排除低压油路故障？
4. 柴油机动力不足有何现象？有何原因？如何诊断排除？
5. 柴油机柴油机转速不稳有何现象？有何原因？如何诊断排除？
6. 柴油机柴油机飞车有何现象？有何原因？如何诊断排除？

项目 6 冷却系统

学习任务　冷却系统的构造与检修

学习目标
◎ 掌握冷却系统的功用、基本组成及工作原理；
◎ 掌握冷却系统主要零部件的检测与维护方法。

能力要求
◎ 能熟练对冷却系统的主要零件进行拆卸、检验、装配和调整；
◎ 能进行冷却系统的维护；
◎ 能解决冷却系统一般故障。

一辆奥迪 100 V6 发动机，起动后怠速运转 2~3min，发动机开锅，而且出水管被气体涨得鼓鼓的，电动冷却风扇不转动。分析故障原因可能是节温器不能正常工作，温控开关损坏，散热器内冷却液循环不畅等引起的，但经过拆解检查后发现水泵损坏，导致冷却液不能循环所致。

为了能够熟练地排除冷却系统的故障，我们需要掌握冷却系统组成和工作原理。

一 冷却系统的功能

(1)混合气在汽缸中燃烧后所产生的大量热能,约有70%不能转为发动机的机械动能,且燃烧温度可达2600℃,这些热量约有一半随着废气排出发动机外,另一半则直接加在发动机机件上。

(2)但发动机必须保持一定的工作温度(为80~90℃),各机件才能维持正常的膨胀及间隙,燃料及润滑系统也才能正常作用,因此必须装设冷却系统,使发动机迅速达到工作温度,并一直保持此工作温度。

(3)冷却不良会导致发动机过热,各部机件过度膨胀而加速磨损,甚至咬死;但过度冷却时,会造成燃油消耗及发动机功率输出降低。

二 冷却液循环及主要部件的构造

冷却液在冷却系中的循环路径见图6-1所示。冷却液在水泵中增压后,经铸在机体上的分水道流入发动机的机体水套。冷却液从水套壁周围流过并从水套壁吸热而升温;然后向上流入汽缸盖水套,从汽缸盖水套壁吸热之后经节温器及散热器进水软管流入散热器;在散热器中,冷却液向流过散热器周围的空气散热而降温;最后冷却液经散热器出水软管返回水泵,如此循环不已。在汽车行驶时或冷却风扇工作时,空气从散热器周围高速流过,以增强对冷却液的冷却。不论是直接铸在机体上的分水道,还是铜制或不锈钢制的分水管,都沿纵向开有出水孔,并与机体水套相通,离水泵越远出水孔越大,其数目通常与汽缸数相同。

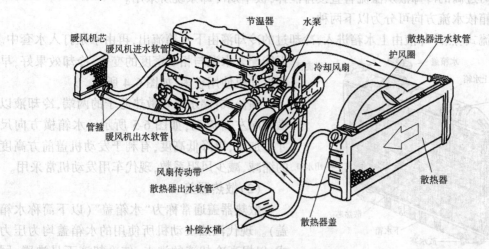

图6-1 发动机强制循环水冷系示意图

分水道或分水管的作用是使多缸发动机各汽缸的冷却强度均匀一致。

1 水泵

水泵由泵体、泵轴、叶片、轴承、水封及皮带轮等组成,如图6-2a)所示。水泵皮带轮由发电机皮带驱动,现代车用发动机由正时皮带驱动,其转速约为曲轴转速的1.2~1.6倍。

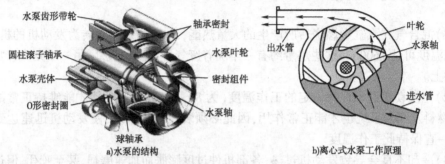

图6-2 水泵的结构

工作原理如图6-2b)所示,当叶轮旋转时,水泵中的水被叶轮带动一起旋转,并在离心力作用下向叶轮边缘甩出,经与叶轮成切线方向的出水管压送到发动机的水套内。与此同时,叶轮中心处造成一定的负压而将水从进水管吸入,如此连续地作用,使冷却液在水路中不断地循环。

2 散热器及散热器盖

(1)散热器

散热器通常被称为"水箱"(以下简称"水箱")。水箱一般都装在汽车前方,以利于冷却液的散热,材质常用铜或铝制成。

水箱由上水箱、下水箱、散热芯、水箱盖、进水口、出水口及放水塞等组成,如图6-3所示。压力过高的冷却液从溢流管直接排泄掉,被早期冷却系统所采用。

水箱依水流方向可分为以下两种。

纵流式:热冷却液由上水箱进入,冷却过的冷却液由下水箱流出,再由水泵打入水套中。因能配合水温与相对密度的变化,冷却效果好,早期发动机使用较多,如图6-4所示。

横流式:储水箱在散热芯子的两端,冷却液以横方向左右流动,如图6-5所示。水箱横方向尺寸可加长,以降低高度,有利于发动机盖前方高度的缩减,减少风阻系数,现代车用发动机常采用。

(2)散热器盖

散热器盖通常称为"水箱盖"(以下简称水箱盖)。现代汽油发动机所使用的水箱盖均为压力式,以提高冷却液的沸点,使冷却液不易沸腾,同时可以加大水箱冷却液与空气的温度差,提高冷

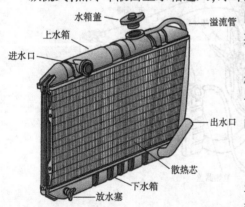

图6-3 水箱的组成

却效率,并且可以减少冷却液的流失。

一般压力式水箱盖所增加的压力,表压力为49~88kPa,可使冷却液的沸点提高到110~125℃。

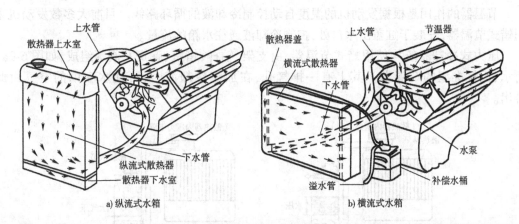

图6-4 水箱的类型

水箱盖的结构及作用:压力式水箱盖,由压力阀、压力弹簧、真空阀、真空弹簧等组成,如图6-5所示。

当水箱内部压力大于规定值时,压力阀打开,高压气体及冷却液由溢流管流出,或进入储液箱,以防水箱或水管破裂,如图6-6所示。

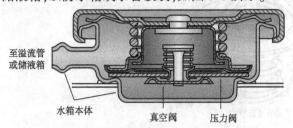

图6-5 水箱盖结构

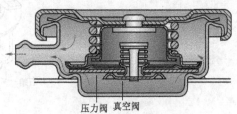

图6-6 压力阀打开

当发动机熄火,冷却液温度降低,体积收缩后,水箱内的压力会低于大气压力,此时真空阀打开,使空气或储液箱中的冷却液流回水箱内,以防止水箱或水管塌陷,并保持冷却液量,如图6-7所示。

3 膨胀水箱

加注防锈、防冻液的汽车发动机常采用膨胀水箱(图6-8)。发动机工作使冷却液温度升高并膨胀,使水箱内压力上升。当压力达到规定值以上时,让一部分冷却液流回膨胀水箱以保持水箱内压力。停车时,冷却液温度降低,水箱内压力下降,膨胀水箱内的冷却液受大气

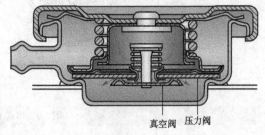

图6-7 真空阀打开

项目6　冷却系统

压的作用流回水箱。

4 节温器

节温器的作用是根据发动机的温度自动控制冷却液的循环路线。目前大多数发动机采用蜡式节温器,安装于缸盖出水口处,控制冷却液通往水箱的流量。

压力式冷却系统均使用蜡式节温器,由支架、轴杆、蜡室、弹簧及阀等组成,如图6-9a)所示,为标准型的节温器。其上有一排气孔,在加注冷却液时,可让水套内的空气由此排出。

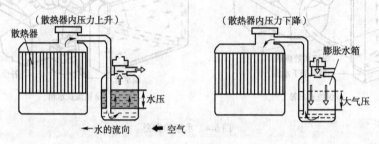

图6-8　储液箱

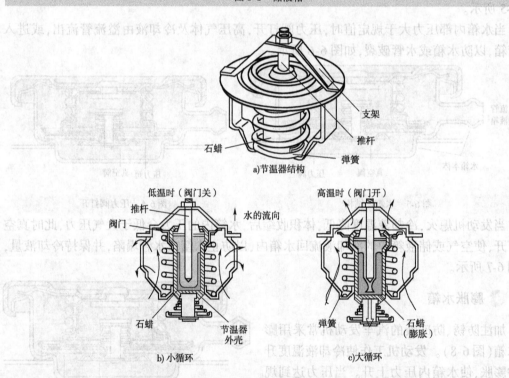

图6-9　蜡式节温器结构及原理

节温器推杆的一端固定于支架的中心处,另一端插入胶管的中心孔中。胶管与节温器外壳之间形成的腔体内装有精制石蜡。

164

常温时,即当发动机的冷却液温度低于343K(70℃)时,石蜡呈固态,阀门压在阀座上,这时阀门关闭了通往水箱的水路,来自发动机缸盖出水口的冷却液经水泵又流回汽缸体水套中。由于冷却液不经水箱散热,可使发动机温度迅速提高,这种循环方式称为小循环,如图6-10所示。

当发动机水温升高时,即当发动机冷却液温度高于353K(80℃)时,石蜡逐渐变成液态,体积随之增大,迫使橡胶管收缩,从而对推杆上端头产生向上的推力。由于推杆上端固定,故推杆对橡胶管、感应体产生向下的反推力,阀门开启。当发动机水温达到规定温度以上时,阀门全开,节温器将直接通往水泵的小循环通路关闭,从缸盖水套流出的冷却液全部进入水箱进行散热。散热后的冷却液在水泵的抽吸下,又回到缸体水套进行循环。由于经过水箱散热,可使发动机冷却液的温度迅速下降,避免发动机过热,这种循环方式称为大循环,如图6-11所示。

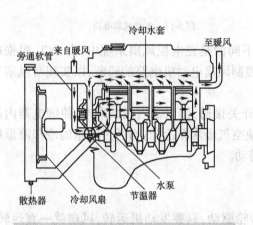
图6-10 发动机小循环路线图

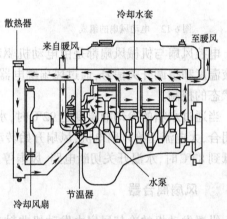
图6-11 发动机大循环路线图

当发动机冷却水温度在343~353K(70~80℃)之间时,节温器阀门半开半闭,使得大小两种循环都存在,这时发动机冷却水一部分经水箱进行散热后溜回水泵进行大循环,另一部分经旁通管直接进入水泵进行小循环,这种情况称为混合循环。

5 风扇

风扇是提高流经水箱的空气流量和流速,以提高冷却强度,一般安装在水箱和发动机之间,由发动机皮带轮驱动。

风扇的扇风量与风扇的直径、转速、叶片形状、叶片安装角度以及叶片数目有关。

目前汽车上采用的多为电动冷却风扇,电动风扇由风扇电动机、风扇及风扇架等组成,如图6-12所示。

风扇控制系统电路如图6-13所示,发动机控制ECU控制风扇继电器线圈的搭铁回路,当发动机温度低于98℃时,ECU断开风扇继电器搭铁回路,冷却风扇不工作;当发动机温度高于103℃时,ECU接通风扇继电器回路,冷却风扇工作。如果选择空调,ECU接到空调开关信号,不管发动机温度高低,ECU都将接通风扇继电器搭铁回路,使水箱风扇工作。

电动风扇的优点为发动机温度低时,风扇不转动,缩短发动机预热的时间,运转噪声小,且不必消耗发动机动力。

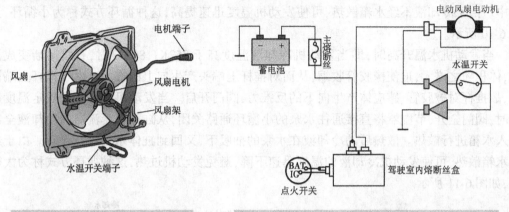

图6-12 电动风扇的组成　　　　图6-13 电动风扇电路

电控风扇与机械风扇都是由电动机驱动,不同的是在电控风扇系统中,由ECU根据冷却液温度和空调开关信号,通过风扇继电器来控制风扇电动机电路的通断,以实现对风扇工作状态的控制。

当通过水箱的冷却液温度达92℃时,水温开关接通,继电器内线圈通电,使继电器内触点闭合,大电流送给风扇电机,风扇开始转动,使空气经水箱冷却;当通过水箱的冷却液温度降低到87℃时,水温开关切断电路,风扇停止转动。

6 风扇离合器

纵置发动机的冷却风扇由发动机曲轴皮带轮驱动,只要发动机运转,风扇就一直运转。为减少发动机功率的损失,减小风扇的噪声,改善低温起动性能,节约燃料及降低排放,在纵置发动机上普遍采用了风扇离合器,它可以通过发动机温度来控制风扇的转速,自动调节冷却强度。风扇离合器主要有硅油式、电磁式等多种。

硅油风扇离合器(图6-14)安装在风扇皮带轮和风扇叶片之间,它是利用硅油黏性将皮带轮的动力传给风扇叶片。硅油风扇离合器前端盖上有一双金属片卷簧,能根据温度变化产生扭转,通过传动销转动离合器内部的阀片,控制硅油的流动以改变离合器的接合力。当发动机温度较低时,双金属片卷簧使风扇离合器处于半分离状态,这时风扇随同离合器壳体一起在主动轴上空转打滑,转速很低。当发动机升温后,双金属片卷簧会使离合器的接合力随温度的升高而逐渐加大,风扇叶片的打滑程度逐渐减小,转速得到提高以适应发动机增强冷却的需要。

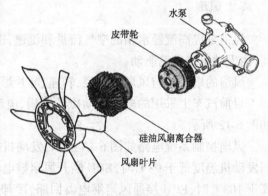

图6-14 硅油风扇离合器

任务实施

一 任务实施准备

(1) 汽车整车实训室；
(2) 桑塔纳 2000 车辆，举升机，工作台；
(3) 常用工具、温度计、万用表、加热容器、维修手册、工作台。

二 任务实施步骤

1 发动机水箱的拆装、清洗、检查及修理

1) 拆卸
(1) 排放冷却液。
(2) 松开冷却液管上的夹箍，拔下水箱的冷却液软管。
(3) 拔下位于冷却风扇罩壳上的热敏开关插头。为防止损坏冷凝器及制冷剂管路，不要压迫、扭曲及弯曲制冷剂管路。
(4) 将双冷却风扇连同罩壳一起拆下。
(5) 拆下水箱。

2) 清洗
水箱在使用过程中，会因腐蚀和积垢等原因影响冷却效果。清洗水箱、去除水垢，是恢复水箱散热能力的有效方法。清洗水垢一般采用化学法，利用酸或碱类物质与水垢发生化学反应，生成可溶于水的物质，而将水垢清洗除去。

清洗时，一般采用循环法，即先用酸性溶液洗涤，再用碱性溶液冲洗中和，清洗时除垢剂以一定的压力(一般为10kPa)，在汽缸体水套或水箱内循环。一般经 3～5min 后即可清洗完毕。

若水箱内积垢严重时，应拆去上、下水室(或左、右水室)，用通条疏通。

3) 密封性检查
发动机停止运转时，在水箱注入口装上水箱压力检测器，如图 6-15 所示。在水箱内充入 0.1MPa 以上压力的压缩空气，观察压力检测器的压力下降值，若 2min 内压力下降超过 0.015MPa，则水箱以及冷却水道等有泄漏。

水箱盖可用专用的压力检测器检查其工作性能，如图 6-16 所示。压力阀的开启压力应在 0.073～0.103MPa 的范围内，真空阀的开启压力应在 0.0098～0.0118MPa。

4) 修理
(1) 焊漏。在用焊锡焊漏时，最好使用小型号的乙炔焊炬加热，并尽可能使水箱焊漏后，

保留较多的散热面积。焊漏后切断的冷却管的数量不得超过管数总量的10%,切断散热片的面积不得大于迎风总面积的10%。

(2)疏整散热片。修理竣工后,进行密封性试验。

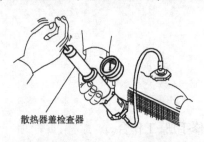
图6-15 水箱以及冷却水道检测

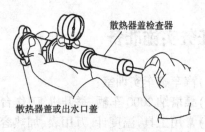
图6-16 水箱盖检测

5)安装

按拆卸的相反顺序安装水箱即可。

2 冷却液的检查、添加或更换

1)检查冷却液

(1)检查冷却液的液面位置。

检查补偿水箱里的液面,冷却液的液面位置应在低(LOW)和满(FULL)两条标记线之间。

如果液面位置低,则应检查是否有渗漏,并添加冷却液至"FULL"线位置。

(2)检查冷却液质量。

在水箱盖或水箱注水口的周围应没有任何锈迹或积垢。如果过脏,则应更换冷却液。

2)更换发动机冷却液

(1)拧下水箱盖。

(2)从水箱和发动机的泄放开关排出冷却液,如丰田车系在水箱的下方有个防水口(图6-17),而大众车系需将水箱的回水管拆卸下来。

(3)关闭泄放开关。

(4)向系统内注入冷却液,如图6-18所示。

(5)装上水箱盖。

(6)起动发动机,检查是否有渗漏现象,让发动机的温度达到正常工作温度,可检查水箱回水管温度是否升高。

(7)再检查冷却液液面位置,如有必要再次加注冷却液(打开水箱盖的时候注意安全)。

3 节温器的检查和更换

1)节温器拆卸(图6-19)

(1)先放出部分冷却液。

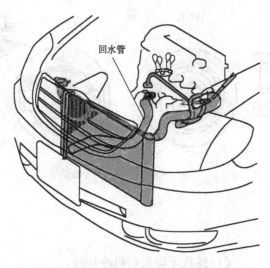

图6-17 冷却系统回水管位置(丰田车系)

图6-18 向冷却系统里注入冷却液

(2)拆开汽缸盖端的水箱进水管。

(3)拆开节温器盖,取下节温器。

2)节温器的检查

(1)将拆下的节温器放入透明玻璃容器中加热,并用温度计测量水温,如图6-20所示。注意温度计应与节温器的蜡室等高。

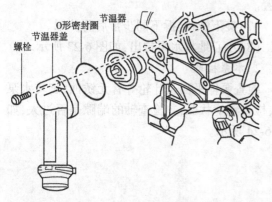

图6-19 节温器的拆卸

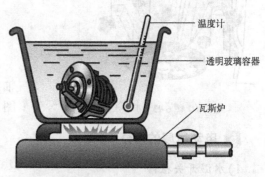

图6-20 节温器的检查

(2)检查阀的初开温度、全开温度及其开启量。不符合规定时,节温器应换新的。

3)节温器的安装

(1)装回节温器时,垫片必须换新的。节温器上的排气孔或钩阀必须向上装,在加注冷却液时,空气才能排出;若安装方向错误,会造成排气不良,从而影响散热效果,如图6-21与图6-22所示。

(2)装上节温器盖及水箱进水管后,记住补充冷却液。

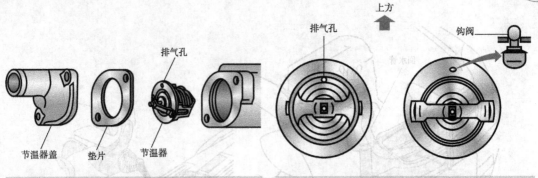

图6-21 节温器的安装　　　　　图6-22 节温器安装方向

4 水泵的检查和更换

1）发动机水泵的拆装

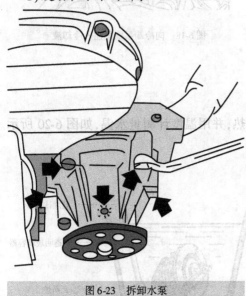

图6-23 拆卸水泵

(1) 排放干净发动机冷却液。
(2) 拆卸驱动水泵的齿形带。
(3) 拆卸水箱风扇电动机。
(4) 拆下同步带的上、中防护罩。
(5) 将曲轴调整到第一缸上止点位置。
(6) 拆下凸轮轴的同步带,但不必拆下曲轮齿形带轮。保持同步带在曲轴同步带轮上的位置。
(7) 旋下螺栓,拆下同步带后防护罩。
(8) 小心地将水泵拉出,如图6-23所示。

2）水泵检验

检查泵体平面及叶轮等有无锈蚀,旋转水泵轴,检查轴承状况,并检查轴的端隙是否过大,如图6-24所示。

5 电动风扇的检查

1）水温开关检修

(1) 水温开关不拆的检查方法。

拆开水温开关接头,将两端子跨接,如果电动风扇转动,表示水温开关损坏,如图6-25所示。

(2) 水温开关拆下的检查方法。

拆下的水温开关放入容器内加热,两端子与欧姆表连接,并用温度计测量水温,如图6-26所示。

以A12发动机水温开关为例,水温低于90℃时,开关应不导通;水温高于90℃时,开关应导通才属正常。

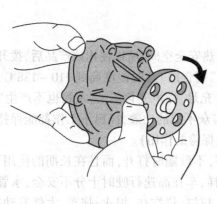

图 6-24　检查轴承状况

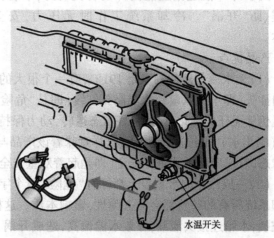

图 6-25　水温开关检查

2）电动机检修

(1) 在电动机与蓄电池间串联安培表，如图 6-27 所示。

(2) 一般电流值在 6~8A 之间，若超过 10A 以上或不转动，则电动机必须换新的。

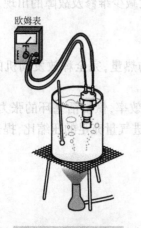

图 6-26　水温开关检查

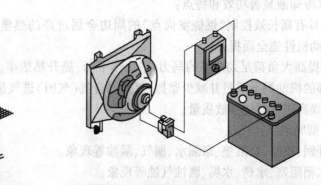

图 6-27　电动机测试

无水冷却液

无水冷却液是一种新型的汽车消费产品。主要针对汽车发动机冷却系存在着寿命短、故障多（如腐蚀、生锈、水垢、气蚀、沸点低、开锅等）现象，研发的高新理念的高科技产品。

无水冷却液理论上能提升发动机动力,节省汽车燃油。无水垢、无腐蚀、防气蚀、防爆震、防"开锅"。冷却系统工作时无压力,安全可靠。减少发动机故障,降低维修成本。

产品优点:

(1)无水冷却液的沸点是191℃,有一个很大的热安全空间,所以使用该产品后,拨开电风扇插头(即不用风扇),水温高到红线(即是"危险"警告线)此时温度高到110~138℃,发动机仍然无任何变化,保持良好状态运转,动力保持充足,噪声变化不大,水箱也不产生"开锅"(喷出水),不拉缸,不熄火,这样意味着该产品与众不同的功效,风扇不工作都能保持良好状态,有风扇那就是更安全(即是起着双重安全保险的作用)。

(2)一般汽车的水箱盖上都标有"危险"两个字,不敢随时打开,而且在长期的使用下,冷却系统所有的胶管都会失去弹性,影响本质。这样,车在高速行驶时十分不安全,水管容易破裂,水箱连接头泄漏,导致水温偏高,造成开锅、拉缸、烧缸垫、熄火、拖车、大修发动机,造成经济损失,直接影响用车运输作业。而使用该产品后能随时打开水箱盖,冷却系统处于无压力状态,能安全顺利地工作,无蒸汽产生,无压力,对各水管不容易产生热胀冷缩,这就能有效的延长冷却系统及发动机的使用寿命。

注意,尽管此时冷却系统内理论上的理想状态是无压力,但是对热车进行相关操作是还是要小心谨慎。

(3)零腐蚀,无水锈生成,永远无需清洁修补水箱,大大减少维修及故障的出现。

(4)增加马力,燃烧充分,减少油耗,节约经济。

无水冷却液显著功效和特点:

(1)具有高长效控制"燃烧室火点"的周边金属过高的热量,完全释放发动机的消耗功率,使发动机性能全面提升。

(2)提高大负荷足劲顺畅的马力;平均热平衡、提升热效率,恢复活塞环的张力、提升汽缸壁上部的机油润滑质量并减少摩擦,复升混合气(气阻)进气量充足的压缩比,提升点火燃烧效率、提高尾气燃烧排放质量。

(3)彻底消除:

①开锅、拉缸、烧缸垫、窜漏水、漏气、漏油等现象。

②水箱阻塞、水锈、水垢、腐蚀气蚀等现象。

③发动机疲劳、发闷、爆振、预燃、噪声大、急速不稳、汽缸压力降低、动力不足、耗油增大、尾气排放烟大等现象。

(4)双重安全保险:电子扇、节温器不工作状况下水温高到红线不存在危险。尽管开,不拉缸,不用拖车、无后顾之忧有个安全宽阔的热、冷空间充分发挥。

(5)持久耐力是大大延长发动机寿命抗温型(热胀冷缩的原理)抗磨型的无水冷却液,一次加入,终身使用。

作为一种新产品,无水冷却液目前还是刚刚进入市场,其技术性能、适用环境和使用效果都有待市场的进一步验证。

复习思考题

一、填空题

1. 发动机的冷却方式一般有_____和_____两种。
2. 发动机冷却水的最佳工作温度一般是_____℃。
3. 冷却水的流向与流量主要由_____来控制。
4. 水冷系冷却强度主要可通过_____、_____、_____等装置来调节。
5. 目前大多数发动机采用_____式节温器,安装于_____处,控制冷却液通往水箱的流量。
6. 水泵由泵体、_____、_____、轴承、水封及_____等组成。
7. 水箱由许多_____和_____组成。
8. 水箱盖上一般设有_____阀和_____阀。
9. 冷却水通过_____的循环称为大循环。
10. 风扇的功用是提高流经水箱的_____和_____,以提高冷却强度。

二、选择题

1. 通常蜡式节温器开启的最低水温是(   )。
   A. 85℃   B. 76℃   C. 90℃   D. 56℃
2. 水温表是用来指示(   )。
   A. 发动机水箱内部冷却水工作温度的
   B. 发动机内部冷却水工作温度的
   C. 发动机缸盖内冷却水工作温度的
   D. 发动机水箱上部冷却水工作温度的
3. 使冷却水在水箱和水套之间进行循环的水泵部件叫做(   )。
   A. 叶轮   B. 风扇   C. 壳体   D. 水封
4. 电控风扇的控制回路由(   )组成。
   A. 继电器和水温传感器   B. 电磁开关和水温传感器
   C. 电路开关和水温传感器   D. 电子开关和水温传感器
5. 在发动机上拆除原有节温器,则发动机工作时冷却水(   )。
   A. 只有大循环   B. 只有小循环
   C. 大小循环同时存在   D. 冷却水不循环
6. 多缸发动机为使各缸工作温度均匀,分水管上的孔(   )。
   A. 前大后小   B. 前小后大   C. 两边大中间小   D. 一样大

三、判断题

1. 为防止发动机过热,要求其工作温度越低越好。   (   )
2. 风扇在工作时,风是向水箱方向吹的,有利散热。   (   )

3. 为了保证风扇、水泵的转速,要求风扇越紧越好。 （　　）
4. 防冻液可降低冷却水的冰点和沸点。 （　　）
5. 冷却系中的风扇离合器是调节发动机正常工作温度的一个控制元件。 （　　）
6. 任何水都可以直接作为冷却水加注。 （　　）
7. 采用具有空气—蒸气阀的水箱盖后,冷却水的工作温度可以调至100℃以上而不"开锅"。 （　　）
8. 膨胀水箱中的冷却液面过低时,可直接补充任何牌号的冷却液。 （　　）

四、简答题
1. 冷却系由哪几部分组成?
2. 膨胀水箱的作用是什么?
3. 简述节温器的结构以及工作原理。如何检查其性能?
4. 试述离心式水泵的工作原理?
5. 如何检查和调节风扇传动带松紧度?
6. 发动机温度过高过低有哪些危害?

五、思考题
1. 为什么在汽车空调系统运行时,电动风扇需连续不停地工作?
2. 风冷发动机的冷却系统有何特点?其冷却强度如何调节?
3. 如果蜡式节温器中的石蜡漏失,节温器将处于怎样的工作状态?发动机会出现什么故障?
4. 若发动机正常工作一段时间后停机,冷却系统中的冷却液会发生什么现象?

项目 7
润滑系统

学习任务　润滑系统的构造与检修

学习目标
- ◎ 掌握润滑系统的功用、基本组成及其工作原理；
- ◎ 正确的描述润滑方式及润滑路线；
- ◎ 掌握润滑系统主要零部件的检测与维护方法。

能力要求
- ◎ 能熟练对润滑系统的主要零件进行拆卸、检验、装配和调整；
- ◎ 能对润滑系统进行一、二级维护作业；
- ◎ 能解决润滑系统一般故障。

 任务导入

一辆98款奥迪A6 2.8L轿车，冷车起动后加油灭车，再次起动后较为困难。着车后发动机怠速不稳，再次加油仍灭车，只有着车后，怠速运行20～30min，待发动机工作温度正常后，才能正常行驶。经分解检测发现机油泵限压阀卡死，导致机油压力过高，致使液压挺柱回油不良，检修限压阀后，故障排除。

为了能够对润滑系统进行检修、排除故障，我们需要掌握润滑系统的具体组成、构造和工作原理。

项目7 　润滑系统

相关知识

一、概述

1. 润滑系统的功用

润滑系统的功用是在发动机工作时,连续不断地把数量足够、温度适当的洁净机油输送到全部运动件的摩擦表面,并在摩擦表面之间形成油膜,实现液体摩擦,从而减小摩擦阻力、降低功率消耗、减轻机件磨损,以达到提高发动机工作可靠性和耐久性的目的。总体有下面几方面作用。

润滑作用:润滑运动零件表面,减小摩擦阻力和磨损,减小发动机功率的消耗。
清洗作用:机油在润滑系内不断循环,清洗摩擦表面,带走磨屑和其他异物。
冷却作用:机油在润滑系内循环还可带走摩擦产生的热量,起冷却作用。
密封作用:在运动零件之间形成油膜,提高它们的密封性,有利于防止漏气。
防锈蚀作用:在零件表面形成油膜,对零件表面起保护作用,防止腐蚀生锈。
液压作用:润滑油还可用作液压油,起液压作用,如液压挺柱。
减振缓冲作用:在运动零件表面形成油膜,吸收冲击并减少振动,起减振缓冲作用。

2. 润滑方式

由于发动机传动件的工作条件不尽相同,因此,对负荷及相对运动速度不同的传动件采用不同的润滑方式。

(1)压力润滑:压力润滑是以一定的压力把润滑油供入摩擦表面的润滑方式。这种方式主要用于主轴承、连杆轴承及凸轮轴承等负荷较大的摩擦表面的润滑。

(2)飞溅润滑:利用发动机工作时运动件溅泼起来的油滴或油雾润滑摩擦表面的润滑方式,称飞溅润滑。该方式主要用来润滑负荷较轻的汽缸壁面和配气机构的凸轮、挺柱、气门杆以及摇臂等零件的工作表面。

(3)润滑脂润滑:通过润滑脂嘴定期加注润滑脂来润滑零件的工作表面,如水泵及发电机轴承等。

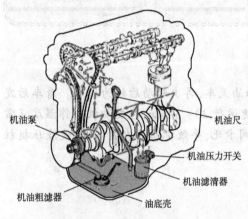

图7-1　润滑系统组成

3. 润滑系统的组成

润滑系统的组成如图7-1所示,为了保证发动机的正常润滑,该系统包括如下装置:

(1) 油底壳。用来储存润滑油,位于发动机的底部,同时还起到为润滑油散热的作用。

(2) 机油粗滤器。位于进油口的金属网,用来清除较大颗粒的杂质。

(3) 机油泵。将油底壳中的机油泵到发动机各个需要润滑的部位。

(4) 机油压力开关。监控发动机机油压力是否正常,向报警灯发送信号。

(5) 机油滤清器。过滤一些细小粉尘和金属粉粒。

(6) 机油尺。用来检查机油液位和油质。

二、润滑系统主要机件构造与工作原理

1. 机油泵

发动机上采用的机油泵分成齿轮式和转子式两种。

(1) 齿轮式机油泵

齿轮式机油泵由主动轴、主动齿轮、从动轴、从动齿轮、壳体等组成,两个齿数相同的齿轮相互啮合,装在壳体内,齿轮与壳体的径向和端面间隙很小。主动轴与主动齿轮键连接,从动齿轮空套在从动轴上。

机油泵的工作原理如图 7-2b) 所示,工作时,主动齿轮带动从动齿轮反向旋转。两齿轮旋转时,充满在齿轮齿槽间的机油沿油泵壳壁由进油腔带到出油腔,在进油腔一侧由于齿轮脱开啮合以及机油被不断带出而产生真空,使油底壳内的机油在大气压力作用下经机油粗滤器进入进油腔,而在出油腔一侧由于齿轮进入啮合和机油被不断带入而产生挤压作用,机油以一定压力被泵出。

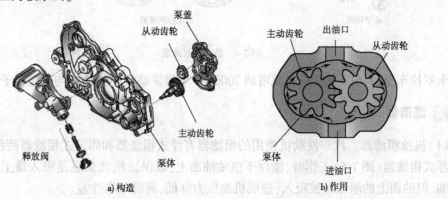

图 7-2 齿轮式机油泵的结构及作用

齿轮式机油泵结构简单,机械加工方便,工作可靠,使用寿命长,应用较广泛。

各种型式的机油泵内,都设有泄压阀,当发动机转速高时,油压将泄压阀推开,部分机油回到机油泵的进油端,以免出油端油压太高,如图 7-3 所示。调节后的油压为 196~392kPa,故泄压阀也称为机油压力调节阀。

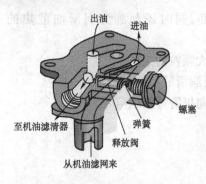

图7-3 机油泄压阀结构

(2) 转子式机油泵

转子式机油泵由壳体、内转子、外转子和泵盖等组成(图7-4)。内转子用键或销子固定在转子轴上,由曲轴齿轮直接或间接驱动,内转子和外转子中心的偏心距为 e,内转子带动外转子一起沿同一方向转动。内转子有 4 个凸齿,外转子有 5 个凹齿,这样内、外转子同向不同步的旋转。

机油泵的工作原理如图7-4b)所示,转子齿形齿廓设计得使转子转到任何角度时,内、外转子每个齿的齿形廓线上总能互相成点接触。这样内、外转子间形成 4 个工作腔,随着转子的转动,这 4 个工作腔的容积是不断变化的。在进油道的一侧空腔,由于转子脱开啮合,容积逐渐增大,产生真空,机油被吸入,转子继续旋转,机油被带到出油道的一侧,这时,转子正好进入啮合,使这一空腔容积减小,油压升高,机油从齿间挤出并经出油道压送出去。这样,随着转子的不断旋转,机油就不断地被吸入和压出。

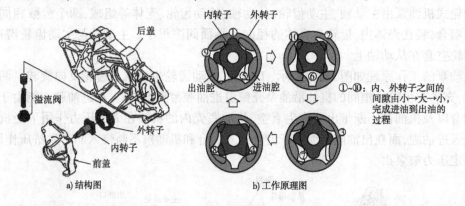

图7-4 转子式机油泵

卡罗拉车型(1.6L)发动机和桑塔纳2000GSi车型发动机的机油泵均采用转子式。

2 滤清器

(1)机油粗滤器。汽车发动机使用的粗滤器有浮式粗滤器和固定式粗滤器两种。

浮式粗滤器(图7-5)工作时,漂浮于机油油面上,以保证机油泵总是吸入最上层较清洁的机油,但油面上的泡沫易被吸入,造成机油压力降低,润滑可靠性差。

固定式粗滤器(图7-6)装在油面下面,吸入的机油清洁度比浮式粗滤器稍差,但可防止泡沫吸入,润滑可靠,结构简单,使用广泛。

(2)机油滤清器

机油滤清器的结构,由外壳、滤芯、旁通阀及止回阀等组成,如图7-7所示。现在车上主要使用纸质滤芯。

机油从滤芯的外围进入,经滤芯过滤后,从滤清器的中央送出,如图7-7的实线所示;当滤芯堵塞时,油压将旁通阀推开,机油经旁通阀直接送出,如图 7-7 的虚线所示。当发动机熄火时,单向阀关闭,避免机油逆流,以防止主油道油压迅速降低,且可避免滤芯外围的污泥流回机油泵。现在车上主要使用纸质滤芯。

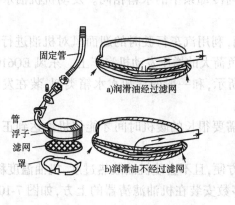

图 7-5　浮式机油粗滤器　　　　图 7-6　固定式机油粗滤器

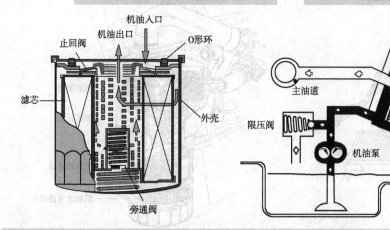

图 7-7　机油滤清器的结构及作用

3 油尺和机油压力警告灯

(1)机油尺的结构,如图 7-8 所示。油底壳内机油量,应保持在机油尺的上限与下限之间。通常添加机油时,均加至机油尺的上限,以防因漏油或机油进入燃烧室,机油面迅速降低至下限以下。

(2)机油压力警告灯设在驾驶室仪表板上,点火开关在"ON"位置时,警告灯亮。发动机起动后数秒内,警告灯熄灭,表示油压正常。

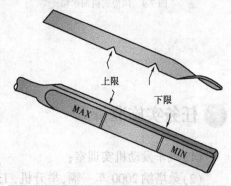

图 7-8　机油尺的结构

4 机油水箱

在增压发动机等高性能大功率的强化发动机上，由于热负荷大，必须装设机油水箱。机油水箱布置在润滑油路中，其工作原理与冷却系中的水箱相同。发动机机油水箱分为风冷式和水冷式两类。

风冷式机油水箱很像一个小型水箱，利用汽车行驶时的迎面风对机油进行散热。这种机油水箱散热能力大，多用于赛车及热负荷大的增压发动机汽车上。东风 EQ6100-1 型发动机的机油水箱是管片式结构，如图 7-9 所示，和一般的冷却水水箱类似，装在发动机冷却液水箱的前面，利用风扇风力使机油冷却。

风冷式机油水箱在发动机起动后，需要很长的暖机时间才能使机油达到正常的工作温度，所以普通乘用车上很少采用。

水冷式机油水箱外形尺寸小，布置方便，且不会使机油散热过度，机油温度稳定，因而在乘用车上应用较广。水冷式机油水箱多数安装在机油滤清器的上方，如图 7-10 所示，通过冷却系统中流过的冷却液进行冷却。水冷式机油水箱不需要太大的散热面积，体积较小。在起动暖车期间油温较低时，可从冷却液吸热迅速提高机油温度。

图 7-9　风冷式机油水箱

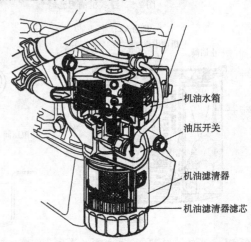

图 7-10　水冷式机油水箱

一、任务实施准备

(1) 汽车发动机实训室；
(2) 桑塔纳 2000 车一辆，举升机，工作台；
(3) 常用工具、机油滤清器扳手、维修手册、工作台。

二、任务实施步骤

润滑系统的常见故障是机油压力过高或过低、机油消耗过多和机油容易变质等。造成这些故障的原因有的是曲柄连杆机构与配气机构的机械故障引起的,有的是润滑系统本身故障引起的。

润滑系统本身的故障主要有:机油的油量和黏度不正常,安全阀和旁通阀损坏,机油滤清器失效,机油泵损坏,机油压力表或传感器失效,油路堵塞或漏油等。

1 机油的检查与更换

1)机油的检查

(1)车辆应在平坦的地面上。

(2)关闭发动机,等待几分钟以便机油回流到储液盘。如果未这样做,机油尺不能显示实际油位。

(3)拉出机油尺、用纸巾或布擦干净后将其插回。再次拉出并保持尖头朝下、检查油位。

2)机油更换

(1)发动机先发动至工作温度后熄火。

(2)打开加机油盖及放油螺栓,如图 7-11 所示。打开加机油盖,可加快机油的泄放速度。将车辆举升,打开放油螺栓,备好机油回收桶。机油温度很高,小心烫伤。手部尽量不要接触到使用过的机油。机油颜色或黏度若有异样,应找出原因,例如乳白色机油,表示冷却液进入机油中。

(3)机油泄放干净后,装回放油螺栓及垫片。注意放油螺栓垫片每次都必须换新的。用擦拭纸擦净放油螺栓及油底壳,放油螺栓以规定力矩锁紧。

(4)从机油加注口处加入规定等级和规定量的机油(一般要求车辆每行驶 5000km 更换一次机油),加注完后盖上机油盖。

(5)起动发动机,并在此举升车辆以检查放油螺栓处有无泄漏。

(6)放下车辆,熄灭发动机,检查机油尺,油面不足应补充。补充机油至"H"线如图 7-12 所示。

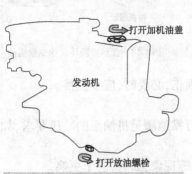

图 7-11 打开加机油盖及放油螺栓

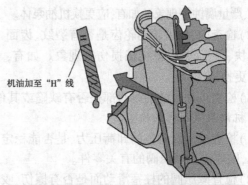

图 7-12 检查机油量

项目 7　润滑系统

2　机油滤清器的更换

1) 机油滤清器的拆卸

(1) 使用机油滤清器扳手拆下机油滤清器,如图 7-13 所示。

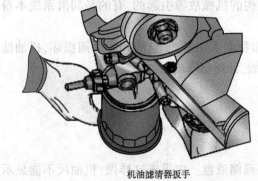
机油滤清器扳手

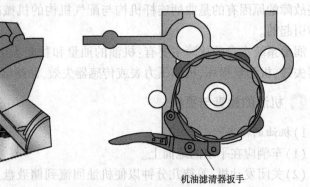
机油滤清器扳手

图 7-13　机油滤清器拆卸

(2) 将接合面的油污擦拭干净,如检视螺牙及接合面表面。

2) 机油滤清器安装

(1) 检查和清洁机油滤清器安装表面。

(2) 新机油滤清器上的 O 形橡胶环涂抹少量机油,如图 7-14 所示。橡胶环上涂机油做润滑用。一般原厂机油滤清器橡胶环上均已事先涂好油脂。

(3) 轻缓地拧动机油滤清器使其就位,然后上紧直到垫片接触底座。

(4) 使用专用维修工具再次上紧 3/4 圈(适用于丰田车系)。

3　机油泵的检查

1) 机油泵机件的外观检查

(1) 检查机油泵件是否有裂纹、变形、漏油、机械损伤、严重腐蚀等现象。如有,应更换机油泵体。

(2) 检查内、外齿轮的轮齿是否有裂纹、齿面剥落掉块、严重磨损、或机械损伤等现象。如有,应予以更换。

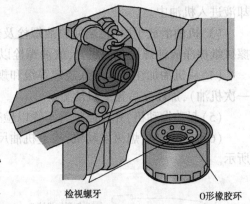

图 7-14　O 形橡胶环涂抹少量机油

(3) 检查机油泵的油封唇部是否有缺陷或其他损伤,必要时,应予更换。

2) 机油泵减压阀的检查

(1) 检查减压阀调整的卸荷压力,是否能稳定、可靠地满足机油泵的减压要求,如功能不能保证,则应更换减压阀的有关零件。

(2) 检查减压阀的柱塞滑动面是否有擦伤、咬死等现象,如有,应予更换。

(3) 检查减压阀的弹簧是否有弯曲、疲劳、失效等现象,如有,应予更换。

3) 机油泵配合间隙的检查

(1) 用直尺和厚薄规检查齿轮端面到泵盖端面的距离,即检验端面间隙,如图7-15a)所示,一般为0.05~0.15mm。

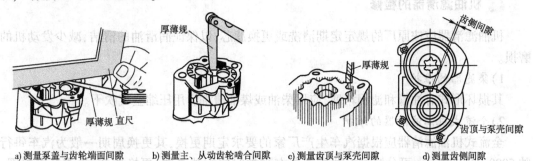

a) 测量泵盖与齿轮端面间隙　b) 测量主、从动齿轮啮合间隙　c) 测量齿顶与泵壳间隙　d) 测量齿侧间隙

图7-15　齿轮式机油泵的检测

(2) 用直尺和厚薄规检查泵盖端面的平面度,平面度误差大于0.05mm应修磨平面。

(3) 用厚薄规测量主、从动齿轮的啮合间隙,如图7-15b)所示,同时在相邻120°的三点上进行测量,间隙值一般为0.05~0.20mm,三点齿隙相差不应超过0.1mm。

(4) 用厚薄规检查齿顶与泵体之间的间隙,如图7-15c、d)所示,间隙值一般为0.05~0.15mm。

转子式机油泵应检查端面间隙、啮合间隙和外转子与泵壳之间的间隙,其检测方法同上,如图7-16所示。

机油泵磨损后,各部间隙大于使用限度时,应更换零件或更换总成。机油泵检修后,可将机油泵放入清洁的机油中,用手转动机油泵轴,应有机油从出油孔中排出,如用拇指堵住出油孔,继续转动机油泵时,应感到有压力。

4) 机油泵排油压力的检查

(1) 机油泵排油压力的标准规定:当发动机转速为3000r/min时,标准值为0.3~0.45MPa。

(2) 机油泵排油压力检查方法。

检查前的准备:检查油底壳中的润滑油油位是否符合要求,必要时予以添加。检查润滑油的质量是否合格,如润滑油已变色或变质,则应更换润滑油。检查润滑油路、机油泵是否有漏油之肚,如有则应予排除。准备一个专用油压表。

检查方法:起动发动机,将发动机预热到正常工作温度,然后熄火停机。拆开油压开关(传感器)的插接件。从汽缸体上拆下油压开关,将专用油压表装到开关的螺纹孔上。再起动发动机,并将发动机转速稳定在3000r/min,观察专用油压表上的油压是否在规定值的范围内,并作好记录。油压测定后,将发动机熄火,并拆下专用油压表。将油压表开关的螺纹上缠上聚氟乙烯密封胶带,安装在汽缸体的螺纹内孔内,然后拧紧,其拧紧力矩为12~15N·m。最后,起动发动机,检查油压开关处是否漏油,如有,应予排除。

检查后的处理,检查测定的油压值,在标准规定的范围内,说明机油泵的工作是正常的。

若测定的油压值过高,则应调整减压阀,将油压调整到标准规定的范围内;若测定的油压值过低,则检查机油泵和油管是否有泄漏、堵塞等情况,查出原因后,予以排除。

4 机油滤清器的检修

机油滤清器应按原厂的规定定期清洗或更换滤芯,以保证润滑油的清洁,减少发动机的磨损。

1)集滤器的维护

其损坏形式有油管和滤网堵塞,应用柴油或煤油清洗后用压缩空气吹干。

2)全流式机油滤清器的维护

全流式机油滤清器应根据汽车生产厂家的要求定期更换,其更换周期一般为汽车每行驶 5000~12000km。可分解式机油滤清器在维护时应拆洗壳体,更换滤芯,检查各密封圈,若有老化、损坏应予更换。整体式机油滤清器应更换整个滤清器。安装滤清器或滤芯时,应先将滤清器或滤芯内充满机油。

3)离心式细滤器的检修

在发动机的机油压力高于 0.15MPa 时,运转 10s 以上(油压较低时机油不会进入细滤器),然后立即熄火。在熄火后的 2~3min 内,若在发动机旁听不到细滤器转子转动的"嗡、嗡"声,则说明细滤器不工作。若机油压力正常,细滤器的进油单向阀也未堵塞,则为细滤器故障,应拆检清洗细滤器。拧开压紧螺母,取下外罩,将转子转到喷嘴对准挡油板的缺口时,取出转子。清除转子内壁上的污物,清洗转子并疏通喷嘴,经调整或换件后再组装。

5 发动机润滑油道的清理

发动机大修时,必须彻底清除润滑油道里的油泥、磨屑、杂质与润滑油胶质等,包括曲轴上的油道均应清洗干净,以使洁净的润滑油不受污物污损,畅通地流向各运动副的工作表面。清理油道时,可用专用容器盛上10%的苛性钠溶液,将油道各堵头拆除,浸泡在溶液中,加热到100℃,一般0.5h便可清除干净,再用压力油冲洗,最后用压缩空气吹净吹干。

也可用手工方法清洗,选用煤油或金属清洗剂,用直径 $\phi 4mm$ 左右约800mm长的铁丝,一端围成圆圈状作手柄,另一端锤扁,加工成一长的孔,在长孔内穿上布条捅入油道内,来回抽动摩擦油道,反复清洗并更换布条,直到布条上无明显脏物为止。再用压力油冲洗干净,最后用压缩空气吹通,观察有无脏物吹出,必要时须重新擦洗

知识拓展

发动机使用的机油主要有两种,即汽油发动机用机油和柴油发动机用机油。API 将机油也规范为这两类。汽油发动机机油 API(美国石油学会)鉴定的质量级别以"S"开头;而柴油发动机机油以"C"开头,其质量级别的高低按英文字母的顺序排列,字母越往后,其级别越高,机油性能越出色。

汽油机油 API 级别为:SA,SB,SC,SD,SE,SF,SG,SH,SJ,SL。SA,SB,SC,SD 四个级别已被淘汰。现在最低是 SE 开始,SM 级即将上市。

柴油机油 API 级别为:CA,CB,CC,CD,CE,CF,CG,CH,CI。

机油型号标识一般标注在瓶身上,例如道达尔 QUARTZ 系列机油瓶身上的标识 API SU/CF,"S"与"C"同时出现,表示该机油适用于汽油与柴油两种发动机,且优先适用于汽油发动机,而此款机油级别为目前最高的级别"SL"。

SAE(美国工程师学会)所鉴定的机油的黏度等级,例如:10W-40、15W-40、5W-50 等。

机油分为单黏度机油(如 SAE30)和多黏度机油(如 SAE5W-30),现在车辆大部分使用多黏度机油,因为这种机油内含多种特殊添加剂,使机油在低温环境下易于流动、不凝结,在高温环境下保持黏稠度、不分解。

机油标号中的 W 表示冬季(Winter),W 前的数字表示机油的低温流动性,数字越小,机油流动性越好。发动机磨损主要集中在冷起动瞬间,良好的机油流动性,能将发动机磨损降到最低。W 后的数字表示机油的高温黏度,数字越大,高温下保护性能越好。

此外选择机油黏度还须考虑车的新旧程度,新车的发动机部件间隙很小,所以应选择黏度较小的机油,而发动机磨损严重的车辆应选择黏度较大的机油。

由于发动机结构和使用条件不同,为了保证低温时启动顺利和高温的润滑性能,各种汽车推荐的润滑油黏度有较大差别。对机油的基本知识有一定了解后,根据汽车厂商要求的最低用油级别和黏度标准,结合车辆目前的状况,对照油品包装标识,参照表 7-1 和图 7-16 就能挑选到适合的机油。

部分推荐润滑油最低工作温度　　表 7-1

SAE 黏度级号	最低操作温度(℃)
5W	-32
5W/30	-32
10W	-23
10W40	-23
20W	-12
20W/50	-12

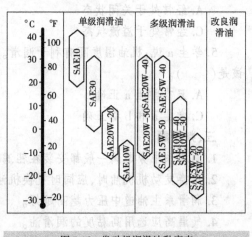

图 7-16　发动机润滑油黏度表

复习思考题

一、填空题

1. 发动机润滑系统主要有 _____、_____、_____、_____、

项目7 润滑系统

_____等作用。

2. 现代汽车发动机多采用_____和_____相结合的综合润滑方式,以满足不同零件和部位对润滑强度的要求。

3. 润滑系统一般由_____装置、_____装置、_____装置、_____装置、_____装置、_____装置、_____装置等部分组成。

4. 发动机上采用的机油泵分成_____式和_____式两种。

5. 油底壳内机油量,应保持在机油尺的_____之间;通常添加机油时,均加至机油尺的_____。

二、选择题

1. 机油粗滤器上装有旁通阀,当滤芯堵塞时,旁通阀打开,(　　)。
   A. 使机油不经过滤芯,直接流回油底壳　　B. 使机油直接进入细滤器
   C. 使机油直接进入主油道　　D. 使机油流回机油泵

2. 转子式机油泵工作时,(　　)。
   A. 外转子转速低于内转子转速　　B. 外转子转速高于内转子转速
   C. 内、外转子转速相等　　D. 内、外转子转速不确定

3. 活塞通常采用的润滑方式是(　　)。
   A. 压力润滑　　B. 飞溅润滑
   C. 两种润滑方式都有　　D. 润滑方式不确定

4. 正常工作的发动机,其机油泵的限压阀应该是(　　)。
   A. 经常处于关闭状态　　B. 热机时开,冷机时关
   C. 经常处于溢流状态　　D. 热机时关,冷机时开

5. 学生 a 说:机油温度高有利于润滑。学生 b 说:机油温度低有利于润滑。他们说法应该是(　　)。
   A. 只有学生 a 正确　　B. 只有学生 b 正确
   C. 学生 a 和 b 都正确　　D. 学生 a 和 b 都不正确

三、判断题

1. 润滑系中旁通阀一般都安装在粗滤器中,其功用是限制主油道的最高压力。(　　)
2. 更换发动机机油时,应同时更换机油滤清器。(　　)
3. 润滑系主油道中压力越高越好。(　　)
4. 气温高应选用高黏度的润滑油。(　　)
5. 汽油机的润滑油与柴油机的润滑油可以通用。(　　)

四、简答题

1. 润滑系主要由哪几个部分组成?
2. 齿轮式机油泵是如何工作的?如何进行检修?
3. 润滑系统维护包括哪些内容?如何进行?

五、思考题

1. 润滑系统一般由哪些零部件组成?安全阀、旁通阀和止回阀各有何功用?

2. 机油有哪些功用？机油 SAE5W40 和 SAE10W30 有什么不同？
3. 凸齿较多的转子式机油泵有何利弊？
4. 采用双机油滤清器时，它们是并联还是串联于润滑油路中？为什么？
5. 为什么在机油中加入各种添加剂？
6. 离心式机油滤清器转子的旋转运动是怎样产生的？
7. 如何对涡轮增压器进行冷却？若冷却不良会产生什么后果？

项目 8 起动系统

学习任务　起动系统的构造与检修

学习目标
- ◎ 熟悉起动系统的组成和启动机的结构及特性；
- ◎ 理解起动系统的控制电路和工作原理；
- ◎ 掌握起动系统维护作业内容。

能力要求
- ◎ 能够熟练拆装起动机总成；
- ◎ 具备读识和分析起动电路的能力。

要使发动机由静止状态过渡到工作状态，必须用外力转动发动机的曲轴，使汽缸内吸入可燃混合气并燃烧膨胀，工作循环才能自动进行。曲轴在外力作用下开始转动到发动机开始自动地怠速运转的全过程，称为发动机的起动。

熟悉起动系统的组成和起动机的结构及特性，理解起动系的控制电路和工作原理；掌握起动系统维护作业内容，必须掌握起动系统的组成和起动机的工作原理。

相关知识

一、概述

要使发动机从静止状态过渡到工作状态,必须用外力转动发动机的曲轴,使汽缸内吸入(或形成)可燃混合气并燃烧膨胀,工作循环才能自动进行。曲轴在外力作用下开始转动到发动机开始自动地怠速运转的全过程称为发动机的起动。

转动发动机曲轴使发动机起动的方法很多。汽车发动机常用的有电动机起动和手摇起动两种。电动机起动是用电动机作为机械动力,当电动机输出轴上的齿轮与发动机飞轮周缘的齿圈啮合时,动力就传到飞轮和曲轴,使之旋转。手摇起动是通过用手摇柄转动曲轴使之旋转。目前绝大多数汽车发动机都采用电动机起动。

1 起动系统的作用和组成

1)起动系统的作用

起动系统的作用是利用起动机将蓄电池的电能转换为机械能,再通过传动机构将发动机拖转起动。

2)起动系统的组成

起动系统一般由起动机、传动机构和操纵机构三部分组成,如图8-1所示。

(1)起动机,其作用是产生转矩。

(2)传动机构(或称啮合机构),其作用是在发动机起动时,使起动机驱动齿轮啮入飞轮齿圈,将起动机转矩传给发动机曲轴;而在发动机起动后,使驱动齿轮打滑并与飞轮齿圈自动脱开。

(3)操纵机构(即电磁开关),用来接通和切断起动机与蓄电池之间的电路。在有些汽车上,还具有接通和切断点火线圈附加电阻的作用。

2 起动系统的分类

图8-1 起动系统的组成示意图

在各种起动系统的三个组成部分中,电动机部分一般没有本质的差别,而控制方法和传动机构的啮合方式则有很大差异,因此起动机是按控制方法和传动机构的啮合方式的不同来分类的。

1)按控制方法的不同,起动系统可分为以下几种方式

(1)机械控制式。由脚踏或手拉杠杆联动机构直接控制起动机的驱动小齿轮与飞轮齿

圈啮合,并控制主电路开关接通或切断起动机主电路。这种方式虽然结构简单、工作可靠,但由于要求起动机、蓄电池靠近驾驶室,而受安装布局的限制,且操作不便,因此已很少采用。

(2)电磁控制式。借按钮或钥匙控制电磁铁,再由电磁铁控制起动机的驱动小齿轮与飞轮齿圈啮合,并控制主电路开关,以接通或切断主电路。由于装有电磁铁,可进行远距离控制,操作省力,因此现代汽车大多采用这种方式。

2)按传动机构啮合方式的不同,起动机可分为以下几种方式

(1)惯性啮合式。起动机旋转时,驱动齿轮借惯性力自动啮合入飞轮齿圈。

(2)强制啮合式。靠人力或电磁力拉动杠杆,强制拨动驱动齿轮啮合入飞轮齿圈。

(3)电枢移动式。靠磁极磁通的电磁力,使电枢轴向飞轮齿圈方向移动,将驱动齿轮啮合入飞轮齿圈。

(4)齿轮移动式。靠电磁开关推动安装在电枢轴孔内的啮合杆而使驱动齿轮啮入飞轮齿圈。

(5)同轴式起动机。靠与起动机同轴安装的电磁开关直接吸动驱动齿轮与飞轮齿圈啮合。

除上述以外,还有磁极为永久磁铁的永磁式起动机以及内装减速齿轮的减速起动机等。

3 对起动系统的要求

起动发动机时,必须克服汽缸内被压缩气体的阻力和发动机本身及其附件内相对运动的零件之间的摩擦阻力。克服这些阻力所需的力矩称为起动转矩。保证发动机顺利起动所必需的曲轴转速称为起动转速。车用汽油机在 0~20℃ 的气温下,一般最低起动转速为30~40r/min。为使发动机能在更低的气温下迅速起动,要求起动转速能达 50~70r/min。转速过低时,压缩行程内的热量损失过多,且进气流速过低,将使汽油雾化不良,导致汽缸内混合气不易着火。车用柴油机所要求的起动转速较高,达 150~300r/min(采用直接喷射式燃烧室时的起动转速较低;采用涡流室或预燃室式燃烧室时的起动转速较高)。这一方面是为了防止汽缸漏气和热量散失过多,以保证压缩终了时汽缸内有足够的压力和温度;另一方面为了使喷油泵能建立足够高的喷油压力和在汽缸内造成足够强的空气涡流,否则柴油雾化不良,混合气品质不好,也难以着火。

由于柴油机的压缩比远大于汽油机,因而起动转矩也较大,同时起动转速也较汽油机高,所以柴油机所需的起动功率比汽油机大。

二、起动系统的构造与检修

1 起动机

起动机(总体结构如图8-2所示)的作用是产生转矩,使发动机起动。

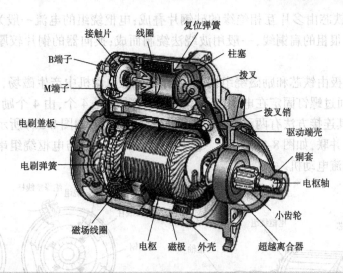

图 8-2 起动机总体机构

1) 起动机的构造

起动机一般由串励直流电动机、传动机构和操纵机构三部分组成。

（1）串励直流电动机 串励直流电动机由电枢、磁极、外壳、电刷与电刷架等主要部件组成，分解如图 8-3 所示。

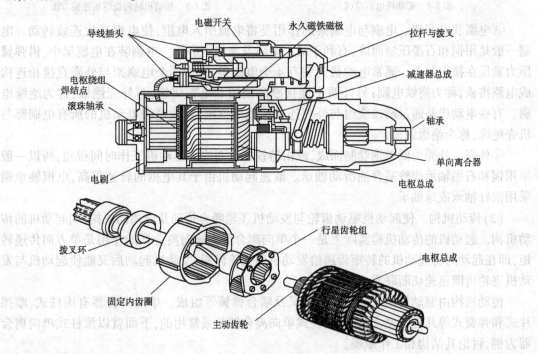

图 8-3 起动机的分解

① 电枢总成。电枢用来产生电磁转矩，它由铁芯、电枢绕组、电枢轴及换向器组成，如图

8-4 所示。电枢铁芯由多片互相绝缘的硅钢片叠成;电枢绕组的电流一般为 200~600A,因此电枢绕组采用很粗的扁铜线,一般用波绕法绕制而成;换向器的铜片较厚,相邻铜片之间用云母片绝缘。

②磁极。磁极由铁芯和励磁绕组构成,其作用是在电动机中产生磁场,磁极铁芯一般由低碳钢制成,并通过螺钉固定在电动机壳体上。磁极一般是 4 个,由 4 个励磁绕组形成两对磁极两两相对,其连接方法有两种,一是四个励磁绕组串联,如图 8-5a)所示;二是励磁绕组两两相串联后再并联,如图 8-5b)所示。常见的励磁绕组一般与电枢绕组串联在电路中,故被称为串励式直流电动机。

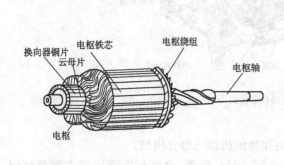

图 8-4 起动机电枢总成

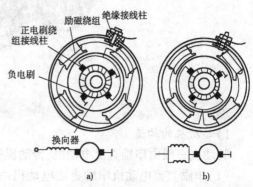

图 8-5 起动机励磁绕组的连接方法

③电刷和电刷架。电刷与电刷架的作用是将电流引入电枢,使电枢产生连续转动。电刷一般是用铜和石墨压制而成,有利于减小电阻及增加耐磨性。电刷装在电刷架中,借弹簧压力紧压在换向器上。通常电动机内装有 4 个电刷架,其中两个电刷架与外壳直接相连构成电路搭铁,称为搭铁电刷;另外两个连接励磁绕组和电枢绕组,与外壳绝缘,称为绝缘电刷。有些电动机是通过励磁绕组与外壳连接构成塔铁电路,故这种电动机的所有电刷都与机壳绝缘,称为绝缘刷架。

④外壳。外壳由低碳钢卷制而成,或由铸铁铸造而成。起动机工作时间很短,所以一般采用铜和石墨轴承或铁基含油滑动轴承。减速起动机由于其电枢的转速很高,电枢轴承则采用滚针轴承或球轴承。

(2)传动机构。使起动机驱动齿轮与发动机飞轮啮合传动及分离的机构,叫起动机的传动机构。起动机的传动机构实际上是一个单向离合器。单向离合器的作用是单方向传递转矩,即在起动时将起动机的转矩传递给发动机的飞轮齿圈,发动机起动后又能使起动机与发动机飞轮齿圈迅速切断联系。

传动机构由驱动齿轮、单向离合器、拨叉及啮合弹簧等组成。单向离合器有滚柱式、摩擦片式和弹簧式等几种类型。其中,滚柱式单向离合器是最常用的,下面就以滚柱式单向离合器为例,讨论其结构和工作原理。

①滚柱式单向离合器的构造。滚柱式单向离合器的结构如图 8-6 所示。滚柱式单向离合器的驱动齿轮与壳制成一体,外壳内装有十字块和 4 套滚柱、压帽和弹簧。十字块与花键套筒固定连接,壳底与外壳相互扣合密封。

花键套筒的外面装有啮合弹簧及衬圈,末端安装拨环和卡圈。整个离合器总成套装在电动机轴的花键部位上,可作轴向移动和随轴转动。在外壳与十字块之间,形成4个宽窄不等的楔形槽,槽内分别装有一套滚柱、压帽及弹簧。滚柱的直径略大于楔形槽窄端,略小于楔形槽的宽端。

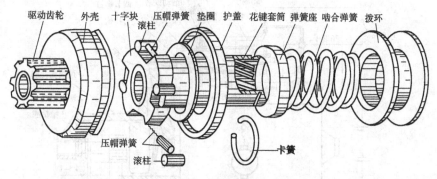

图8-6 滚柱式单向离合器结构

②滚柱式单向离合器的工作原理。滚柱式单向离合器受力分析如图8-7所示,当起动机电枢旋转时,转矩经套筒带动十字块旋转,滚柱滚入楔形槽窄端,将十字块与外壳卡紧,使十字块与外壳之间能传递力矩,如图8-7a)所示;发动机起动以后,飞轮齿圈会带动驱动齿轮旋转。当转速超过电枢转速时,滚柱滚入宽端打滑,这样发动机的力矩就不会传递至起动机,起到保护起动机的作用,如图8-7b)所示。

③滚柱式单向离合器的检修。单向离合器常见的故障是打滑,可以用扭力扳手检测单向离合器的转矩,若转矩小于规定值,说明单向离合器打滑,应予以更换。对于摩擦片式单向离合器,如果转矩偏小,可以通过调整压环前的垫圈厚度使其达到要求。

(3)操纵机构。现代起动系已完全采用电磁式操纵机构。电磁开关作为起动机的操纵机构,控制直流电动机电路的接通与切断,同时控制起动机的驱动齿轮与飞轮齿圈的啮合与分离。

①电磁开关的构造。桑塔纳轿车起动机电磁开关的结构如图8-8所示。主要由电磁铁机构和直流电动机开关两部分组成。

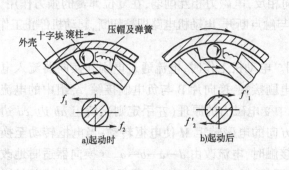

图8-7 滚柱的受力作用示意图

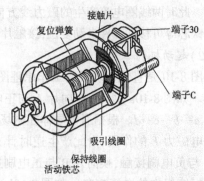

图8-8 电磁开关结构

电磁铁机构由活动铁芯、吸引线圈、保持线圈及复位弹簧等组成。直流电动机开关由接触片、端子30和端子C组成。

②电磁开关的工作过程。起动机控制电路如图8-9所示。

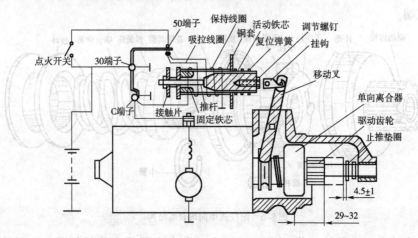

图8-9 起动机控制装置结构图

当点火开关接通起动挡时，吸拉线圈和保持线圈电流接通，吸拉线圈电流经蓄电池正极→起动机30端子→点火开关→起动机50端子→吸拉线圈→起动机C端子→磁场绕组→电枢绕组→搭铁回到蓄电池负极。

保持线圈电流经蓄电池正极→起动机30端子→点火开关→起动机50端子→保持线圈→搭铁回到蓄电池负极。此时两线圈电流产生的磁力线方向相同，电磁力叠加，吸引活动铁芯向右移动，使推杆上的接触片将电动机开关的触点30与C接通，从而将电动机电路接通，其电流路径为蓄电池正极→起动机30端子及其触点→接触片→起动机C端子及其触点→磁场绕组→电枢绕组→搭铁回到蓄电池负极。

当驾驶员松开点火钥匙，点火开关从起动挡自动回到点火挡瞬间，起动挡断开，接触片仍将触点接通，吸引线圈和保持线圈通过电流的路径为蓄电池正极→起动机30端子及其触点→接触片→起动机C端子及其触点→吸拉线圈→起动机50端子→保持线圈→搭铁回到蓄电池负极。此时两线圈电流产生的磁力线方向相反，电磁力相互削弱，在复位弹簧的张力作用下，活动铁芯等可移动部件自动复位，接触片与触点断开，电动机电路即被切断，起动机停止工作。

2) 起动机的工作原理

图8-10是直流电动机的工作原理图。电动机工作时，电流通过电刷和换向器流入电枢绕组。如图8-10a)所示，换向片A与正电刷接触，换向片B与负电刷接触，绕组中的电流方向为$a \rightarrow b \rightarrow c \rightarrow d$。根据通电导体在磁场中受电磁力的原理（左手定则），绕组ab边、cd边均受到电磁力F的作用，由此产生逆时针方向的电磁转矩M使电枢转动；当电枢转动至换向片A与负电刷接触，换向片B与正电刷接触时，电流改由$d \rightarrow c \rightarrow b \rightarrow a$。（换向器适时地改变了电枢绕组中的电流方向），如图8-10b)所示，但电磁转矩的方向仍保持不变，使电枢按逆时针方向继续转动。

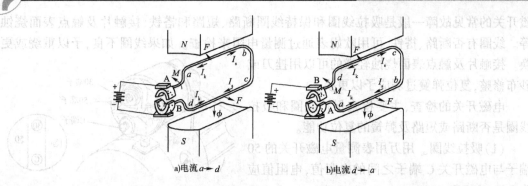

图8-10 直流电动机的工作原理

图8-10只例举了电枢绕组中的一匝线圈的工作过程,实际上,直流电动机为了产生足够大且转速稳定的电磁力矩,其电枢上绕有很多组线圈,换向器的铜片也随其相应增加。

根据安培定律,可以推导出直流电动机通电后所产生的电磁转矩M与磁极的磁通量Φ及电枢电流I_s之间的关系为:

$$M = Cm I_s \Phi$$

式中:Cm——电动机的转矩常数;

$$Cm = \frac{PZ}{2\pi a}(P:磁极对数,Z:电枢导线总根数,a:电枢绕组支路数)。$$

一 任务实施准备

(1)汽车底盘实训室;
(2)桑塔纳2000轿车一辆,举升机,工作台;
(3)起动机、常用拆装工具、万用表、百分表及圆跳动测试仪、游标卡尺、弹簧秤等。

二 任务实施步骤

1 起动机的拆卸与分解

如图8-11所示,从电磁开关上拆下导线后,从离合器壳上旋下螺栓和螺母,从离合器壳上拆下起动机。

2 电磁开关的检修

起动机电磁开关接柱位置如图8-12所示。电

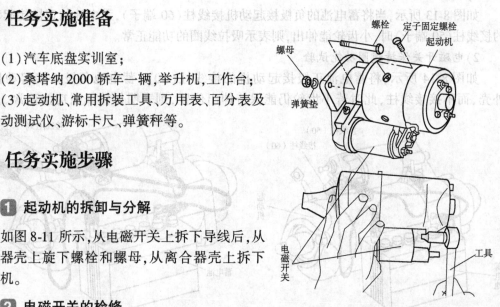

图8-11 起动机从发动机上拆下

磁开关的常见故障一般是吸拉线圈和保持线圈断路、短路和搭铁、接触片及触点表面烧蚀等。线圈有否断路、搭铁，可用欧姆表通过测量电阻来检查。如果线圈不良，予以重绕或更换。接触片及触点表面烧蚀轻微的可以用挫刀或砂布修整，复位弹簧过弱应予以更换。

电磁开关的检查，主要检查保持线圈和吸拉线圈是否断路或短路及弹簧的复位功能。

（1）吸拉线圈。用万用表测量电磁开关的50端子与电磁开关C端子之间的电阻值，电阻值应为 $2.6\sim2.7\Omega$。

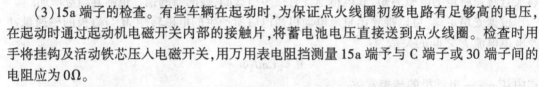

图8-12 起动机电磁开关端子位置

（2）保持线圈。用万用表测量电磁开关的50端子与电磁开关外壳之间的电阻值，桑塔纳轿车起动机的电阻值应为 $1.5\sim1.6\Omega$。

（3）15a端子的检查。有些车辆在起动时，为保证点火线圈初级电路有足够高的电压，在起动时通过起动机电磁开关内部的接触片，将蓄电池电压直接送到点火线圈。检查时用手将挂钩及活动铁芯压入电磁开关，用万用表电阻挡测量15a端予与C端子或30端子间的电阻应为0Ω。

（4）复位弹簧。用手先将挂钩及活动铁芯压入电磁开关，然后松开。若活动铁芯能迅速返回复位，说明弹簧复位功能良好；若铁芯不能复位或出现卡滞现象，则应更换复位弹簧或电磁开关。

3 起动机的试验

1）电磁开关吸拉线圈功能试验

如图8-13所示，当将蓄电池的负极接起动机接线柱（60端子），蓄电池的正极接起动机的接线柱（50端子）时，小齿轮能伸出，则表示吸拉线圈的功能正常。

2）电磁开关保持线圈功能试验

如图8-14所示，将蓄电池正极接起动机的接线柱（50），蓄电池负极只接起动机的外壳，而不接接线柱，此时若小齿轮仍能保持伸出位置，则表明保持线圈功能正常。

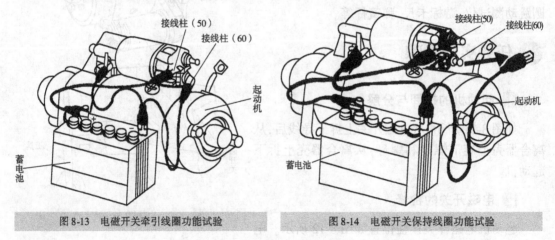

图8-13 电磁开关牵引线圈功能试验　　图8-14 电磁开关保持线圈功能试验

3) 电磁开关铁芯复位试验

如图 8-15 所示,蓄电池的正极与起动机接线柱(50 端子)相接,当拆下蓄电池与起动机外壳的蓄电池负极接线夹后,小齿轮应能迅速返回原来位置。

4) 起动机空载试验

如图 8-16 所示,在蓄电池与起动机接线柱之间接上电流表,在蓄电池负极接起动机外壳,此时若用线接通接线柱和接线柱,起动机应能平衡运转,电流应小于 50A。

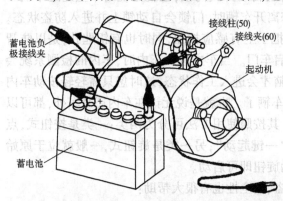

图 8-15 电磁开关铁芯复位试验　　　图 8-16 起动机空载试验

5) 全制动试验

如图 8-17 所示,将起动机放在测距台上,用弹簧秤测出其发出的力矩,当制动电流小于 480A 时,输出的例句不小于 13N·m。

4 起动系统使用注意事项

(1) 起动机每次连续工作时间不得超过 5s,若第 1 次不能起动,应停歇 15s 左右,再进行第 2 次起动。当连续 3 次不能起动时,应查明原因并排除故障后再进行起动。

(2) 要经常保持蓄电池处于充足电的状态。

(3) 各导线接头要连接牢固,接线柱应保持清洁。

(4) 经常保持起动机各部件清洁,接触良好。

(5) 转动部位应保持良好的润滑。

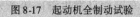

图 8-17 起动机全制动试验

(6) 轿车每行驶 1.2 万~1.5 万 km,要用检测仪检查起动电流和起动电压。桑塔纳轿车起动机稳定运转 5s,电流应为 110A 左右,蓄电池电压不得低于 9.6V。

(7) 冬季起动时,应采取预防措施。

无钥匙起动系统

汽车无钥匙进入系统,简称 PKE(Passive Keyless Enter)。该产品采用最先进的 RFID

(无线射频识别)技术,RFID 射频识别是一种非接触式的自动识别技术,它通过射频信号自动识别目标对象并获取相关数据,识别工作无须人工干预,可工作于各种恶劣环境。标签进入磁场后,接收解读器发出的射频信号,凭借感应电流所获得的能量发送出存储在芯片中的产品信息,或者主动发送某一频率的信号;解读器读取信息并解码后,送至中央信息系统进行有关数据处理。

通过车主随身携带的智能卡里的芯片感应自动开关门锁,也就是说当车主走近车辆一定距离时,门锁会自动打开并解除防盗;当您离开车辆时,门锁会自动锁上并进入防盗状态。一般装备有无钥匙进入系统的车辆,其车门把手上有感应按钮,同时也有钥匙孔,是以防智能卡损坏或没电时,车主仍可用普通方式开启车门。当车主进入车内时,车内的检测系统会马上识别您的智能卡,经过确认后车内的电脑才会进入工作状态,这时您只需轻轻按动车内的启动按钮(或者是旋钮),就可以正常启动车辆了。也就是说无论在车内还是车外,都可以保证系统在任何情况下都能正确识别车主。其按照使用方法可分为两类:一类是按钮式,点火按钮位于中控台伸手可及之处,因此也称"一键起动";另一类是旋钮式,一般就位于原始的钥匙插口处,但是无须插车钥匙,直接拧动旋钮即可启动。

智能钥匙系统除了方便以外,对车辆防盗、安全性也有很大帮助:

(1)当您上车启动车辆后,第一脚刹车,四门将会自动落锁。城市堵车或夜晚独行时,防止拎包等意外事件发生,做到万无一失。

(2)当您进入车辆时,车辆能辨认出真正的车主,如果车主不在车内,车辆将无法启动并马上报警。

(3)完备的密码身份识别器(电子钥匙)加密系统无法复制,采用第四代的射频识别技术(RFID)芯片,完全达到了无法复制的要求。目前市面上已有的芯片式防盗器和原车配置芯片防盗器基本上是第二代或第三代芯片,并没有完全解决被复制的问题。

(4)整车防盗——通过对电路、油路、启动三点锁定,当防盗器被非法拆除,车辆照样无法启动。

(5)不误报警——产品采用最先进防冲突技术,极大的增强了系统的可靠性。

(6)锁车后自动关闭车窗,当车主下车后,如果忘记关闭车窗,无须重新起动发动机着个关闭车窗,车辆安全系统会自动升起车窗,大大的提高了汽车的安全防范水平,不会因忘记关闭车窗而且发生淋雨等意外事件,智能钥匙系统让您不用每次离开车辆时总是担心忘记锁车门。

复习思考题

一、填空题

1. 汽车发动机的起动方式分为_____和_____两种起动方式。
2. 起动机的作用是_____,主要由_____组成。
3. 汽车在起动机的驱动电路中安装起动继电器的目的是_____。

4. 起动机试验的目的是_____。
5. 起动机间歇工作可能是_____、_____和_____原因造成的。
6. 起动机的常见故障有_____、_____、_____和起动机空转等。
7. 起动机每次起动使用时间不得超过_____。

二、判断题

1. 保持线圈中的电流可以吸引线圈获得。（　　）
2. 起动机电枢装配过紧可能会造成起动机运转无力。（　　）
3. 在起动机起动的过程中,吸引线圈和保持线圈中一直有电流通过。（　　）
4. 将起动机的两个主接线柱短接,如果起动机能正常运转。则说明直流串激式电动机有故障。（　　）
5. 起动机中的传动装置只能单向传递力矩。（　　）
6. 起动机励磁绕组是否短路用万用表就可以准确地进行测试。（　　）
7. 如果起动系是由点火开关控制的,那么起动电流必须经过点火开关。（　　）
8. 起动机一定有励磁绕组且与电枢绕组呈完全串联。（　　）
9. 电磁操纵起动机单向离合器与电枢轴普遍用螺旋花键连接。（　　）
10. 电磁操纵起动机均设计有铁芯断点行程。（　　）
11. 减速型起动机的转子动不平衡量应控制在4g以内。（　　）
12. 北京切诺基吉普车近期采用了行星齿轮减速型起动机。（　　）
13. 启动机有"哒哒"声响,但不能发动的原因一定是电磁开关中吸拉线圈已烧断。（　　）
14. 将有匝间短路故障的起动机磁场绕组放在通电的电枢应仪上5min后,会出现发热现象。（　　）
15. 起动机主电路导线截面积不得小于35。（　　）
16. 弹簧式离合器驱动弹簧内径与套筒的过盈量应为0.25～0.50min。（　　）
17. 蓄电池搭铁极性接反,会造成普通电磁式起动机转子反转。（　　）
18. 起动机三行程配合不当,易产生顶齿或打齿故障。（　　）
19. 普通起动机电枢绕组各线圈的两端分别焊在相隔大约180度的两个换向片上。（　　）

三、选择题

1. 不会引起起动机运转无力的原因是（　　）。
   A. 吸引线圈断路　　　　　B. 蓄电池亏电
   C. 换电器脏污　　　　　　D. 蓄电池搭铁电阻过大
2. 在起动机的解体检测过程中,（　　）是电枢的不正常现象。
   A. 换向器和电枢轴之间绝缘
   B. 换向器和电枢铁芯之间绝缘
   C. 各换向器片之间绝缘
   D. 换向器片和前盖之间绝缘

3. 下列不属于起动器控制装置作用是(　　)。
   A. 使活动铁芯移动,带动拨叉,使驱动齿轮和飞齿啮合或脱落
   B. 产生电磁力,使起动机旋转
   C. 炭刷与整流子接通使起动机旋转
4. 起动机驱动轮的啮合位置由电磁开关中的(　　)线圈的吸力保持。
   A. 保持　　　　　　　　　B. 吸引
   C. 初级　　　　　　　　　D. 次级
5. 汽车起动机电路中设置起动继电器的目的是(　　)。
   A. 便于起动时的操作　　　B. 过载保护
   C. 保护点火开关　　　　　D. 保护吸引线圈
6. 现代汽车起动继电器的触电打开与闭合是由(　　)控制的。
   A. 起动机电池开关　　　　B. 电源总开关
   C. 点火开关起动挡　　　　D. 保持线圈
7. 直流串励式起动机中的"串励"是指(　　)。
   A. 吸引线圈和保持线圈串联连接
   B. 励磁绕组和电枢绕组串联连接
   C. 吸引线圈和电枢绕组串联连接
   D. 保持线圈和电枢绕组串联连接
8. 永磁式起动机中永久磁铁代替常规起动机的(　　)。
   A. 电枢绕组　　　　　　　B. 励磁绕组
   C. 电磁开关中的两个线圈　D. 吸引线圈
9. 起动机空转的原因之一是(　　)。
   A. 蓄电池亏电　　　　　　B. 励磁绕组
   C. 电刷过短　　　　　　　D. 起动继电器损坏
10. 电磁操纵式起动机主开关接通后,电磁开关中的铁芯被(　　)线圈电磁力保持在吸合位置。
    A. 吸引　　　　　　　　　B. 保持
    C. 吸引与保持　　　　　　D. 吸引并保持

四、简答题
1. 起动机的正确使用和维护要求有哪些?
2. 在不影响起动机功率的情况下如何减少起动机的体积和质量?

五、思考题
1. 车用起动机为什么采用串激式直流电动机?
2. 电磁操纵式起动机的电磁开关为什么设计成吸引和保持两个线圈?用一个行吗?
3. 为什么车用起动机的轴上都装有单向离合器?说明滚柱式单向离合器的结构与工作原理?

项目 9
点火系统

学习任务　点火系统构造与检修

学习目标
◎ 了解点火系统的主要功能；
◎ 熟悉点火系统的组成与工作原理；
◎ 熟悉点火系统各主要元件的作用、结构组成与工作原理。

能力要求
◎ 会拆检分电器，会检测点火线圈，能进行点火正时安装；
◎ 能通过仪器，对点火系统常见故障进行正确的诊断与排除。

 任务导入

一辆金杯轻型客车，发动机振动较大，怠速不稳，动力不足，加速无力。经检查，分电器盖有裂纹，而引起发动机"断火"，导致个别汽缸不工作，更换分电器盖，故障排除。

学习指引

为了能够对点火系统进行检修、排除故障，我们需要掌握点火系统的具体组成、构造和工作原理。

 相关知识

一、概述

1. 发动机点火系统的作用

发动机点火系统的作用是按照汽油机工作的要求,可靠而准确地产生电火花,点燃汽缸内的可燃混合气。

2. 对点火系统的要求

1)能够产生足以击穿火花塞间隙的高压电

使火花塞电极之间的气体电离形成火花所必需的最低电压称为火花塞的击穿电压。为了确保发动机在工作时火花塞电极产生的电火花能及时点燃汽缸内的可燃混合气,要求点火系统必须能提供10000~30000V的次级高压电。但次级电压不能过高,防止因绝缘不良而产生漏电,使系统使用成本增加。

2)火花塞产生的电火花应具有足够的能量

电火花除了应有足够高的电压外,还应具有足够的点火能量才能可靠地点燃可燃混合气。发动机正常工作时,由于混合气压缩终了的温度已接近自燃温度,因此所需的火花能量很小;但在发动机起动、怠速及急加速时,由于可燃混合气的温度较低或混合气过浓、过稀等原因,需要有较高的点火能量才能保证可燃混合气燃烧,一般要求火花的能量在15~50mJ。

3)点火时间应适应发动机的工作情况

对于多缸发动机,点火系应按发动机的工作次序依次为各个汽缸进行点火。一般直列四缸发动机的点火次序为1-2-4-3或1-3-4-2;六缸发动机的点火次序为1-5-3-6-2-4或1-4-2-6-3-5。

对于每一缸而言,最适当的点火时间应能使混合气的燃烧最高压力出现在上止点后10°~15°,此时,发动机的输出功率最大、油耗最低、排放污染最小,该点火时刻被称为最佳点火时刻。因此,点火系应使点火的时刻达到或接近最佳点火时刻。

3. 点火系统的分类

1)按点火系统的电源类型分类

(1)蓄电池点火系统:点火系统的电源是蓄电池和发电机,目前在汽车上得到广泛地应用;

(2)磁电机点火系统:该点火系统所需的点火电能由磁电机本身产生,由于结构的原因,目前该点火系统在汽车上应用较少。

2) 按点火系统储存点火能量的方式分类

(1) 电感储能式:将点火能量储存在点火线圈形成的磁场中,目前汽车上使用的大都是该种储能方式;

(2) 电容储能式:将点火能量储存在储能电容器的电场中。

3) 按点火线圈初级线圈电路的控制方式分类

(1) 传统点火系统:点火线圈的初级电路的通断由触点(俗称"白金")控制,触点的开闭则由曲轴通过凸轮控制。由于该点火系统在结构上存在一定的缺陷,不能适应现代汽车发动机的要求,目前应用越来越少;

(2) 电子点火系统:点火线圈的初级电路的通断由大功率晶体管(俗称"无触点开关")控制,而大功率晶体管的导通和截止则由信号发生器等控制,目前在轿车上应用广泛。

二、传统点火系统

1 传统点火系统的组成及功用

传统点火系主要由电源、点火开关、点火线圈、分电器、火花塞等组成,如图9-1所示。

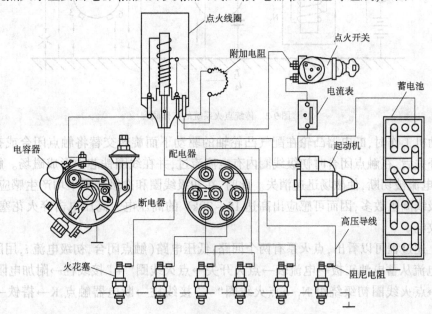

图9-1 传统点火系统的组成

(1) 电源:电源为蓄电池和发电机,供给点火系统所需电能,标准电压一般是12V。

(2) 点火开关:点火开关的作用是接通或断开点火系初级电路。

(3) 点火线圈:点火线圈即变压器,其功用是将蓄电池12V的低压电变为15~20kV的高压电。

(4) 分电器:分电器的功用是接通或切断低压电路,使点火线圈及时产生高压电,按发动机各汽缸的点火次序送至火花塞,同时可调整点火时间。

(5) 电容器:减小断电器触点的火花,防止触点烧蚀,延长其使用寿命,同时加速点火线圈中磁通的变化速率,提高点火高压电。

(6) 火花塞:其功用是将高压电引入燃烧室产生电火花,点燃可燃混合气。

(7) 高压导线:用以连接点火线圈至分电器中心电极和分电器旁电极至各缸火花塞。

2 传统点火系统的工作原理

传统点火系统是利用电磁感应原理,把来自蓄电池或发电机的12V低压电转变为15~20kV的高压电,并按一定的规律送入各缸火花塞,击穿其电极间隙点燃混合气,其工作原理如图9-2所示。

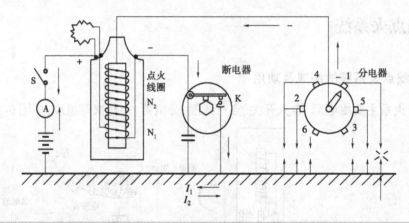

图9-2 传统点火系统的工作原理

发动机工作时,断电器凸轮在配气凸轮轴的驱动下而旋转交替将触点闭合或打开。接通点火开关后,在触点闭合时初级线圈内有电流流过,并在线圈铁芯中形成磁场。触点打开时,初级电流被切断,使磁场迅速消失。此时,在初级线圈和次级线圈中均产生感应电动势。由于次级线圈匝数多,因而可感应出高达15~20kV的高压电。高压电击穿火花塞间隙,形成火花放电。

从上述过程可以看出,点火系有两个回路:低压电路(触点闭合,初级电流i_1用图中实线表示):电流从蓄电池正极→电流表→点火开关→点火线圈"+"接线柱→附加电阻→"-"接线柱→点火线圈初级绕组N_1→点火线圈"-"接线柱→断电器触点K→搭铁→蓄电池负极。

高压电路(触点打开,高压电流i_2用图中虚线表示):次级绕组N_2→接线柱→附加电阻→"+"接线柱→点火开关→电流表→蓄电池→搭铁→火花塞旁电极、中心电极→配电器旁电极→分火头→次级绕组N_2。

配电器分火头每转一周,各缸按点火次序轮流点火一次。当关闭点火开关,切断初级电流后,即可使发动机停止工作。

3 传统点火系统主要元件的结构

1) 点火线圈

(1) 开磁路点火线圈

开磁路点火线圈的结构如图9-3所示。由硅钢片叠成的铁芯外套有绝缘套管,套管上分层绕有次级绕组和初级绕组。初级绕组通过的电流大,产生的热量多,将其绕在次级绕组的外面有利于散热。在绕组与外壳之间,装有导磁用钢套,当初级绕组通电时,铁芯被磁化,形成如图9-4所示的磁路。由于其磁路上、下部分经过空气,磁阻较大,漏磁损失较多,因此这种开磁路的点火线圈初、次级能量转换效率不高(约为60%左右)。为加强绝缘、防止潮气侵入和利于散热,点火线圈外壳内一般都充满沥青或变压器油。因此,这种开磁路点火线圈也称为湿式点火线圈。

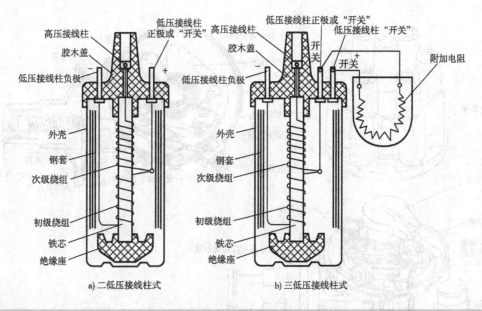

图9-3 点火线圈结构简图

二低压接线柱和三低压接线柱点火线圈的内部结构相同。三低压接线柱式点火线圈的三个低压接线柱中,有两个低压接线柱之间跨接了一个附加电阻。附加电阻被安放在点火线圈外壳的瓷板中。二低压接线柱式点火线圈则本身不带附加电阻。

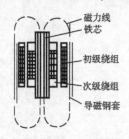

图9-4 开磁路点火线圈的磁路

(2) 闭磁路点火线圈

闭磁路点火线圈(也称为干式点火线圈),目前广泛用于电子点火系统中。它的结构和磁路的形成如图9-5所示。这种点火线圈的铁芯采用日字形结构,这样,磁路均由导磁率极高的铁芯构成,因而漏磁少,点火线圈的能量转换效率高。铁芯中留一小空隙是为了减少铁芯的磁滞现象。

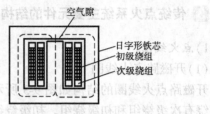

a) 闭磁路点火线圈　　　　　b) 闭磁路点火线圈的磁路

图9-5　闭磁路点火线圈

2) 分电器总成

分电器总成由断电器、配电器、点火提前角调节器及电容器等组成,其结构如图9-6所示。

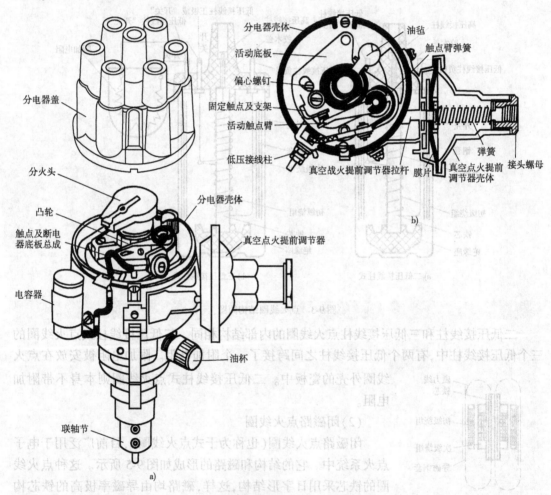

图9-6　分电器总成

(1) 断电器

断电器的作用是周期性地通断点火线圈初级回路,它由触点(俗称"白金")和凸轮组成。触点安装在能相对分电器外壳转动的活动底板上,其中固定触点搭铁,固定触点支架用紧固螺钉固定在活动板上。活动触点与壳体之间是绝缘的,它通过触点臂经触点弹簧片与分电器低压接线柱相通。活动触点臂有孔端松套在活动底板的销轴上,其中部连有胶木顶块,通过触点臂弹簧片的弹力使其靠向断电器凸轮的轴心,断电器凸轮由分电器轴经离心点火提前调节器带动旋转,就使断电器触点周期性地开闭。

(2) 配电器

配电器的功用是将点火线圈次级绕组产生的高压电按发动机各汽缸的点火次序送至火花塞。由分电器盖、分火头和高压导线等组成。分火头插装在凸轮的顶端,和凸轮一起转动。分电器盖上有与发动机汽缸数相等的旁电极,分火头的顶端铆有铜质导电片,其导电片端部与旁电极有 0.2~0.8mm 的间隙。高压电自导电片跳至与其相对的旁电极,再经高压分缸导线送至火花塞。

(3) 电容器

电容器装在分电器外壳上,它的两个电极由两条铝箔或锡箔组成,在两箔带之间夹有绝缘腊纸,然后卷成筒状,抽去层间的空气,再经浸腊处理后装入金属外壳中。电容器中的一条箔带与金属外壳相接触,装在分电器外壳上后通过分电器的壳体搭铁,另一条箔带则通过与金属外壳绝缘的导电片由导线引出,接在分电器低压接线柱上。

(4) 点火提前调节装置

①离心式点火提前调节器:它能在发动机转速变化时,自动调节点火提前角。安装在断电器固定板的下面,如图 9-7 所示。

在分电器轴上固定有托板,托板为平行四边形钢板,两短对边有重块拉簧支架,它固装在分电器轴的中部,随轴一同旋转。两个重块分别套在托板的柱销上,重块另一端由弹簧拉住,重块可绕销甩动,凸轮和拨板为一整体,套在分电器的上端,其上部凸轮为断电器部分,下部长方形铜质拨板属离心点火提前机构。板上两端有长形孔,分别套在两离心重块的销上,由离心重块的甩动,可带动拨板连凸轮作相对于分电器轴一定角度的转动。

②真空点火提前调节器:其功用是在发动机负荷变化时,自动调节点火提前角。它装在分电器壳体的外侧,其构造如图 9-6b)所示。壳内固定有膜片,膜片中心的一侧与拉杆固连,另一侧与张力弹簧相连。拉杆可带动断电器活动底板转动,转动的最大角度

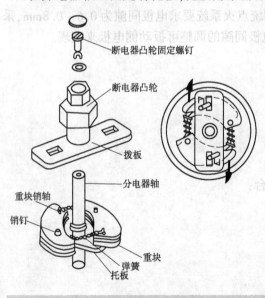

图 9-7 离心点火提前调节器

由固定板上的长方孔所限制。膜片左方通大气,右方由弹簧顶住,并用管子与化油器空气道中靠近节气门的小孔相通。

③辛烷值校正器

汽车在换用了不同牌号的汽油时,由于燃油的抗爆性发生了变化,所以需改变点火提前角,以适应燃油的变化。为此,分电器上常安装辛烷值校正器。辛烷值校正器是通过改变断电器触点的位置改变点火提前角的,用转动分电器外壳的方法实现。不同分电器其辛烷值校正器的结构有所不同,但其工作原理是一样的。最简单的辛烷值校正器只需在分电器的外壳上加装一个刻度盘,在转动分电器外壳或转动调整旋钮时,可从刻度盘上看出转动的角度。调整好点火提前角后,用紧固螺钉紧固分电器即可。

3) 火花塞

火花塞的作用是将点火高压引入汽缸燃烧室,并产生电火花,点燃可燃混合气。火花塞主要由中心电极、侧电极、钢壳、瓷绝缘体等组成,其构造如图9-8所示。

火花塞的钢质壳体内部固定有高氧化铝陶瓷绝缘体,绝缘体的中心孔装有金属杆和中心电极,金属杆和中心电极之间用导体玻璃密封。铜制内垫圈起密封和导热的作用,壳体的下端是弯曲的侧电极,火花塞通过壳体上的螺纹装在汽缸盖上。

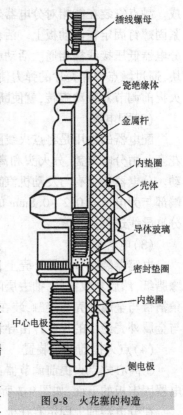

图9-8 火花塞的构造

火花塞电极间的间隙要调整合适,若间隙过大,击穿电压增高,容易造成发动机高速断火或起动困难;若间隙过小,击穿电压降低,火花减弱,不能可靠点火。一般传统点火系统要求电极间隙为0.6~0.8mm,采用电子点火时,间隙可增大至1.0~1.2mm。电极间隙的调整可扳动侧电极来实现。

任务实施

一 任务实施准备

(1) 汽车发动机实训室;
(2) 点火系统试验台、发动机试验台、工作台;
(3) 常用工具、蓄电池、万用表、维修手册。

二 任务实施步骤

1 点火系统的拆装与检查

传统点火系统火花塞的拆装与检查同微机点火系统火花塞的拆装与检查。分火头、分电器盖、高压线检查均参照微机点火系统相应检查,下面仅介绍其他主要零部件检查。

1) 点火线圈检查

(1) 点火线圈附加电阻与低压线圈断路检查,如图9-9所示。分别把测试灯的两触针接点火线圈的"开关-电源"和"开关"两接线柱,如灯不亮,说明附加电阻断路;再把触"开关-电源"接线柱的触针移开,接到点火线圈的另一低压线圈接线柱上,如灯不亮,说明低压线圈断路。

(2) 点火线圈附加电阻与低压线圈短路检查,如图9-10所示,将测试灯的一个触针接外壳,另一个触针分别与点火线圈的"开关-电源"和"开关"接触,如灯亮,说明低压线圈或附加电阻短路。

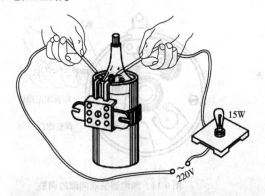

图9-9 点火线圈附加电阻与低压线圈断路检查

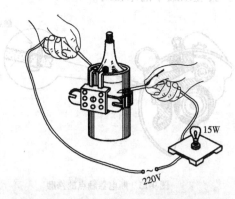

图9-10 点火线圈附加电阻与低压线圈短路检查

(3) 点火线圈高压线圈检查,如图9-11所示。将测试灯的一个触针插入高压线插孔,另一个触针划碰连接分电器的低压接线柱,如灯不亮,但划碰时有小火花出现,即为良好;无火花,表示高压线圈断路;火花很强,或灯亮,说明高压线圈短路;然后移开低压线圈接线柱,与壳体划火,如出现火花,说明高压线圈有搭铁。

上述检查,也可以用万用表或专门的分电器试验台检查。

2) 分电器的检查与维修

(1) 电容检查,如图9-12a)所示。将测试灯的两个触针分别接电容两端,如灯很亮,说明电容已经击穿;若灯发暗,可断开电路,把电容器的火线端头折回对外壳放电,如图9-12b)所示,若有强的蓝色火花跳过,则为良好;若试灯不亮,放电时无火花,说明电容线头断开。

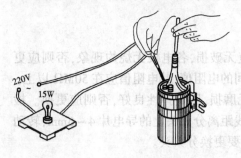

图9-11 点火线圈高压线圈检查

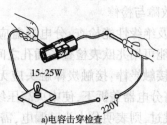

a) 电容击穿检查

b) 电容放电检查

图9-12 电容检查

(2) 断电器的检查与修理

①断电器触点烧蚀修理:轻微烧蚀,可用细纱纸或白金砂条磨平(图9-13),将触点磨平后,再用砂纸折转过来,两纸面向外,擦去触点间的污物。如烧蚀严重,可将触点卸下放在油石上,稍粘点润滑油,用手指按住来回平行拉动磨平。如单片触点磨平后,其厚度小于0.5mm应更换。重铆的触点不可松动。

②触点间隙的调整:如图9-14所示,用手摇动曲轴,使分电器凸轮的凸角转到顶开触点臂距离最大位置,用塞尺测量间隙,一般为0.35~0.45mm。如不符合可用螺钉旋具松开触点底板固定螺钉,拧动调整螺钉加以调整。调整时,应注意到凸轮各个棱角的磨损,如磨损不均匀,应以最小的来校对。

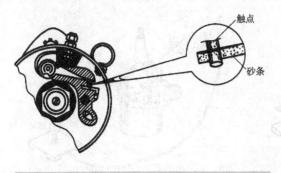

图9-13 断电器触点的修磨　　　　图9-14 断电器触点间隙的调整

③凸轮棱角磨损的检查:用游标卡尺测量(图9-15),如磨损不均匀度超过0.4mm,则应更换凸轮。

④分电器轴与衬套间隙的检查:将分电器壳夹在台虎钳上,用百分表测量检查(图9-16),一般正常配合间隙为0.02~0.04mm,最大不超过0.07mm。若过于松旷,可更换衬套。也可以用手晃动分电器轴,凭感觉检查其配合间隙的大小。

⑤分电器轴轴向间隙的检查:用手上下

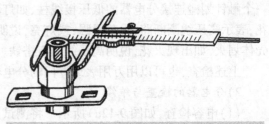

图9-15 凸轮棱角磨损的检查

推拉分电器轴,其窜动量不得超过0.25mm。如窜动量过大,可在分电器壳与驱动齿轮或轴下端的固定环之间装入垫片(图9-17)加以调整。

(3) 配电器的常见故障与检修

①分电器盖的外观及绝缘性能检查:分电器盖应无破损,各电极无烧灼现象,否则应更换分电器盖。其绝缘性能可用兆欧表检查各插孔之间的电阻值,其电阻值应在50MΩ以上。

②检查中央插孔内接触炭棒:接触炭棒触头应无磨损,压簧弹性良好,否则应更换。检查分火头是否漏电,可将分电器盖拆下,使中央高压线距离分火头上的导电片4~6mm,转动曲轴,若有明显的火花跳过,则表明分火头已漏电,需要更换分火头。

3) 火花塞的常见故障与检修

(1) 火花塞的常见故障

①火花绝缘体破裂,导致发动机缺火。
②火花塞的积炭,导致火花塞漏电或击穿电压升高。
③火花塞电极间隙不合适。

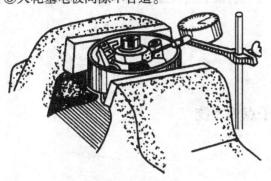

图9-16 分电器轴与衬套间隙的检查

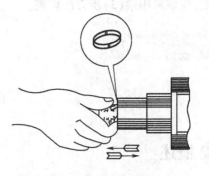

图9-17 分电器轴轴向间隙的检查

(2)火花塞的检修

①检查火花塞绝缘体:绝缘体的裂纹或破碎,常因温度剧变或机械冲击而引起。其绝缘性能试验因在火花塞试验器上进行,有此故障,应更换火花塞。

②清除火花塞积炭:轻微的积炭可用煤油浸泡后用钢丝刷清除或在火花塞清洗机上清洗,若积炭严重,则应更换火花塞。

③火花塞电极间隙的检查、调整:测量时用规定厚度的塞尺插入火花塞电极稍有阻力即为合适,否则需用专用工具通过弯曲火花塞旁电极来调整间隙。

4)点火提前调节装置的检查

点火提前调节装置严格检查应该在专门的电器试验台上进行,也可以采用如下经验法粗略检查。

(1)真空提前调节装置的检查。用嘴含住真空提前调节装置的真空管连接接头并吸气,真空提前调节装置的拉杆应能移动。如拉杆不动,说明真空提前调节装置失效,应予更换。

(2)离心式点火提前调节装置的检查。一手捏住分电器轴,另一手顺时针转动分火头然后放松,此时分火头应能迅速复位。如不能迅速复位,说明离心式点火提前调节装置失效,应予更换。

2 点火正时的检查与调整

随不同车型点火正时的大小有所不同,但检查调整方法基本相似,一般是:

(1)使第一缸活塞处于压缩上止点位置。

(2)检查此时分电器触点应处于刚刚分开状态。否则,应该调整点火正时。

(3)调整方法一般是松开分电器外壳夹子的紧固螺钉(图9-18),旋转外壳进行调整。

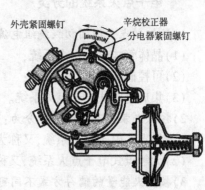

图9-18 点火正时的调整

(4)点火正时正确与否最终应进行路试检查。方法是起动发动机,使水温升高到80℃再进行路试,挂直接挡行驶,突然踩加速踏板,如果听到发动机有轻微的突爆声,并且车速提高后就消失,说明点火正时正确;如突爆声严重,说明点火过早;如果没有突爆声,说明点火过迟,应该采用第(3)步方法调整。

电子点火系统

 概述

1 电子点火系统的优点

传统点火系统利用触点来切断点火线圈的初级绕组电流,使点火线圈的次级绕组产生高压。这种点火方式存在的固有缺陷使其已不能满足现代发动机对点火系统的要求,目前正逐渐被电子点火系统所取代。电子点火系统与传统点火系统相比,有如下优点:

(1)因为无机械触点或初级电流不经过触点,所以不存在触点氧化、烧蚀、变形、磨损等问题,使用中几乎不需要维修和经常更换部件。

(2)由于点火线圈初级电流较大,初级线圈储能较多,次级电压高,电火花能量较大,因此可以加大火花塞电极间隙,点燃较稀的可燃混合气,从而有利于改善发动机的经济性和排气净化性能。

(3)完善的电路设计,可以增设闭合角(导通角)控制、恒电流控制、停车断电保护等多项功能,能很好地适应现代汽车对发动机点火系统的要求。

(4)对无线电干扰小,结构简单,重量轻,体积小,维护方便。

2 电子点火系统的分类

1)按控制点火线圈初级绕组电流的电子元件的不同可分为:
(1)晶体管式电子点火系统;
(2)可控硅式电子点火系统;
(3)集成电路式电子点火系统。

2)按点火装置有无触点可分为:
(1)触点式电子点火系统,又称为晶体管辅助电子点火系统;
(2)无触点式电子点火系统,又称为全晶体管电子点火系统。

3)按点火能量的储存方式不同可分为:
(1)电感储能式电子点火系统,其储能元件是点火线圈;

（2）电容储能式电子点火系统，其储能元件是专用的电容器。

二 电子点火系统的基本组成与工作原理

1 电子点火系统的基本组成

电子点火系统的基本组成如图 9-19 所示，主要包括点火信号发生器、电子点火控制器、点火线圈、分电器、高压导线及火花塞等几部分。

点火信号发生器取代了传统点火系统断电器中的凸轮，用来判别活塞在汽缸中所处的位置，并将非电量的活塞位置信号转变为脉冲电信号输送给点火控制器，从而保证火花塞在恰当的时刻点火。

电子点火控制器取代了传统点火系统断电器中的触点，用来根据点火信号发生器送来的脉冲电信号，控制点火线圈的通断。比较完善的点火控制器还具有恒电流控制、闭合角控制、停车断电保护等多项功能。

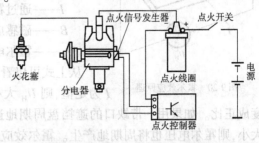

图 9-19 电子点火系统的基本组成

分电器主要包括配电器和离心点火提前机构、真空点火提前机构，它们的功用、结构和工作原理与传统点火系统分电器相应部分完全相同。

2 电子点火系统的工作原理

分电器轴转动时，点火信号发生器产生脉冲电压信号，此脉冲电压信号经电子点火控制器大功率晶体管前置电路的处理后，控制串联于点火线圈初级回路大功率晶体管的导通或截止。当输入电子点火控制器的点火脉冲信号电压使大功率晶体管导通时，点火线圈初级通路，储存点火能量；当输入电子点火控制器的点火信号脉冲使大功率晶体管截止时，点火线圈初级断路，次级便产生高压，通过配电器及高压导线等将点火高压送至需点火汽缸的火花塞。

三 电子点火系统主要部件的结构和工作原理

1 点火信号发生器

点火信号发生器的功用是产生与汽缸数及曲轴位置相对应的电压信号，用以触发电子点火控制器按照发动机各缸的点火需要，及时通断点火线圈初级回路，使次级产生高压。点火信号发生器常见的有：磁感应式、霍尔效应式和光电式几种，下面介绍应用较多的霍尔效应式信号发生器。

1)霍尔效应

霍尔效应的原理如图9-20所示,当电流 I 通过放在磁感应强度为 B 的磁场中的半导体基片(即霍尔元件),并且电流方向与磁感应强度的方向垂直时,在垂直于电流与磁感应强度的半导体基片的横向侧面上即产生一个与电流和磁感应强度成正比的电压,这个电压称之为霍尔电压,其大小可用下式表示:

$$U_H = (R_H/d)IB$$

式中:R_H——霍尔系数,由霍尔元件的材料决定;
  d——霍尔元件的厚度(m);
  I——通过霍尔元件的电流(A);
  B——磁感应强度(T);
  U_H——霍尔电压(V)。

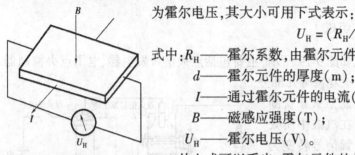

图9-20 霍尔效应原理

从上式可以看出,霍尔元件的材料和厚度确定后,如果电流 I 为定值,则 U_H 大小完全由磁感应强度 B 决定,并且与磁感应强度成正比。如果用一带缺口的遮挡盘周期地遮挡磁力线,改变通过霍尔元件的磁感应强度大小,则霍尔电压也将周期地产生。霍尔效应式点火信号发生器便是根据这个原理,将霍尔元件与放大器运用集成电路技术集中于同一基板上制成,所以又称为霍尔发生器。

2)霍尔效应式点火信号发生器

霍尔效应式点火信号发生器主要由导磁转子和信号触发开关组成,其结构和工作原理如图9-21所示。

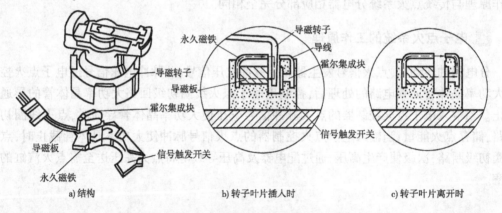

a) 结构   b) 转子叶片插入时   c) 转子叶片离开时

图9-21 霍尔效应式点火信号发生器的组成和原理

信号触发开关由霍尔集成块和带导磁板的永久磁铁组成。霍尔集成块除外层的霍尔元件外,同一基层的其他部分为集成电路,用于将霍尔元件产生的微弱信号进行放大、整形及温度修正等,如图9-22所示。导磁转子有与汽缸数相同的叶片,与分火头为一体,套装在分电器轴上部。

分电器轴转动时,导磁转子由离心点火提前装置带动而随分电器轴一起转动,当导磁转子的叶片插入信号触发开关的缝隙时,导磁叶片将磁路短路,此时霍尔元件上无磁通量而不产生霍尔电压;当导磁转子的缺口通过(叶片离开)时,磁路经空气隙、导磁板、霍尔元件形成闭合回路,霍尔元件上的磁通量加强而产生霍尔电压。分电器轴转动一周,霍尔元件产生与汽缸数相同的霍尔电压脉冲,再经集成电路的整形、放大后输出与霍尔电压脉冲反相的方波电压脉冲。

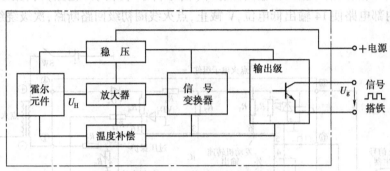

图9-22　霍尔集成块电路框图

2 电子点火器

电子点火器的结构形式多种多样,但其基本要求是相同的,即根据点火信号发生器所产生的点火脉冲信号,控制点火线圈初级绕组中电流的通断,以便点火线圈次级绕组产生高压电,供火花塞点火。下面以德国大众汽车公司的桑塔纳轿车上采用的典型L497点火集成模块,如图9-23所示,所组成的电子点火控制器为例,介绍集成电路电子点火控制器的工作原理。

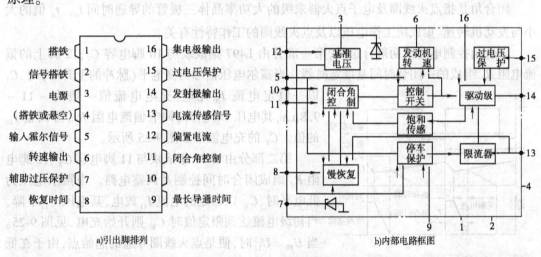

图9-23　L497点火集成模块

集成电路电子点火控制器是将大功率三极管以外的电子电路用集成块代替,配以所需的外围电路组成的。国产桑塔纳轿车电子点火系统用L497集成块组成的电子点火电路如图9-24所示。

1) 点火控制过程

工作时,霍尔效应式点火信号发生器产生的点火触发脉冲从电子点火器的3、6号端子输入。当点火信号发和器输出正脉冲(信号转子叶片插入缝隙)时,集成电路的5号脚为高电位,经内部电路的处理后,使14号脚输出高电平,大功率开关三极管V导通,接通点火线圈初级回路。当点火信号发生器输出负脉冲(信号转子叶片离开缝隙)时,集成电路5号脚为低电位,内部电路使14输出低电位,V截止,点火线圈初级回路断路,次级绕组产生高压。

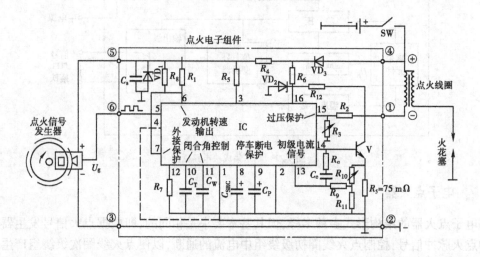

图9-24　桑塔纳轿车用L497点火集成模块组成的电子点火控制器电路

2) 闭合角控制电路

闭合角是指点火线圈及电子点火器末级的大功率晶体三极管的导通时间 t_0。t_0 值的大小与发动机转速、集成块工作电压以及点火线圈的工作特性有关。

闭合角控制电路由两部分组成,第一部分由L497集成块与10脚电容 C_T,12脚上的偏流电阻 R_7 组成的一闭合时间基准定时器。当霍尔电压信号为高电平(脉冲的上升沿)时,C_T 以一恒定电流 I_{10} 充电,充电电流值一般为 $-11 \sim 9.8\mu A$,其电压 U_{10} 上升,调节偏流电阻 R_7,可调整 I_{10} 的值。C_T 的充电波形如图9-25所示。

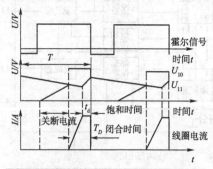

图9-25　闭合角控制波形

第二部分由L497集成块与11脚电容 C_W、12脚电阻 R_7 组成闭合时间控制及调整电路。当霍尔电压为低电平时,C_W 以恒定的电流 I_{11} 放电,其电压 U_{11} 下降,当初级电流达到限定值时 C_W 则开始充电,见图9-25。当 $U_{10}=U_{11}$ 时,便是点火线圈导通的起始点,由于在低速时流过线圈电流时间较长,为减少大功率管上产生的功率损耗,必须减少导通时的过饱和时间 t_d。

3) 点火线圈初级电流上升率控制

由L497集成块与8脚电容器 C_{SRC}、偏置电阻 R_7 组成初级电流上升率控制电路。该电路作用是调整点火线圈初级绕组电流由0上升到峰值时的速率。当电路检测到初级电流小于额定值的94%时,控制电路便在输入的信号正脉冲消失前便将初级绕组电流的上升速率加大,以增大初级电流。

4)发动机停车断电保护电路

汽车暂停时,由于霍尔点火信号发生器输入高电平,使得点火线圈初级绕组持续处于通电状态,从而容易造成点火线圈过热烧坏和蓄电池过度放电现象。为避免这种情况的发生,在发动机熄火但未关断点火开关时,电子点火器内的断电保护控制电路便控制其输出信号为低电平,并使点火线圈初级断路。该保护电路由 L497 集成块、9 脚外接的电容 C_P 和电阻 R_7 等元件组成。其基准导通时间为 $t_p = 16C_P R_7 \text{ms}$。

当电路工作时,此电路不停的检测输入的点火信号电压,当输入信号为高电平时,电路即以恒定的充电电流向电容器 C_P 充电;当输入信号为低电平时,C_P 则向外放电。

如果发动机停转时霍尔电压为低电平,C_P 充电持续时间超过了 t_p 时,C_P 上的电压会达到限流回路模块的阈值工作电压,于是控制回路就使点火线圈初级绕组的电流逐渐下降为 0。

复习思考题

一、填空题

1. 国产点火线圈按磁路结构可分为_____式和_____式两种。
2. 分电器的点火提前调节装置有_____、_____和_____。
3. 断电器的作用是_____。
4. 配电器的作用是_____。
5. 真空点火提前机构的功能是_____。
6. 离心提前机构的功能是_____。
7. 辛烷值选择器的功能是_____。
8. 点火线圈是根据_____原理,将汽车的_____升变为_____。
9. 一般六缸发动机的点火顺序为_____或_____。
10. 点火过早的主要特征是:_____。
11. 断电器触点在最大断开位置的间隙值应为_____。
12. 断电器触点并联电容的作用是:_____。
13. 汽车每行驶_____km 应对火花塞检查,清除积炭。
14. 分电器由_____、_____、_____、_____组成。
15. 电容器并联在断电器触点间,其功用是_____。
16. 电子点火系按储能方式不同可分为_____和_____两大类。
17. 电子点火系统按信号发生器的型式不同,可分为_____、_____、和_____式等。

二、选择题

1. 断电器触点在最大张开位置时的间隙应为( )。
   A. 0.25~0.35   B. 0.35~0.45   C. 0.45~0.55

2. 电容器的电容量应为（　　）。
　　A. 0.10～0.15μF　　　　B. 0.25～0.35μF　　　　C. 0.15～0.35μF
3. 国产汽车火花塞的间隙值一般为（　　）。
　　A. 0.4～0.6mm　　　　B. 0.6～0.8mm　　　　C. 0.3～0.4mm
4. 发动机功率大、缩比大、转速高时应选用（　　）。
　　A. 热型火花塞　　　　B. 中型火花塞　　　　C. 冷型火花塞
5. 发动机功率小时、压缩比小、转速低时一般应选用（　　）。
　　A. 热型火花塞　　　　B. 中型火花塞　　　　C. 冷型火花塞
6. 国产汽车发动机压缩比一般为5.5～7通常应选用（　　）。
　　A. 热型火花塞　　　　B. 中型火花塞　　　　C. 冷型火花塞
7. 点火系的电容击穿会造成触点（　　）。
　　A. 火花弱　　　　B. 无火　　　　C. 触点烧蚀
8. 断电器两触点的中心互偏间隙不大于（　　）。
　　A. 0.2mm　　　　B. 0.3mm　　　　C. 0.4mm
9. 分电器凸轮棱角的磨损不得超过（　　）。
　　A. 0.6mm　　　　B. 0.5mm　　　　C. 0.4mm
10. 分电器轴向游隙均不可大于（　　）。
　　A. 0.1mm　　　　B. 0.2mm　　　　C. 0.3mm
11. 分电器轴用百分表检测时其摆差应小于（　　）。
　　A. 0.5mm　　　　B. 0.005　　　　C. 0.05mm
12. 触点间隙过大会使点火提前角（　　）。
　　A. 提前　　　　B. 推迟　　　　C. 不变

三、判断题

1. 点火线圈的附加电阻一般为负热敏电阻。（　　）
2. 点火线圈的附加电阻就是一般的电阻丝。（　　）
3. 离心点火提前机构是在发动机转速变化时，自动调节点火提前角。（　　）
4. 离心点火提前机构是在发动机负荷变化时，自动调节点火提前角。（　　）
5. 真空点火提前机构是在发动机负荷变化时，自动调节点火提前角。（　　）
6. 发动机转速加快时，点火提前角应增大。（　　）
7. 发动机负荷减小时，点火提前角应减小。（　　）
8. 燃用高牌号汽油时，应将辛烷值选择器向"＋"侧调整。（　　）
9. 燃用低牌号汽油时，应将辛烷值选择器向"＋"侧调整。（　　）
10. 火花塞在使用中经常发生积炭现象，证明火花塞型号过热了。（　　）
11. 火花塞在使用中经常发生积炭现象，证明火花塞型号过冷了。（　　）
12. 发动机急加速，排气管中有突突声，则为点火过迟。（　　）

四、简答题

1. 什么叫最佳点火提前角？

2. 发动机对点火系统的基本要求有哪些?
3. 何谓火花塞的热特性?
4. 何谓点火正时?
5. 点火线圈附加电阻的作用是什么?
6. 画出传统点火系的电路原理图,简述其工作原理,并说明高低压电路的电流方向。
7. 简述点火线圈的试验台试验。
8. 电子点火系统与传统点火系统相比有哪些优点?
9. 什么是霍尔效应?简述霍尔效应信号发生器工作原理。

五、分析题

1. 画出点火系电路图,并叙述工作原理。
2. 试述点火线圈的作用。
3. 试分析点火系的工作特性。

项目 10 进排气系统

学习任务一 进气系统的构造与日常维护

学习目标
- ◎ 掌握进气系统的构造与原理；
- ◎ 掌握进气系统的检测与维护方法。

能力要求
- ◎ 能认识进气系统的各组成部件；
- ◎ 能分析进气系统的气流通路；
- ◎ 能熟练拆装进气系统；
- ◎ 能对进气系统进行基本维护修理作业。

 任务导入

一辆乘用车开到 4S 店做保养，车主反映车开起来加速有些不顺畅，但是又说不出具体的问题，并主动提出要清理进气管路和清洗节气门。

 学习指引

进气系统或节气门经过多长时间需要进行清理和维护保养呢？这要根据不同的车型和不同的车况而定。如果发现车辆油耗突然增加，或者加速不畅，或者是有时伴有冒黑烟等现象，都可以怀疑是进气系统出现故障。要对进气系统进行维护保养，就必须要先掌握进气系统的结构和原理。

发动机是汽车的心脏,而进气系统则是发动机的动脉,其合理性直接影响发动机的性能、寿命,从而影响整车的性能、寿命及环保性。进气系统的功能是为发动机提供清洁、干燥、充足的空气。系统中主要组件空滤器、管路及其设计安装直接影响发动机功能的发挥、工作的稳定性、可靠性,以及其寿命。排气系统是指收集并且排放废气的系统,包括排气歧管、排气管、灭音管、尾管以及共振器。主要功能是把发动机在燃烧过程中产生的废气从多个汽缸内收集、清洁(经三元催化器)、消声,然后引到车后排出。

一 空气滤清器

空气滤清器的作用是滤除空气中的灰尘和杂质,以减少汽缸,活塞、活塞环等有关零件的磨损,延长发动机的使用寿命。图10-1为桑塔纳2000GSi型轿车的空气滤清器。其主要结构包括滤芯和壳体(空气滤清器上部、空气滤清器下部)及附属装置(夹箍、连接管道)等。

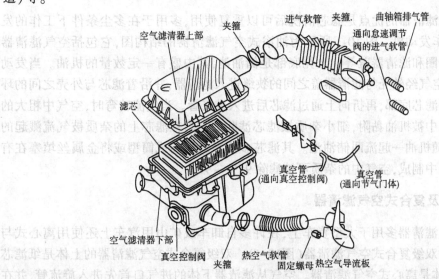

图10-1 空气滤清器

空气滤清器的种类较多,在汽车上常用的主要有以下几种类型。

1 纸质干式空气滤清器

纸质干式空气滤清器具有重量轻、结构简单、滤清效率高、造价便宜以及维护方便等优点,因此被广泛用于各类汽车发动机上,其结构如图10-2a)所示。由经过树脂处理的微孔滤纸制成的滤芯安装在滤清器外壳中。滤芯的上、下表面是密封面,当拧紧碟形螺母把滤清器盖紧固在滤清器上时,滤芯下密封面和滤芯上密封面分别与滤清器盖及滤清器外壳底部的配合面贴紧密合。滤纸打褶,以增加滤芯的滤过面积和减小滤芯阻力。滤芯外面是多孔金属网,用来保护滤芯在运输和保管过程中不使滤纸破损。在滤芯的上、下端浇上耐热塑料溶胶,以固定滤纸、金属网和密封面间的相对位置,并保持其间的密封。在发动机工作时,空气从滤芯的四周穿过滤纸进入滤芯中心,随后流入进气管,杂质被滤芯阻留在滤芯外面。

纸质干式空气滤清器的滤芯(图 10-2b)一般使用树脂处理的纸质滤芯,其过滤的效果与滤纸的筛大小有关,0.001mm 的筛孔可将大多数灰尘隔离,其滤清率可达 99.5% 以上。纸质滤芯的寿命取决于纸面大小(通常成波折状以提高过滤面积)及空气本身的清洁度,一般连续使用 1 万~5 万 km 必须更换滤芯。

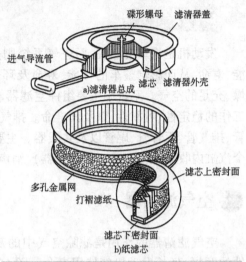

图 10-2 纸质干式空气滤清器

2 油浴式空气滤清器

油浴式空气滤清器的优点是滤芯清洗后可以重复使用,多用于在多尘条件下工作的发动机上,如越野车发动机。图 10-3 所示为油浴式空气滤清器的结构图,它包括空气滤清器外壳、滤芯、密封圈和滤清器盖等。外壳底部是储油池,其中盛有一定数量的机油。当发动机工作时,环境空气经外壳与滤清器盖之间的狭缝进入滤清器,并沿着滤芯与外壳之间的环形通道向下流到滤芯底部,再折向上通过滤芯后进入进气管。当气流转弯时,空气中粗大的杂质被甩入机油中被机油黏附,细小杂质被滤芯滤除。黏附在滤芯上的杂质被气流溅起的机油所冲洗,并随机油一起流回储油池。其滤芯多用金属网卷成筒型或将金属丝填塞在有孔眼的滤芯外壳中制成,空气中的杂质可被滤除 95%~97%。

3 离心式及复合式空气滤清器

离心式空气滤清器多用于大型货车上,在许多自卸车或矿山用汽车上还使用离心式与纸滤芯相结合的双级复合式空气滤清器(图10-4)。双级复合式空气滤清器的上体是纸滤芯空气滤清器,下体是离心式空气滤清器。空气从滤清器下体的进气口首先进入旋流管,并在旋流管内螺旋导向面的引导下产生高速旋转运动。在离心力的作用下,空气中的大部分灰尘被甩向旋流管壁并落入积灰盘中,空气则从旋流管顶部进入纸滤芯空气滤清器,空气中残存的细微杂质被纸滤芯滤除。

● 进、排气歧管

进气歧管的作用是将可燃混合气较均匀地分送到各个汽缸;而排气歧管的作用则是汇集各缸的废气经排气消声器排出,其构造类型通常有两种,如图 10-5 所示。

货车和客车的进、排气歧管大部分采用铸铁制成，也有少量采用铝合金制造的；现代轿车的进、排气歧管大部分采用铝合金制造，也有少量采用铸铁和硬质塑料制造的。汽油机的进、排气歧管通常安装在同一侧，主要是便于利用排气歧管的热量对进气歧管加热，两者可以铸成一体，也可分别铸造后用螺栓连接在一起，且在结合面处装上石棉衬垫以防止漏气。

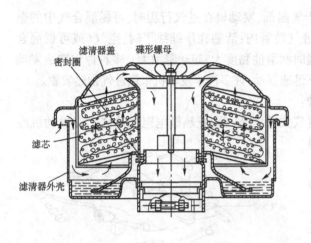

图10-3　油浴式空气滤清器

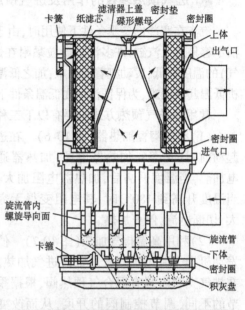

图10-4　双级复合式空气滤清器

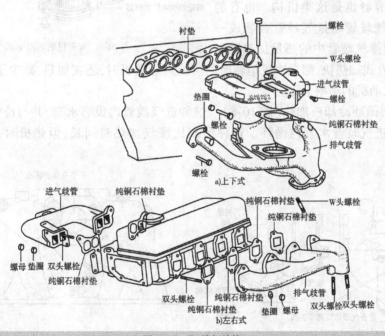

图10-5　进、排气歧管

三、进气预热装置

1 进气预热装置的作用及进气预热方式

汽车在寒冷的冬季条件下使用时,由于气温低,发动机在进气行程时,可燃混合气中的燃油不容易进入汽缸,许多汽油微粒黏附在进气歧管内;活塞在压缩终了时,空气(或可燃混合气)的温度较低,发动机着火困难;加之低温时润滑油黏度大,起动阻力大。多种原因造成发动机低温起动困难,为保证汽车在低温条件下迅速起动,许多汽车发动机采用进气预热装置。

常用的进气预热方式主要有以下三种:

(1)利用陶瓷加热器(图10-6) 在进气支管内装有陶瓷热敏电阻加热器。在发动机冷起动前,打开陶瓷加热器电源,加热器通电加热,当温度升高后,加热器电阻加大,当温度升高到180℃时,其电阻变得无穷大,切断电流,停止加热。

(2)利用高温排气加热(图10-7) 使发动机排气流过进气管底部对进气加热。在排气支管内装有混合气预热阀,根据季节的不同,调节控制阀的开度,从而改变对进气歧管的加热程度。带恒温进气装置的空气滤清器也是这类机构。也有的发动机将进气歧管与排气歧管合装成一体,直接利用排气歧管中的热量加热进气

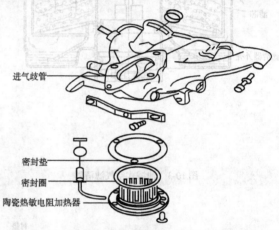

图10-6 陶瓷热敏电阻加热

歧管。这种方式加热快,缩短冷机运转时间。缺点是热机时,还在加热,减少了进入汽缸的空气量,使发动机的功率下降。

(3)利用循环冷却液加热(图10-8) 这种进气歧管内设有水套,并与冷却系统连通,让冷却液在进气歧管水套内循环。这种形式比废气加热时间长,但热机时,发动机的性能好。

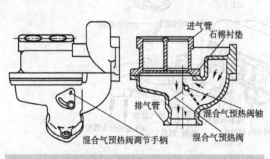

图10-7 利用高温排气加热

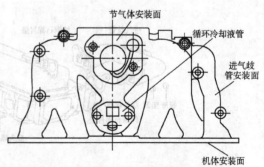

图10-8 利用循环冷却液加热

为了在低温起动后,进入汽缸的混合气能充分预热,桑塔纳轿车采用了恒温式空气滤清器。当空气滤清器中温度低于60℃,从排气歧管处搜集来的热空气进入滤清器。当空气滤清器中温度高于70℃,再进热空气时就会影响发动机充气系数,这时就停止进热空气,而从进气软管中进冷空气。

2 恒温空气滤清器的工作原理(图10-9)

(1)冷车,发动机起动后,进气歧管的负压作用到真空泵,在真空作用下,真空泵膜片拉杆使进气转换阀打开热空气通路。从而使从排气歧管处搜集的热空气进入到空气的滤清器中。

(2)当进气温度超过70℃,装在空气滤清器中的温度控制阀中的双金属片因温度升高切断了进气歧管与真空泵的通道,从而使进气转换阀关闭了热空气通道,于是冷空气从进气软管中进入空气滤清器中。

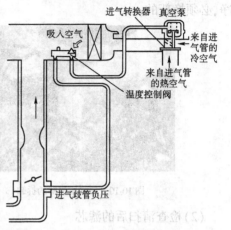

图10-9 恒温空气滤清器原理

一 任务实施准备

(1)发动机实训室;
(2)电喷汽车一辆;
(3)压缩空气、气枪、灯泡、电线。

二 任务实施步骤

1 空气滤清器的维护与保养

(1)清洁空气滤清器
①拧下空气滤清器盖上部的固定螺栓或卡箍;
②拆下滤清器盖夹子;
③用抹布擦干净空气滤清器盖内部;
④清理空气滤清器外部,扳开上盖的锁扣,取下上盖,如图10-10所示。
⑤取出空气滤清器芯,并更换新件。如果滤清器更换不久,也就是说还很干净,则可以使用轻拍法清洁空气格,如图10-11所示;若灰尘较多,则需要使用压缩空气气枪吹去里面的尘土即可。吹气时,一定要注意,从滤芯的里面向外面吹,以保证灰土全部吹出,如图10-12所示。

合成纤维布式空气滤芯,用半干性油浸过,灰尘会黏附在滤芯上,故不可以压缩空气吹净,必须换新的。

图10-10 空气滤清器的拆卸

图10-11 轻拍法清洁空气格

(2)检查清扫后的滤芯

将照明灯点亮后放入滤芯里面,从外部观察有无损伤、小孔或变薄的部分,若发现滤芯很脏、有破损则需要更换。各车型规定更换滤芯的历程数不同,请按照厂家规定执行。

(3)安装空气滤清器

按拆卸的反顺序安装空气滤清器,并检查其密封是否良好。安装时,装有排尘阀的端子要注意其箭头方向,口一定要朝后或朝下。进气管道在安装时,要保证其密封,特别要注意进气接头护套处的密封。

2 节气门体的检查与维护

发动机工作一段时间后,节气门处会聚积灰尘杂质,使进气量减少,发动机电脑就会控制节气门开度增大以增加进气量。当节气门脏污严重时,节气门开度就会超出设定的范围,并且出现发动机工作不良的故障,导致发动机出现怠速不稳,特别是在打开空调、前照灯时更加明显,严重的时候行驶过程中可能会出现熄火现象,因此,保养时应对节气门进行检查,一般汽车每行驶3万~4万km应清洗一次节气门或怠速控制阀。

(1)节气门体的拆卸(图10-13)

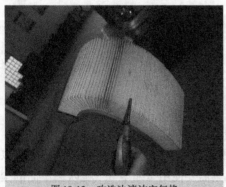

图10-12 吹洗法清洁空气格

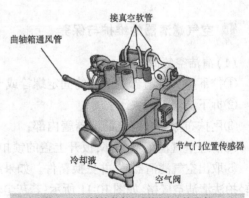

图10-13 拆掉节气门周围的连接附件

①将发动机暖机后熄火,拆下后进气管;
②拆开怠速控制阀和节气门位置 TPS 传感器电器接头;
③拆下节气门体和垫片;
④从节气门体上拆下怠速控制阀和 TPS 传感器。

(2)节气门体的安装(图 10-14)

节气门体的安装步骤按拆卸相反顺序进行,应注意以下几点:

①安装前,一定要清除掉所有表面上粘结的旧垫片的残留物。清除时要小心,不要损坏铝制件加工表面,不要使用电动工具来清洁铝制件加工表面。

②如果有必要更换节气门体,要确保压印在新节气门体上的编号与换下的节气门上的编号一致。

③以 18N·m 的扭矩拧紧节气门体与进气增压室的连接螺栓。

(3)节气门体的清洗(图 10-15)

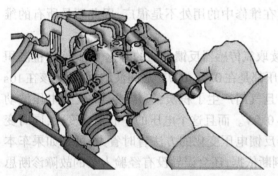
图 10-14　安装节气门体

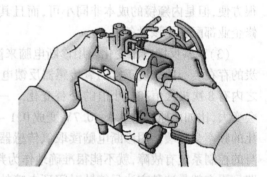
图 10-15　清洗并清洁节气门体

清洗节气门体具体应掌握以下要点:

①节气门应该拆下清洗才能彻底清洗干净。节气门阀片圆弧边缘、节气门轴及节气门体内壁是重点清洗部位。

②清洗节气门时一般使用罐装压力清洗液。清洗液具有腐蚀性,应事先拆下节气门密封圈。注意不要使清洗液通过节气门轴进入节气门位置传感器和节气门电动机,否则会造成部件的损坏。

③拆卸和安装节气门体时,要注意保护易损的塑料部件,如空气滤清器与节气门体之间的塑料连接管及节气门体的冷却水管,否则会引起冷却液的泄漏。不要漏装或损坏密封垫,否则会使进气系统漏气,导致怠速不稳。

④清洗节气门时需要反复开启节气门,不要打开节气门后猛地松开使节气门关闭,这样容易损坏节气门位置传感器和节气门阀片。

⑤安装节气门拉线后,应检查调整拉线的松紧度,确保节气门拉线运动的灵活性,并应有一定的自由度,但自由度不应过大,否则会使加速出现过慢的现象。

⑥安装节气门体后必须要做自适应设定。因为节气门体清洗后,怠速时节气门的开度就会减小,为了使发动机电脑可以适应这种变化,就需要使用专用诊断仪进行自适应设定。

3 进气歧管的检查与维护

1）进气歧管外观检查

(1) 检视进排气歧管有无裂纹、变形，紧固固定螺栓、螺母。

(2) 检查消声器及进气歧管密封圈有无裂纹、漏气，吊板有无裂纹，并紧固各部螺栓。

2）进气系统积炭的检查

在汽车维修中对于进气管积炭的诊断是很简单的，只要把节气门拆下就可以很清楚地看到积炭的程度了。但是对于气门积炭的诊断一向是个难题，一般来说有3种诊断方法。

(1) 解体法。也就是把发动机拆开，检查是否有积炭产生。这样很直观，但是耗时耗力，而且不管什么部件每拆装一次都会或多或少影响其性能，减短其使用寿命。

(2) 内窥镜检查。把火花塞或喷油嘴拆下，用内窥镜来观察气门积炭的程度。这种方法很方便，但是内窥镜的成本非同小可，而且其在维修中的用处不是很广，因此不是所有的维修企业都配备了该设备。

(3) 观察反馈电压变化。用诊断电脑来读取氧传感器反馈电压的变化，以此间接检测积炭的存在。一般来说正常的氧传感器反馈电压都是在 0.3~0.7V 之间波动，而且应该在 10s 之内有 8 次极大值和极小值的交替变化。一旦气门产生了积炭，氧传感器的反馈电压波动会变大，比如由原来的 0.3~0.7V 变成 0.1~0.9V。而且这个电压的中心值会变大，同时变化的频率会减缓。用诊断电脑读取氧传感器反馈电压变化的方法省时省力，可是如果车本身的控制系统有故障，就不能很准确地作为判断依据，还会误导没有经验人员的故障诊断思路。再有就是这种方法只能针对闭环电喷的汽车使用，因为只有闭环控制的系统才配备氧传感器。

3）进气系统积炭的清除方法

积炭的清除方法主要有以下两种：

(1) "免拆清洗"法。也就是用燃油系统清洗保护剂来清洗发动机。燃油添加清洗剂在发动机工作时，被燃油泵随同燃油一起吸入供油管路内。随着燃油的流动，它不仅能清洗掉油箱内、汽油泵滤网上的胶质和喷油嘴上的胶质与积炭，还可以在发动机正常工作时，自动清洗掉气门上和发动机汽缸内的积炭，使发动机"返老还童"，重新焕发出澎湃动力。由于从油箱、燃油泵滤网以及燃油管道内清洁下来的胶质会沉积在汽油滤清器内，所以免拆清洗后，必须及时更换燃油滤清器。

需再次提醒的是，由于清洗剂中的化学清洗成分对橡胶供油管路有一定腐蚀作用，使用该方法时，一定要注意使用周期与间隔时间，不然会加快燃油橡胶供油管路的老化和腐蚀。

(2) "解体清洗"法。"免拆清洗"简单省力，只需按正确的方法使用即可。但对于积炭严重的发动机，这种方法就显得力不从心，无法达到完全清洗洁净的目的。"免拆清洗"后，若发动机工作性能仍旧恶劣，而问题就是气门和缸内积炭太多引起时，那就不得不采用拆解发动机的方法来解决了。

气门积炭的清洗较为简单,在拆下进气歧管后,用手工或采用清洁药物浸泡即可清除。而进气歧管的清洗,在拆下节气门后,用手工或采用清洁药物浸泡即可清除至于发动机缸内积炭的清洁,则必须"大动干戈",拆下汽缸盖、正时皮带等才可以清洗。

由于发动机拆卸重新装配后,其动力、密封性能会逊色于原厂,所以一般情况下,清洁发动汽缸内的积炭不宜经常进行。

学习任务二　排气及其净化系统的构造与检修

学习目标
◎ 掌握排气系统基本结构组成;
◎ 掌握排气净化的基本方法及排气净化装置的基本工作原理;
◎ 掌握排气系统的检测与维护方法。

能力要求
◎ 能认识排气净化系统的各组成部件;
◎ 能对排气净化系统进行维护作业。

一辆红旗牌乘用车,车主反映该车这段时间排气管的噪声很大,尾气明显有一股臭皮蛋的味道。

4S店技术人员根据车主的陈述,初步判定该车排气管损坏,消声器工作不良,同时判定三元催化反应器出现故障。

现代汽车排放标准都很高,排气系统都有相应的排气进化装置,而对这些装置进行检查保养或更换,就必须要了解排气及其进化系统的结构组成和原理

一 排气消声器

排气消声器的作用是降低发动机排气噪声并消除废气中的火焰和火星,图10-16所示为排气管系与消声器的结构。

消声器的基本原理是:消耗废气的能量,平衡气流的压力波动,有吸收式和反射式两种基本消声方式。在吸收式消声器上,通过废气在玻璃纤维、钢纤维和石棉等吸声材料上的摩擦而减少能量。反射式消声器则由多次反射、碰撞、膨胀及冷却而降低其压力,减轻了振动。

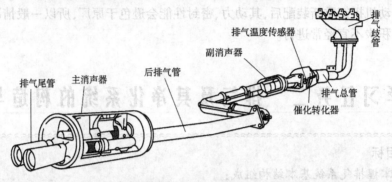

图10-16　排气管系与消声器

乘用车用消声器采用不同的消声原理组合而成。如图10-17所示,它由前消声器、中消声器和后消声器以及连接管组成,并焊接成一个整体。

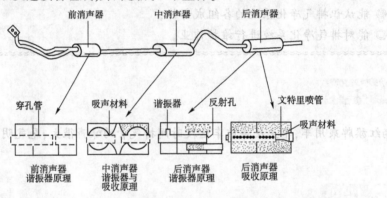

图10-17　乘用车用排气消声器及其消声原理

二、排气净化装置

以活塞式内燃机为动力的汽车是城市大气的主要污染源之一。汽车排放的污染物主要有一氧化碳(CO)、碳氢化合物(HC)、氮氧化合物(NO_x)和微粒。CO是燃油的不完全燃烧产物,是一种无色、无味的气体。它与血液中血红素的亲和力是氧气的300倍,因此当人吸入CO后,血液吸收和运送氧的能力降低,导致头晕、头痛等中毒症状。吸入含容积浓度为0.3%的CO气体时,可致人于死亡。NO_x主要是指NO和NO_2,产生于燃烧室内高温富氧的环境中。空气中NO_x体积分数在$10\times10^{-6} \sim 20\times10^{-6}$时可刺激口腔、鼻粘膜及眼角膜等。当$NO_x$超过$500\times10^{-16}$时,几分钟可使人出现肺气肿而死亡。因此,大部分汽车发动机都采用排气净化装置。

常用的排气净化装置主要有恒温进气系统、二次空气喷射系统、废气再循环系统、曲轴箱强制通风系统、汽油蒸气排放（EVAP）控制系统及催化转化器等。

1 恒温进气系统

恒温进气系统也称进气温度自动调节系统。它是由空气加热装置（又称热炉）和安装在空气滤清器进气导流管上的控制装置构成的。恒温进气系统多用于化油器式或节气门体喷射式发动机上。当发动机冷起动之后，在急速或小节气门开度下工作时，由于温度低，须供给发动机浓混合气以保持其稳定运转。但浓混合气燃烧不完全，排气中 CO 和 HC 较多。若供给稀混合气，虽然可以减少有害气体的排放，但在低温下发动机不能稳定运转。恒温进气系统的功用就是在发动机冷起动之后，向发动机供给热空气，这时即使供给的是稀混合气，热空气也能促使汽油充分汽化和燃烧，从而减少了 CO 和 HC 的排放，又改善了发动机低温运转性能。当发动机温度升高后，恒温进气系统向发动机供给未经加热的环境空气。

图 10-18 所示的是神龙富康 K2D 型发动机的恒温进气系统，它主要由双金属片温度传感器、真空阀、真空管、热空气进口、冷空气进口等组成。温度传感器感应进气温度，控制真空阀取自排气歧管上方的热空气或取自汽车前部的冷空气，真空管与化油器主腔节气门下方孔相通。

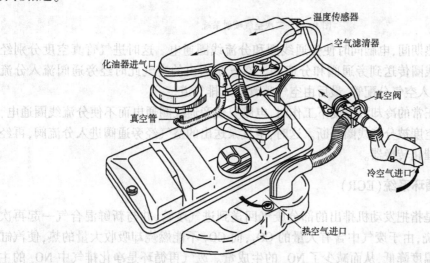

图 10-18 恒温进气系统

2 二次空气喷射系统

1）二次空气喷射系统的作用

二次空气喷射系统的作用是利用空气泵将新鲜空气经空气喷管喷入排气道或催化转换器，使排气中的 CO 和 HC 进一步氧化或燃烧成为 CO_2 和 H_2O。

2）二次空气喷射系统的工作原理

如图 10-19 所示为二次空气喷射系统构成及原理图。当发动机起动之后，电脑不使旁通线圈和分流线圈通电，于是这两个线圈同时把通向旁通阀和分流阀的真空隔断，这时空气泵送出的空气经旁通阀进入大气,这种状态称为起动工作状态,其持续时间的长短决定于发动机的温度。如果发动机温度很低,起动工作状态将持续较长时间。

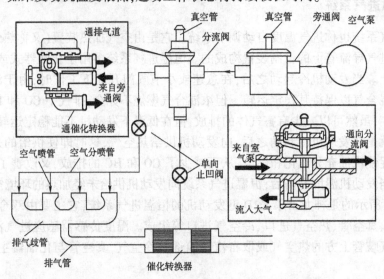

图 10-19 二次空气喷射系统

发动机在预热期间,电脑同时使旁通线圈和分流线圈通电。这时进气管真空度分别经旁通线圈和分流线圈传送到旁通阀和分流阀。空气泵送出的空气此时经旁通阀流入分流阀,再由分流阀流入空气分配管,最后由空气喷管喷入排气道。

当发动机在正常的冷却液温度下工作时,电脑只使旁通线圈通电而不使分流线圈通电,通向分流阀的真空度被分流线圈隔断。这时,空气泵送出的空气经旁通阀进入分流阀,再经分流阀进入氧化催化转换器。

3 废气再循环系统(EGR)

废气再循环是指把发动机排出的部分废气回送到进气歧管,并与新鲜混合气一起再次进入汽缸参加燃烧,由于废气中含有大量的 CO_2,而 CO_2 不能燃烧却吸收大量的热,使汽缸中混合气的燃烧温度降低,从而减少了 NO_x 的生成量。废气再循环是净化排气中 NO_x 的主要方法。在新鲜的混合气中掺入废气之后,混合气的热值降低,致使发动机的有效功率下降。

为了做到既能减少 NO_x 的排放,又能保持发动机的动力性,必须根据发动机运转的工况对再循环的废气量加以控制。NO_x 的生成量随发动机负荷的增大而增多,因此,再循环的废气量也应随负荷而增加。在暖机期间或急速时,NO_x 生成量不多,为了保持发动机运转的稳定性,不进行废气再循环。在全负荷或高转速下工作时,为了使发动机有足够的动力性,也不进行废气再循环。

废气再循环程度用 EGR 率来表示:

$$EGR 率 = [EGR 量/(进气量 + EGR 量)] \times 100\%$$

根据控制形式不一样,常用的废气再循环系统可以分为开环控制的废气再循环控制系统和闭环控制的废气再循环控制系统。

1) 开环控制的废气再循环系统(图 10-20)

开环控制的废气再循环系统的 EGR 率只受 ECU 预先设置好的程序控制,ECU 不检测发动机各工况下的 EGR 率,无反馈信号。其结构如图 10-20 所示,主要由 EGR 阀和 EGR 电磁阀等组成。

其工作原理如下:EGR 阀安装在废气再循环通道中,用以控制废气再循环量。EGR 电磁阀安装在通向 EGR 真空通道中,ECU 根据发动机冷却液温度、节气门开度、转速和起动等信号来控制电磁阀的通电或断电。ECU 不给 EGR 电磁阀通电时,控制 EGR 阀的真空通道接通,EGR 阀开启,进行废气再循环;ECU 给 EGR 电磁阀通电时,控制 EGR 阀的真空通道被切断,EGR 阀关闭,停止废气再循环。

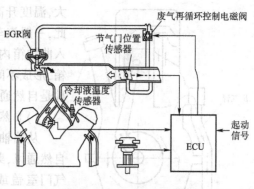

图 10-20　开环控制的废气再循环系统

2) 闭环控制的废气再循环系统(图 10-21)

闭环控制的废气再循环系统中,ECU 以 EGR 率及 EGR 阀开度传感器作为反馈信号实现闭环控制,其控制精度更高。其机构如图 10-21 所示,与开环控制 EGR 相比,它在 EGR 阀的基础上设置了一个 EGR 阀开度传感器。

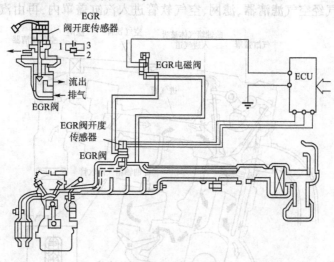

图 10-21　闭环控制的废气再循环系统

其工作原理如下:EGR 率传感器安装在进气总管中的稳压箱上,新鲜空气经节气门进入稳压箱,参与再循环的废气经 EGR 电磁阀进入稳压箱,传感器检测稳压箱内气体中的氧浓度,并转换成电信号送给 ECU,ECU 根据此反馈信号修正 EGR 电磁阀的开度,使 EGR 率保持在最佳值。

❹ 曲轴箱通风装置

发动机工作时,一部分可燃混合气和废气经活塞环泄漏到曲轴箱内。泄漏到曲轴箱内的汽油蒸汽凝结后,将使润滑油变稀。同时,废气的高温和废气中的酸性物质及水蒸汽将侵蚀零件,并使润滑油性能变坏。另外,由于混合气和废气进入曲轴箱,使曲轴箱内的压力增大,温度升高,易使机油从油封、衬垫等处向外渗漏。为此,一般汽车发动机都有曲轴箱通风装置,以便及时将进入曲轴箱内的混合气和废气抽出,使新鲜气体进入曲轴箱,形成不间断的对流。曲轴箱通风方式一般有两种:一种是自然通风,另一种是强制通风。

1)自然通风

从曲轴箱抽出的气体直接导入大气的通风方式称为自然通风,柴油机多采用这种通风方式。在曲轴箱连通的气门室盖或润滑油加注口接出一根下垂的出气管(图10-22),管口处切成斜口,切口的方向与汽车行驶的方向相反。利用汽车行驶和冷却风扇的气流,在出气口处形成一定的真空度,将气体从曲轴箱抽出。

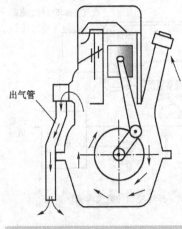

图10-22 曲轴箱自然通风系统

2)强制通风(PCV 系统)

曲轴箱强制通风装置(图10-23)当发动机工作时,进气管真空度作用到 PCV 阀,此真空度还吸引新鲜空气经空气滤清器、滤网、空气软管进入汽缸盖罩内,再由汽缸盖和机体上的

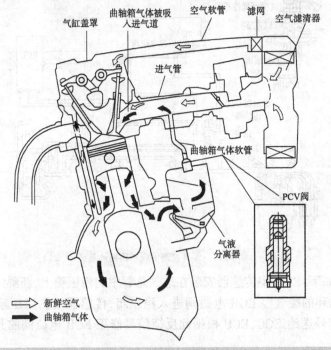

图10-23 曲轴箱强制通风装置工作原理

孔道进入曲轴箱。在曲轴箱内,新鲜空气与曲轴箱气体混合并经气液分离器、PCV 阀和曲轴箱气体软管进入进气管,最后经进气门进入燃烧室烧掉。被气液分离器分离出来的液体返回曲轴箱。

5 汽油蒸气排放(EVAP)控制系统

1)EVAP 控制系统功能

收集汽油箱和浮子室内的汽油蒸气,并将汽油蒸气导入汽缸参加燃烧,从而防止汽油蒸气直接排出而防止造成污染。同时,根据发动机工况,控制导入汽缸参加燃烧的汽油蒸气量。

2)EVAP 控制系统的组成与工作原理

如图 10-24 所示为 EVAP 控制系统结构及原理图。油箱的燃油蒸汽通过单向阀进入活性炭罐上部,空气从炭罐下部进入清洁活性炭,在炭罐右上方有一定量排放小孔及受真空控制的排放控制阀,排放控制阀内部的真空度由炭罐控制电磁阀控制。

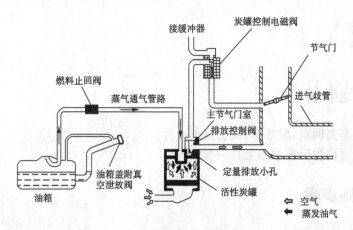

图 10-24 EVAP 控制系统

发动机工作时,ECU 根据发动机转速、温度、空气流量等信号,控制炭罐电磁阀的开闭来控制排放控制阀上部的真空度,从而控制排放控制阀的开度。当排放控制阀打开时,燃油蒸气通过排放控制阀被吸入进气歧管。

6 催化转换器

在汽车上使用最广泛的催化转换器主要是三元催化转换器。在氧传感器功能良好的情况下,三元催化转换器可同时去除 90% 以上的三种主要污染物(HC、CO 和 NO_x)。其机构如图 10-25 所示,主要由金属外壳和涂有少量铂和铬(催化剂)的陶瓷栅组成,大多数转化器只有几克催化剂。

三元催化转换器的工作原理如图 10-26

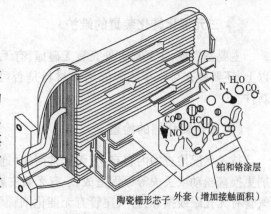

图 10-25 三元催化反应器结构

所示,当含有 CO 和 HC 的废气通过三元催化转换器时,催化剂便触发氧化(燃烧)过程,HC 和 CO 与转换器中的氧结合生成水蒸气和二氧化碳,氧化过程对 NO_x 排放没有影响。

为了减少 NO_x 的含量,需要进行"还原"反应。还原反应是去掉物质中的氧原子。在三元催化转换器中,铑被用作催化剂,将 NO_x 分解为氮和氧,当温度为 250℃ 左右时,污染物便会发生有效的转化,如图 10-26 所示。

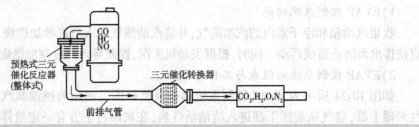

图 10-26　三元催化反应器工作原理

一、任务实施准备

(1)汽车整车实训室、配备举升机,整车一台;
(2)发动机维护与保养常用工具一套。

二、任务实施步骤

1 排气歧管和消声器的维护

检查排气歧管的衬垫是否完好,不得有漏气现象,排气消声器无裂痕和堵塞;检查排气管与消声器的连接部位是否脱焊等。

2 三元催化转化装置的维护

主要是目视,主要检查外壳有无碰撞,有无因锈蚀造成的漏气,由于其工作温度在 400℃ 以上,还要检查与汽车底部的绝缘材料是否可靠;另外,堵塞严重造成排气不畅的应更换新件。

3 催化转化器的检查

技术状况检查的内容有:有无异常声响(通常由排气管接头松动、催化转化器损坏、催化剂更换塞松动或丢失等原因造成);有无裂皮或外壳压扁之类的外观损坏;导通转化器的排气管有无孔眼或损坏;排气尾管有无催化剂颗粒排出(颗粒式催化转化器特有的现象,排出颗粒说明转化器内盛装颗粒的不锈钢篮组件碎裂)。催化转化器外观损坏或排气尾管排出颗粒,均需维修或更换。

4 催化转化器的维修

典型的颗粒式催化转化器的维修方法如下:

在振动器和铁皮罐安装的同时,将"吸气器"或真空泵的电源开关接通,这样在催化转化器装料口螺塞卸除后可防止催化剂颗粒外漏。在振动器和铁皮罐安装就绪后,将真空泵关闭掉,振动器的气源接通,此时,催化剂颗粒就开始进入铁皮罐内。大约10分钟就可以卸空转化器。填装新的催化剂颗粒时,先将铁皮罐内用过的颗粒倒出,然后装填新的催化剂颗粒。再将铁皮罐接到振动器上,接通气源和真空管路,于是催化剂颗粒从铁皮罐被吸入转化器内。在新的催化剂颗粒停止流入转化器后,卸除所接的空气软管和振动器,由于真空泵的作用,催化剂颗粒将不会外漏。催化转化器应装满,一直到与装料孔平齐为止,在螺塞的螺纹上涂上一层防粘剂,然后拧在装料孔上,将真空泵卸下。最后起动发动机,检查催化转化器的排料塞有无泄漏,并用红外线分析仪检查汽车的各项排放是否符合标准。

5 曲轴箱强制通风装置

对曲轴箱通风装置必须进行定期维护检查,使它保持畅通完好。

(1)滤网的维修:将其在清洁的汽油中清洗后,用压缩空气吹干。滤网装入总成前,需在干净的机油中浸渍,以增强对灰尘的吸附和过滤作用。

(2)管路的维修:通风管路如有连接松动、堵塞或破裂漏气等,应及时修理或更换。

(3)PCV阀的维修:拆下PCV阀,检查是否灵活和密封,如有发卡、锈死或弹簧失去弹力等现象应及时更换。

良好的曲轴箱通风装置在发动机正常工作时,曲轴箱内应有一定的真空度(78 kPa),否则,应重新检修。

知识拓展

所谓增压就是将空气预先压缩后再供入汽缸,以期提高空气密度,增加进气量的一项技术。由于进气量增加,可相应地增加循环供油量,从而可以增加发动机的功率。同时,增压还可以改善燃油经济性。实践证明,在小型汽车发动机上采用涡轮或机械增压,当汽车以正常的车速行驶时,可以得到驾驶人所期望的良好的加速性。

发动机进气增压的类型有不同分类方法,按实现增压所提供的能量可分为:机械增压、气波增压、废气涡轮增压和复合增压四种基本类型。机械增压是利用内燃机的一部分机械功驱动压气机。气波增压是根据压力波的气动原理,利用废气能量直接压缩空气,由内燃机V带驱动的增压器转子控制并维持气波增压过程,它与内燃机的传动比是不变的。废气涡轮增压是利用内燃机的一部分排气能量驱动增压器,废气涡轮增压器与内燃机只有流体联系。

1 机械增压

机械增压是一种通过发动机直接驱动压气机,以提高发动机进气压力的增压方式,机械增压器由发动机曲轴经齿轮传动驱动(图10-27),机械增压的特点是能有效地提高发动机功率,与涡轮增压相比,其低速增压效果更好。另外,机械增压器与发动机容易匹配,结构也比较紧凑。但是,由于驱动增压器需消耗发动机的功率,机械增压压力越高,压气机消耗功率越大。乘用车用的机械增压内燃机,驱动压气机消耗功率10~15kW,为保证内燃机机械效率,增压压力不能过高。

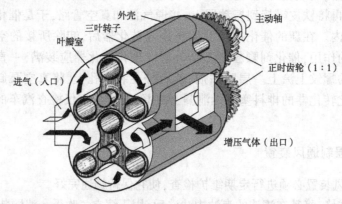

图10-27 机械增压示意

根据压气机的工作原理,机械驱动式增压器可分为机械离心式、罗茨式、滑(叶)片式、螺旋式和转子活塞式等形式的增压器。

2 涡轮增压

废气涡轮增压是车用发动机广泛采用的主要增压方式。它是将发动机排出废气的部分能量转化为机械能,从而带动同轴的压气机叶轮旋转,压气机将压缩后的空气充入汽缸,实现增压,如图10-28所示。增压气涡轮壳的进气口与发动机排气管相连接,增压器压气机壳的出气口与柴油机进气管相连接。发动机排出的具有500~750℃高温和一定压力的废气,经涡轮壳进入喷嘴环。由于喷嘴环的通道面积由大到小,使废气的压力和温度下降,而流速却迅速提高。利用这个高速的废气气流,按一定的方向冲击涡轮,使涡轮高速旋转。废气的压力和温度越高,涡轮转的越快。而与涡轮同轴的压气机叶轮以相同的速度旋转,将经过空气滤清器过滤的空气,吸入压气机。高速旋转的压气机叶轮把空气甩向叶轮的边缘,速度增加后进入扩压器。扩压器的形状是进口小出口大,因此,经扩压器的气流速度下降而压力升高,再通过截面由小到大的环形压气机壳,使气流压力进一步提高后,经进气管进入汽缸,从

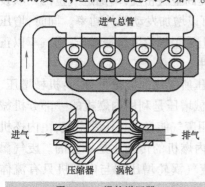

图10-28 涡轮增压器

而起到了增压的作用。

废气涡轮就是一个小型的燃气轮机,涡轮增压器与发动机之间只有气管相连实现气体动能的传递,而无任何机械连接。这种增压方式能有效地利用排出废气的能量,经济性比机械增压和非增压发动机都好,并可大幅度地降低有害气体的排放和噪声水平。但缺点是由于涡轮机是流体机械,而发动机是动力机械,因此增压发动机低速时的转矩增加不多,而且在发动机工况发生变化时,瞬态响应特性较差,致使汽车加速性,特别是低速加速性较差。

3 气波增压

气波增压器是一种利用空气动力学原理制成的增压装置,压力波使排气和进气直接进行能量传递,以提高进气压力,增大进气的密度。当压缩波在管道内传播时,在管道的开口端反射为膨胀波,而在管道的封闭端则反射为压缩波;反之,当膨胀波在管道内传播时,在管道的开口端反射为压缩波,而在封闭端则反射为膨胀波。气波增压器内设有一个特殊形状的转子,发动机排出的废气在转子中直接与进气接触,利用排气压力波使进气受压缩,提高进气密度。气波增压器结构简单,加工方便,工作温度低,不需要耐热材料,也无须冷却。

气波增压器中有一个特殊形状的转子,由发动机曲轴带轮经传动带驱动(图10-29)。在转子中发动机排出的废气直接与空气接触,利用空气压力波使空气受到压缩,以提高进气压力。气波增压器结构简单,加工方便,

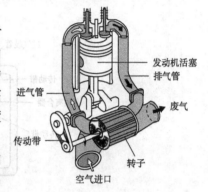

图10-29 气波增压示意

工作温度不高,不需要耐热材料,也无须冷却。与涡轮增压相比,其低速转矩特性好,但是体积大,噪声水平高,安装位置受到一定的限制。目前,这种增压器还只能在低速范围内使用。由于柴油机的最高转速比较低,因此多用于柴油机上。

与涡轮增压相比,其低速转矩特性好;但是体积大,噪声高,安装位置受到一定的限制。适用于转速和转矩在较宽范围内高压空气变化的汽车用柴油机。

4 复合增压

复合增压系统是指采用机械式和废气涡轮式增压装置的联合增压。这种系统进一步满足了发动机各工况的需求,提高了发动机性能。按其设置配合的不同主要有串联式、并联式、混合式和德国大众的 TSI(Twin charged Stratified Injection)发动机增压系统等。

TSI 发动机增压系统是德国大众将其 2001 年推出的燃油分层直喷燃烧技术 FSI (Fuel Stratified Injection)与混合式复合增压技术融合在一起,实现了高效、节能、减排的目的,如图10-30 所示。TSI 汽油机的增压系统为可变串联式复合增压系统,第一级采用罗茨机械增压器,第二级采用废气涡轮增压器,进气转换阀与第一级罗茨机械增压器并联。发动机曲轴经电磁离合器、楔形传动带驱动罗茨机械增压器。一汽大众发动机(大连)公司也采用该技术

生产涡轮增压直喷汽油机。

发动机低速小负荷工作时，进气转换阀关闭，电磁离合器接合，楔形传动带驱动罗茨机械增压器增压的空气经废气涡轮增压器压气机压入汽缸。此时尽管涡轮转速较低，但由于罗茨机械增压器的增压作用，避免了普通单一废气涡轮增压器低速时的"迟滞"现象，提高了发动机低速时的进气压力和转矩特性；发动机中速中负荷工作时，废气涡轮增压器的增压作用增强，为了避免负荷过大，需调低罗茨机械增压器的增压比，通过ECU控制进气转换阀部分开启，使机械增压的高压空气部分回流到罗茨机械增压器的入口端，从而降低了通往废气涡轮增压器的输入压力，更好地适应发动机工况；随着发动机转速和负荷的增大，废气涡轮增压器的增压比增大到不需要机械增压器参与增压时，进气转换阀开启，电磁离合器分离，罗茨机械增压器停止工作，由废气涡轮增压器单独增压。

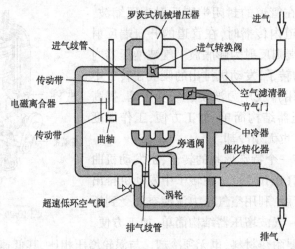

图 10-30　TSI 发动机增压系统

为避免发动机高速运转突然关闭节气门而导致压气机背压过高，电控超速循环空气阀打开，把增压空气引回压气机进气端，从而使涡轮增压器转速逐渐降低。

复习思考题

一、填空题

1. 空气滤清器的功用主要是滤去空气中的_____和_____，将清洁的_____送入燃烧室，以减少活塞与汽缸套之间、活塞组之间和气门组之间的磨损。
2. 空气滤清器主要有_____、_____和_____三种。
3. 发动机进气增压的类型按实现增压所提供的能量可分为：_____、_____和_____三种基本类型。
4. 废气涡轮增压器主要由_____、_____和_____三部分组成。

5. 汽油机增压要防止出现爆燃,需要在_____、_____、_____、配气相位、点火系等方面作一系列的调整与改变。

6. 复合增压系统是指采用_____和_____增压装置的联合增压。

二、选择题

1. 下列装置中不属于进排气系统及排气净化装置的是(　　)。
　　A. 进气系统　　　　B. 排气净化装置　　　　C. 燃油供给系统

2. 下列空气滤清器已逐渐被淘汰的是(　　)。
　　A. 油浴式空气滤清器　B. 干式纸质空气滤清器　C. 双级复合式空气滤清器

3. 在采用三元催化反应器进行排气净化的轿车上,排气系统中除了安装三元催化反应器外,还要有(　　)。
　　A. 排气温度传感器　　B. 氧传感器　　　　　　C. 爆震传感器

4. 发动机进气增压中冷就是将空气预先压缩,再经(　　),然后供入汽缸,以提高进气密度、增加充气量的一项技术。
　　A. 加热　　　　　　B. 保温　　　　　　　　C. 冷却

5. 二次空气喷射系统只能用再氧化的方法使 HC、(　　) 的排放降低。
　　A. H_2O　　　　　B. CO　　　　　　　　C. NO_x

6. 三元催化转化装置是能同时净化汽车尾气排放中的 HC、CO 和(　　)的后处理技术。
　　A. H_2O　　　　　B. O_2　　　　　　　　C. NO_x

7. 安装有涡轮增压器的发动机动力不足,加速反应迟钝,可能的原因有涡轮增压器工作不良、增压柴油机进排气管路密封不良、(　　)。
　　A. 进气管凹瘪　　　B. 气门间隙过大　　　　C. 机油压力过低

8. 发动机怠速时,若指针在 17.33kPa 以下,则表示(　　)。
　　A. 进气管堵塞　　　B. 排气管漏气　　　　　C. 进气管漏气

三、判断题

1. 进排气系统及排气净化装置是在发动机工作过程中,不断地将新鲜空气或可燃混合气送入燃烧室,又将燃烧后的废气排到大气中,从而保证发动机连续运转。(　　)

2. 由于排放与噪声法规的要求,现代车用发动机除了采取完善的机内净化措施外,在传统的进、排气系统中增加了机外净化的附件与装置,并且广泛地采用进气增压技术。(　　)

3. 纸质式空气滤清器多用于自卸车或矿山用汽车等大型载货汽车上。(　　)

4. 恒温进气系统主要是在高温条件下启动汽车时,降低气体温度,保持进气管内的温度在一定的范围内恒定不变。(　　)

5. 发动机的排气噪声大致可分为"脉动噪声"和"气流噪声"两大类。(　　)

6. 废气涡轮增压和中冷器广泛应用在大功率的汽车用柴油机上。(　　)

7. 安装有涡轮增压器的发动机上,由于涡轮增压器工作不良,使发动机进气量不足,功率下降。(　　)

8. 柴油机中冷器的冷却介质的都是水。(　　)

四、简答题
1. 发动机排气系统由哪些部件组成？其作用是什么？
2. 汽油机的排气净化是如何控制的？
3. 柴油机的排气净化是如何控制的？
4. 为什么有的汽车装有预热装置？
5. 简述废气涡轮增压的工作原理。
6. 简述三元催化装置的工作原理。

项目 11 发动机的拆装与竣工验收

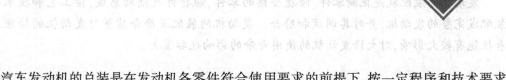

汽车发动机的总装是在发动机各零件符合使用要求的前提下,按一定程序和技术要求装配成完整的、技术性能良好的发动机总成的过程。

发动机的装配质量,对大修后的性能影响很大,因此,发动机的总装必须严格按照技术要求进行。

发动机装配完整后,需进行磨合和试验,用以改善摩擦副的技术要求,扩大实际接触面积,增强零件的承载能力,改善发动机各系统运行的协调性,防止发动机非正常磨损,延长发动机的使用寿命。

发动机磨合后,需要进行拆检,可以及时发现装配过程中的误差,并及时修正和排除。

最后,还要进行竣工验收及性能测试,以确保大修后的发动机性能达到标准。

学习任务一 发动机的拆装

学习目标
- ◎ 掌握发动机拆装的基本要求;
- ◎ 掌握发动机拆装的基本步骤和工艺过程;
- ◎ 掌握常用工具的使用规范。

能力要求
- ◎ 能熟练进行发动机各总成的装配和发动机的总装;
- ◎ 能熟练使用专用工具;
- ◎ 能熟练掌握重要部位螺栓拧紧力矩的大小。

汽车出现故障时，很多时候是由于发动机故障引起的，这就需要对发动机进行检修。检修时，要对发动机部件进行拆装，这就要求我们了解发动机的组成情况，以及各部分的主要作用，判断和分析故障存在的点，从而排除故障。

TOYOTA 汽车 8A 或 5A 型发动机，在拆卸和装配过程中有哪些技术要求？应注意哪些事项？拆装的顺序是什么？各零件间的相互关系如何调整？

发动机的装配就是把新零件、修理合格的零件、组合件及辅助总成，按工艺和技术条件装配成完整的发动机，并对其调试和磨合。发动机的装配及磨合质量对发动机的修理质量和性能有较大影响，对大修发动机的使用寿命的影响也非常大。

发动机的总装质量，对发动机的修理质量有重要的影响。因此，在总装过程中，不仅是将零部件及总成装配成发动机，还需要对修复或更换的新件进行最后的质量检查。

总装后的发动机要按要求进行必要的调整，以达到良好的技术状况。

一、发动机总装前的准备

发动机的装配要求很高，在总装前要进行认真的准备，以提高装配效率、保证装配质量。总装前的准备要做到"好、净、齐、专"。

(1)"好"是指在总装前，要检查所有使用的零部件和总成，确定其质量完好，完全符合使用的技术要求。

(2)"净"是指在总装前，要将所有使用的零部件和总成，以及工具和工作台进行彻底的清洗，保证洁净，并吹干。

(3)"齐"是指在总装前，所需要的工具、设备以及所有零部件和总成要齐备，特别是要准备齐全辅料，如密封胶、润滑油、石棉绳以及各种垫等。

(4)"专"是指在总装前，要准备与车型对应的专用工具、专用检测仪器、仪表等，这个准备工作很重要，应避免在装配过程中，因专用工具和设备不全而影响装配进度和装配质量。

二、发动机总装的要求

发动机的总装是十分复杂的过程，一般分为两步，即总成装配和整机装配。将一组合格的零部件装配成总成的工艺过程叫总成装配,将各个总成和零部件组装成一台完整的发动机的工艺过程叫整机装配。

在装配过程中,由于发动机的结构形式很多,总装的程序并不完全一致,有些装配步骤可以交叉,但是必须遵循以下要求:

(1)满足总装的准备要求,做充分的准备。

(2)全部密封衬垫、开口销、保险垫片、金属锁片、垫圈等应更换新件。

(3)各不可互换的零部件,如汽缸体与飞轮壳、活塞连杆组的连杆和连杆盖、气门等应根据相对位置做好记号,原位装复,不得错乱。

(4)发动机上重要的螺栓、螺母,如连杆螺栓、主轴承螺栓、缸盖螺栓、飞轮螺栓等,必须按规定的力矩和顺序分次进行拧紧。

如塑性螺栓的塑性域紧固法(图11-1),在塑性域只有螺栓转动的变化,而力矩则保持不变。有些汽缸盖螺栓、连杆螺栓就是用塑性域紧固法分三步拧紧的。

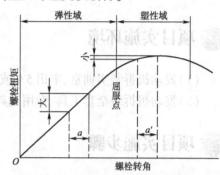

图11-1 螺栓的塑性域

第一步,用专用工具将所有螺栓按规定顺序、转矩紧固后,在所有螺栓头前端漆上记号,如图11-2所示。

第二步,将预紧的螺栓以规定顺序按图11-2a)方向拧紧90°。

第三步,将所有螺栓按顺序再拧紧90°,如图11-2b)所示,螺栓头上的记号位于后端。

此类螺栓如果破裂或变形,立即更换。

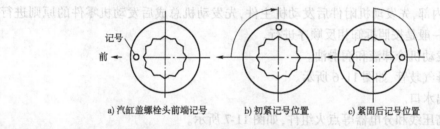

图11-2 汽缸盖螺栓的拧紧

(5)要注意螺栓的长度和螺纹的牙型。不要将长螺栓拧入短螺纹孔,也不要将短螺栓拧入长螺纹孔,否则会影响紧固效果,造成滑扣等;要注意螺栓的螺纹是粗牙还是细牙,不能装错。

(6)关键部位的重要间隙必须符合规定,如活塞与汽缸壁间隙、曲轴与轴承间隙、气门间隙、曲轴和凸轮轴的轴向间隙等。

(7)对装配过程中需要润滑的部位,要进行润滑,如汽缸、活塞环、活塞销、曲轴轴颈等部位,在装配前要进行润滑处理。

(8)装配过程中尽可能使用专用工具,要采用正确的操作方法,防止发生非正常的零部件损伤。

(9)过盈配合的零部件在装配时,要采用压力机压入的方式,尽量不要用锤子敲击,只能用锤子的时候,要用橡皮锤或铜锤,并用垫铁过渡,防止将零件砸伤。

(10)对于动平衡件,要保证平衡重原位装复,不能漏装。

一 项目实施环境

(1)发动机拆装实训室、丰田5A或8A发动机;
(2)发动机拆装全套工具、专用工具。

二 项目实施步骤

发动机拆装顺序与调整方法随结构的不同而有所变化,但基本顺序和方法工艺相同。下面以丰田5A或8A机型发动机为例,详细讲解该类型发动机的分解和装配的步骤和工艺。

1 发动机的拆卸

丰田5A或8A机型发动机的基本结构如图11-3至图11-5所示。

发动机的拆卸一般是按照由简单到复杂的程序进行的,在拆卸过程中应本着先发动机外部后发动机内部,先发动机附件后发动机主件,先发动机总成后发动机零件的原则进行。发动机的复装一般是按照拆卸相反顺序进行。

(1)放出发动机冷却液和润滑油。
(2)拆下排气歧管,如图11-6所示。
(3)拆下出水口。
(4)拆下高压线和分电器等点火组件,如图11-7所示。
(5)拆下进气歧管撑条,拆下2个螺栓与进气歧管,如图11-8所示。
(6)拆下旁通软管与燃油返回软管。
(7)卸下交流发电机驱动皮带与水泵皮带轮,拆下发电机,如图11-9所示。
(8)拆下火花塞、通风阀、垫片。
(9)拆下气门室盖分总成,如图11-10所示。
(10)拆下正时链条或皮带罩和曲轴齿轮或皮带轮罩分总成,如图11-11所示。
(11)将1号汽缸设定在压缩上止点位置。
①转动曲轴皮带轮,将皮带轮槽口对准1号正时皮带罩上的正时标记"0"。
②检查曲轴正时皮带轮的"K"标记与轴承盖的正时标记是否对准,如图11-12所示。否则,转动曲轴一周。

(12)拆下凸轮轴皮带轮螺栓,拆下曲轴皮带轮。

(13)拆下正时皮带导轮。

(14)旋松惰轮安装螺栓,拆下张紧弹簧,如图11-13所示。

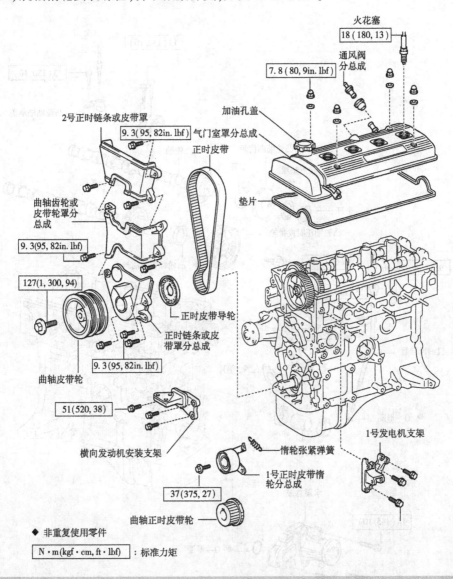

图11-3　5A/8A型发动机基本结构(一)

(15)拆下正时皮带。如果重复使用正时皮带,就要在皮带上画一个方向箭头(按发动机旋转的方向),并如图11-14所示在皮带轮和皮带上做出定位标记。

(16)拆下1号正时皮带惰轮分总成,如图11-15所示。

(17)拆下横置发动机3个螺栓和发动机右侧安装支架,拆下曲轴正时皮带轮,如图11-16所示。

(18)拆下1号发动机吊钩和发电机支架,如图11-17所示。

(19)拆下机油尺导管。
(20)拆下2个螺栓和进水管、垫片、水泵总成,如图11-18所示。
(21)用扳手夹持凸轮轴的六角头部分,拆下皮带轮螺栓和正时皮带轮,如图11-19所示。

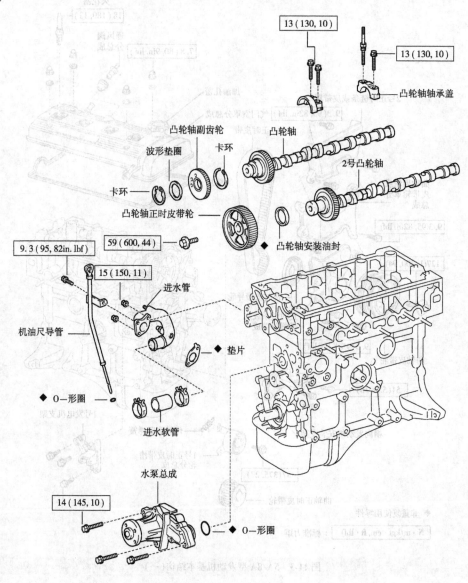

◆ 非重复使用零件
N·m(kgf·cm,ft·lbf):标准力矩

图11-4　5A/8A型发动机基本结构(二)

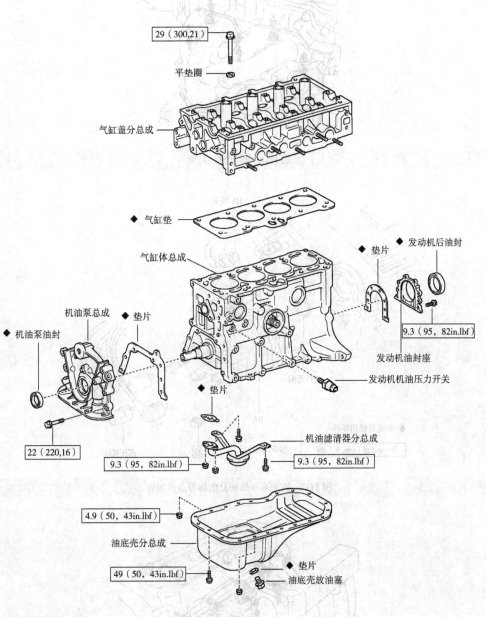

图 11-5　5A/8A 型发动机基本结构(三)

图11-6　拆下排气歧管

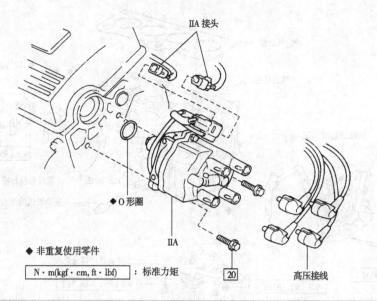

图11-7　拆下高压线和分电器等点火组件

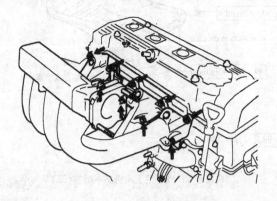

图11-8　拆掉进气歧管螺栓

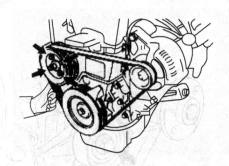

图11-9 拆下发电机

枢轴螺栓
调节螺栓
调节锁定螺栓

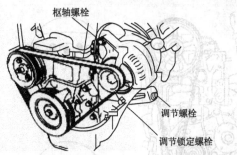

图11-10 拆下气门室盖分总成

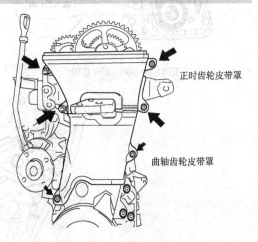

图11-11 拆卸皮带罩

正时齿轮皮带罩
曲轴齿轮皮带罩

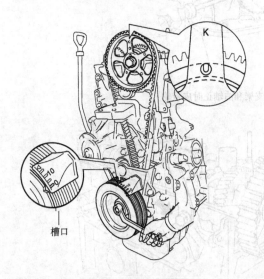

图11-12 检查正时标记

槽口

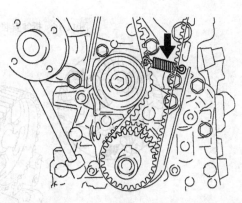

图11-13 拆卸装紧弹簧

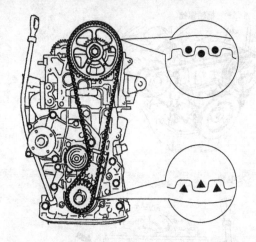

图 11-14 拆卸正时皮带

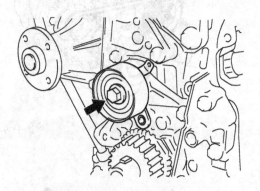

图 11-15 拆卸正时皮带惰轮分总成

图 11-16 拆卸安装支架和曲轴正时皮带轮

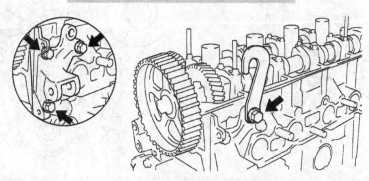

图 11-17 拆卸发动机吊钩和发电机支架

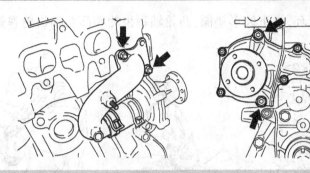

图 11-18　拆卸水泵总成

(22)拆下凸轮轴。

由于凸轮轴的止推间隙很小，必须保持水平并垂直取出凸轮轴。如果凸轮轴不能保持水平，汽缸盖承受轴的推力可能开裂或损坏，造成凸轮轴变形或断裂。为避免如此，必须执行下述步骤。

①转动凸轮轴的六角部分，将副齿轮小孔转上来（它定位主齿轮和副齿轮）。此时允许进气凸轮轴的1、3号汽缸凸轮的桃心同时顶到各自挺杆。

②拆下两个螺栓和1号轴承盖，如图11-20所示。

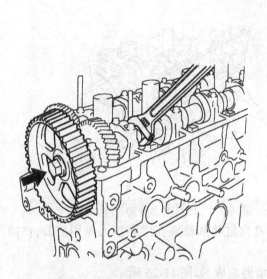

图 11-19　拆卸正时皮带轮

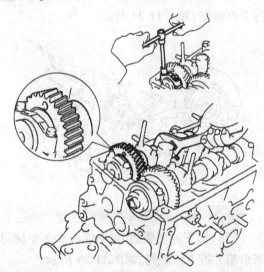

图 11-20　拆卸轴承盖

③拆卸维修螺栓，如图11-21所示。拆除凸轮轴时，确信通过上述操作已经消除副齿轮扭转弹簧的弹力。

④按规定顺序分几次均匀地拧松8个轴承盖螺栓，拆下4个轴承盖和凸轮。

如果凸轮轴没有被水平地向上顶起，用两个螺栓重新安装轴承盖。然后向上拉凸轮轴齿轮并交替地旋松，拆下轴承盖螺栓，不要用工具或其他物体撬动和用力拆除凸轮轴。

(23)拆下凸轮轴副齿轮。

①用台钳固定凸轮轴的六角部分，使用专用工具逆时针转动副齿轮，拆下维修螺栓。

②使用卡环钳拆下卡环,拆下波形垫圈、凸轮轴副齿轮和凸轮轴齿轮弹簧,如图 11-22 所示。

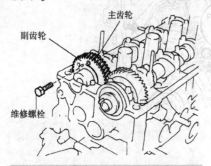
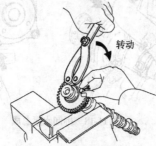
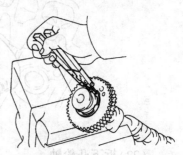

图 11-21　拆卸维修螺栓　　　　　　　图 11-22　拆卸副齿轮

(24) 拆下凸轮轴定位油封。

①转动 2 号凸轮轴的六角部分,使定位销位于 2 号凸轮轴垂直中心线偏右的位置。此时上述角度允许 2 号凸轮轴的 1、3 号汽缸凸轮的桃心同时顶到各自的挺杆。

②拆下 2 个螺栓,凸轮轴定位油封和轴承盖,如图 11-23 所示。

(25) 按顺序分几次均匀地旋松 10 个汽缸盖螺栓,从汽缸体上的定位销处撬起汽缸盖,拆下汽缸垫,如图 11-24 所示。

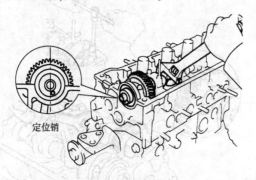
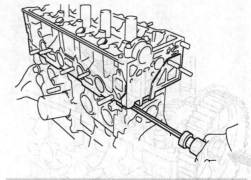

图 11-23　拆卸凸轮轴定位油封　　　　　图 11-24　拆卸汽缸体

(26) 拆下油底壳的 19 个螺栓和 2 个螺母,在汽缸体和油底壳之间插入专用铲刀,铲掉密封垫并拆下油底壳,如图 11-25 所示。

(27) 拧下 2 个螺栓、2 个螺母,拆下机油滤清器总成,如图 11-26 所示。

(28) 拧下机油泵拆下 7 个螺栓,用塑料锤轻敲机油泵内侧,拆下机油泵总成,如图 11-27 所示。

(29) 使用专用工具拆下发动机机油压力开关。

(30) 拆下发动机后油封座、机油泵油封、发动机后油封。

(31) 弯起通风盖板,以防止密封套滑出,使用起子撬出火花塞密封套,如图 11-28 所示。

(32) 使用套筒扳手,拆下飞轮和后端盖板,如图 11-29 所示。

(33) 拆卸连杆盖,检查连杆和连杆盖上的配合记号,以保证正确地重新组装,卸下连杆盖螺母。用塑料贴面的锤子轻敲连杆螺栓并提起连杆盖,但应保持下轴瓦仍嵌在连杆盖中,如图11-30所示。

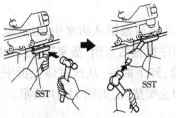

图11-25 拆卸油底壳

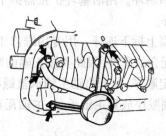

图11-26 拆下机油滤清器总成

图11-27 拆下机油泵总成

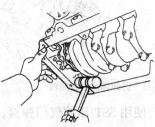

图11-28 拆卸火花塞密封套

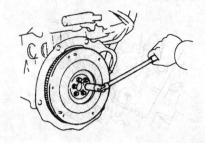 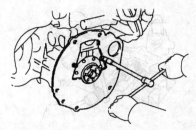

图11-29 拆下飞轮和后端盖板

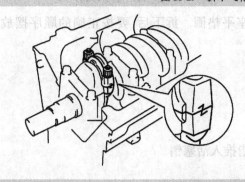 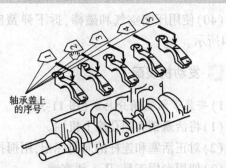

图11-30 拆卸连杆盖

（34）拆下活塞和连杆组件。用缸口铰刀去掉汽缸顶部的所有积碳，用短软管套住连杆螺栓，保护曲轴不受损坏。推动活塞、连杆组件及上轴瓦，通过汽缸体顶部将其并取下。拆卸后注意应将轴瓦、连杆与连杆盖组合在一起并按正确的顺序放置。

(35)拆卸活塞环。用活塞环扩张器拆下 2 个压缩环,然后用手拆下油环。按正确的顺序放置好活塞环。

(36)从活塞上拆下连杆。用专用维修工具将活塞销从活塞中压出,取下连杆。由于活塞和活塞销是配合的套件,因此要按正确的顺序放置活塞销、活塞环、连杆和轴承。

(37)按规定顺序,拆下曲轴主轴承盖螺栓,卸下曲轴,从汽缸体上拆下上主轴瓦和上止推垫片并按正确顺序放置主轴承盖、主轴瓦和止推垫片,如图 11-31 所示。

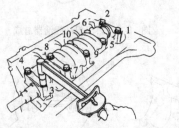 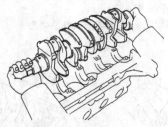

图 11-31 拆卸轴承盖和曲轴

(38)拆下气门调整垫片、气门挺杆,使用 SST 压缩气门弹簧,拆下两个锁片,拆下气门,如图 11-32 所示。(气门拆下后,按正确的顺序排列进气门、气门弹簧、弹簧座和锁片)。

(39)使用尖嘴钳拆下气门杆油封,如图 11-33 所示。

图 11-32 拆卸气门　　　图 11-33 拆下气门杆油封

(40)使用压缩空气和磁棒,拆下弹簧座平垫圈。拆下后,要按正确的顺序摆放,如图 11-34 所示。

2 发动机装配

1)安装带活塞销分总成(图 11-35)

(1)将活塞销和销孔涂上机油。

(2)对正活塞和连杆的向前标记,用拇指推入活塞销。

(3)使用专用工具,压入活塞销。

2)安装活塞环组(图 11-36)

(1)用手安装油环弹簧和 2 个刮油环。

(2)使用活塞环扩张器,安装 2 个压缩环,代码标记"T"朝上,按图示布置活塞环端口,注意不要对齐活塞环端口。

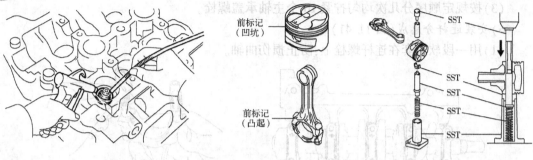

| 图 11-34　拆下弹簧座平垫圈 | 图 11-35　安装带活塞销分总成 |

3)安装连杆轴承(图 11-37)

(1)对准轴承凸起和连杆或连杆盖的凹槽,将轴承安装到连杆和连杆盖中,注意上轴承开有一个油槽和油孔,不要搞错。

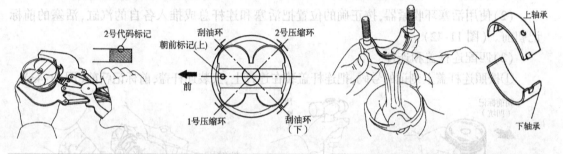

| 图 11-36　安装活塞环组 | 图 11-37　安装连杆轴承 |

(2)对准轴承凸起和缸体的凹槽,装上 5 个上轴承。以同样的方法,对准轴承凸起和主轴承盖的凹槽,装上 5 个下轴承。(图 11-38)

4)在缸体 3 号轴颈位置安装 2 个曲轴止推垫片,带油槽的一面朝外。(图 11-39)

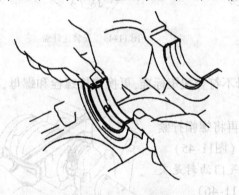
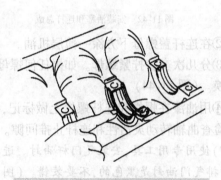

| 图 11-38　安装主轴承 | 图 11-39　安装曲轴止推垫片 |

5)安装曲轴(图 11-40)

(1)把曲轴放在缸体上,在正确的位置安装 5 个曲轴轴承盖。

(2)在主轴承盖螺栓的螺纹和螺栓头下面涂一薄层机油。

(3)按规定顺序分几次均匀拧紧10个主轴承盖螺栓。

6)安装连杆分总成(图11-41)

(1)用一段软管套在连杆螺栓上,防止损伤曲轴。

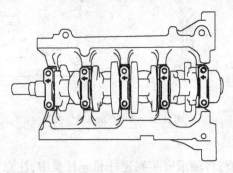
图11-40　安装曲轴

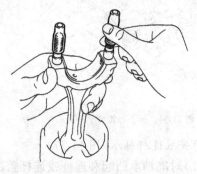
图11-41　连杆螺丝保护

(2)使用活塞环收紧器,按正确的位置把活塞和连杆总成推入各自的汽缸,活塞的前标记朝前。(图11-42)

(3)匹配连杆盖和连杆

①按照连杆盖上刻记的号码,把连杆盖装在连杆上,安装连杆盖,前标记朝前(图11-43)。

图11-42　安装活塞和连杆总成

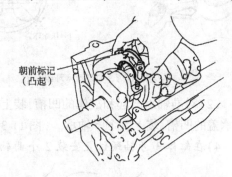
图11-43　安装连杆盖

②在连杆盖螺母下方涂一薄层机油。

③分几次交替拧紧螺母。如果任何螺母不符合扭矩标准,更换连杆螺栓和螺母,不必成套更换。(图11-44)

④用油漆在螺帽和连杆螺栓上做标记,再将螺帽拧紧90°,检查曲轴转动灵活性和连杆止推间隙。(图11-45)

7)使用专用工具,安装气门杆油封。进气门油封是灰色的,排气门油封是黑色的,不要装错。(图11-46)

8)安装进气门

(1)安装进气门、弹簧座、气门弹簧和弹簧锁片。

(2)使用专用工具,压缩气门弹簧,并在气门杆周围放入2个锁片。(图11-47)

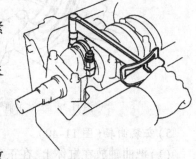
图11-44　拧紧连杆盖螺栓

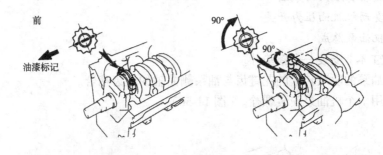

图 11-45　检查紧固连杆盖螺栓

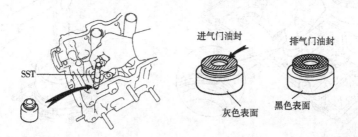

图 11-46　安装气门杆油封

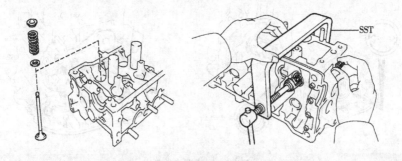

图 11-47　安装气门弹簧

(3)使用塑料头锤子,轻轻敲击气门端头确保装配合适。

9)按照相同的方法安装排气门

10)安装气门挺杆

11)安装火花塞密封套

在密封套唇部涂一薄层黄油,使用专用工具和锤子,按图示敲入新密封套。(图 11-48)

12)安装发动机后油封

使用专用工具和锤子,将发动机后新油封敲入到油封表面与后油封座边缘平齐,并在油封唇部涂黄油。(图 11-49)

13)使用同样的方法,安装新的机油泵油封

14) 安装发动机后油封座圈

15) 安装发动机机油压力开关

16) 安装机油泵总成

(1) 在汽缸体上安装一个新垫片。

(2) 使机油泵的驱动转子的花键齿与油泵侧曲轴的大齿啮合。

(3) 拧上用 7 个机油泵安装螺栓。（图 11-50）

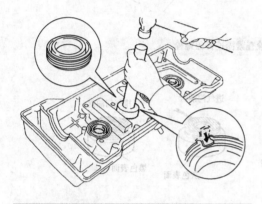
图 11-48　安装火花塞密封套

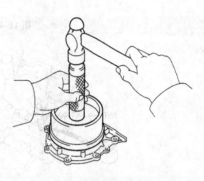
图 11-49　安装发动机后油封

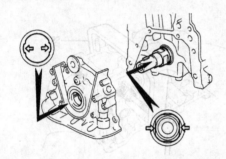

图 11-50　安装机油泵总成

17) 用 2 个螺栓和 2 个螺母安装新垫片和机油集滤器。

18) 安装油底壳分总成

使用铲刀或垫片刮刀，清除垫片面和密封槽中所有旧密封材料，涂上新的密封填料在油底壳上，用 19 个螺栓和 2 个螺母安装油底壳。

19) 在汽缸体上安装新汽缸盖垫，注意垫片的安装方向。（图 11-51）

20) 安装汽缸盖分总成

(1) 在汽缸盖螺栓的螺纹和螺栓头下部涂一薄层机油，按规定顺序分几次均匀拧紧 10 个汽缸盖螺栓。（图 11-52）

(2) 用油漆在汽缸盖螺栓的前面作标记。

(3) 按顺序号再将汽缸盖螺栓拧紧 180°角。（图 11-53）

21)安装2号凸轮轴

由于凸轮轴的止推间隙很小,必须保持水平装入凸轮轴。如果凸轮轴不能保持水平,汽缸盖承受轴向推力可能开裂或损坏,造成凸轮轴变形或断裂。为避免如此,必须执行下述步骤。

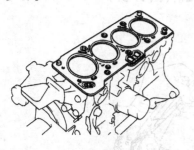
图11-51 安装汽缸盖垫

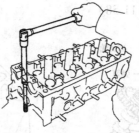
图11-52 安装汽缸盖分总成

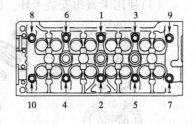

(1)在2号凸轮轴的止推位置涂黄油。

(2)放置2号凸轮轴,使定位销定位在凸轮轴的垂直中心线偏右的位置。此时允许排气凸轮轴的1、3号汽缸凸轮桃心同时顶到它们的气门挺杆。(图11-54)

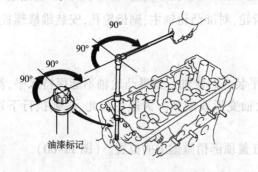
图11-53 检查紧固汽缸盖螺栓

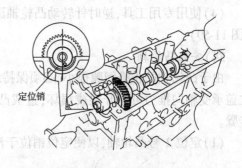
图11-54 安装凸轮轴

(3)清除旧密封材料,将新的密封填料涂在汽缸盖上。(图11-55)

(4)将5个轴承盖装在各自位置上。

(5)在轴承盖螺栓的螺纹和螺栓头下部涂一薄层机油,按顺序分几次均匀拧紧10个轴承盖螺栓。(图11-56)

图11-55 涂填充料

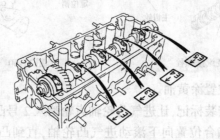
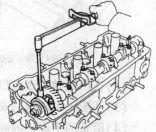
图11-56 安装轴承盖

22）安装凸轮轴定位油封

23）安装凸轮轴副齿轮

（1）用台钳夹持凸轮轴的六角部分。

（2）安装凸轮轴齿轮弹簧，安装凸轮轴副齿轮和波形垫圈。（图11-57）

（3）使用卡簧钳安装卡环。（图11-58）

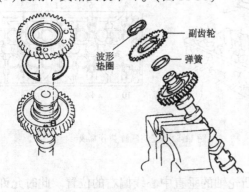

图11-57　安装副齿轮

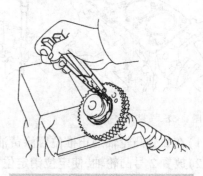

图11-58　安装卡环

（4）使用专用工具，逆时针转动凸轮轴副齿轮，对准凸轮轴主、副齿轮孔，安装维修螺栓。（图11-59）

24）安装凸轮轴

由于凸轮轴的止推间隙很小，必须保持水平装入凸轮轴。如果凸轮轴不能保持水平，汽缸盖承受轴向推力可能开裂或损坏，造成凸轮轴变形或断裂。为避免如此，必须执行下述步骤。

（1）定位2号凸轮轴，以便定位销位于汽缸盖顶部稍微偏上的位置。（图11-60）

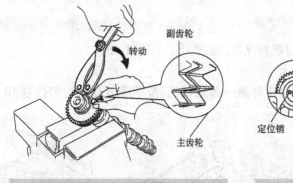

图11-59　安装维修螺栓

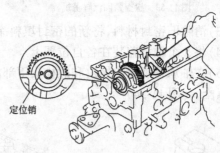

图11-60　定位2号凸轮轴

（2）在凸轮轴的止推位置涂黄油。

（3）匹配每个齿轮的安装标记，让进气凸轮轴齿轮啮入2号凸轮轴齿轮。

（4）沿着两个齿轮的啮合位置向下滚动进气凸轮轴，直到凸轮轴正确的落在轴承轴颈上。此时允许进气凸轮轴的1、3号汽缸凸轮桃心同时顶到它们的气门挺杆。（图11-61）

（5）将4个轴承盖安装在各自的位置上，在轴承盖螺栓的螺纹和螺栓头下部涂一薄层机

油,按规定顺序分几次均匀拧紧8个轴承盖螺栓。(图11-62)

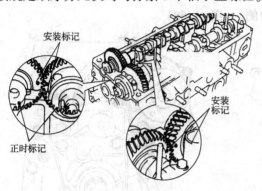

图11-61 对准凸轮轴正时标记

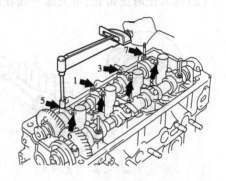

图11-62 安装轴承盖

(6)拆下维修螺栓,安装1号轴承盖,使标记箭头朝前。(图11-63)

(7)顺时针转动2号凸轮轴,使定位销朝上。(图11-64)

(8)检查凸轮轴齿轮正时标记是否对准。

25)安装正时皮带轮

(1)将凸轮轴定位销对准皮带轮带"K"标记的定位销槽,在正时皮带轮侧。

(2)暂时安装正时皮带轮螺栓。

(3)夹持凸轮轴六角部位,拧紧正时皮带轮螺栓。(图11-65)

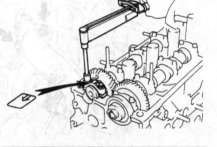

图11-63 安装1号轴承盖

26)安装水泵总成

在汽缸体上安装一个新的"O"形圈,装上水泵。(图11-66)

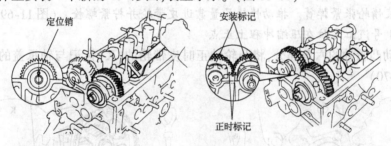

图11-64 检查正时标记

27)安装进水软管

28)在汽缸盖上安装一个新垫片,使标记朝上,连接进水软管。(图11-67)

29)安装机油尺导管

30)安装1号发电机支架

31)安装1号、2号发动机吊构

32)安装曲轴正时皮带轮

(1)对准皮带轮定位键和皮带轮键槽。
(2)推入正时皮带轮,带突缘一面在内侧。(图11-68)

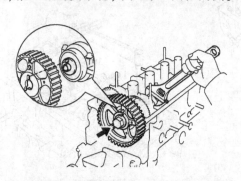

图11-65 拧紧正时皮带轮螺栓

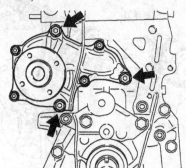

图11-66 安装水泵总成

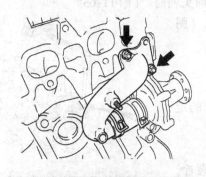

图11-67 安装水管

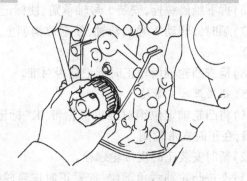

图11-68 安装曲轴正时皮带轮

33)安装横置发动机安装支架
34)用螺栓安装1号正时皮带惰轮,先不要拧紧螺栓
35)安装惰轮张紧弹簧。推动惰轮尽量靠进皮带轮并拧紧螺栓。(图11-69)
36)将1号汽缸定位在压缩冲程上止点
(1)转动凸轮轴的六角部分,将凸轮轴正时皮带轮的"K"标记与轴承盖的正时标记对正。(图11-70)

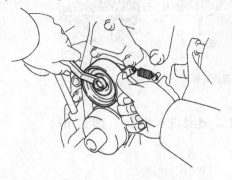

图11-69 安装惰轮张紧弹簧

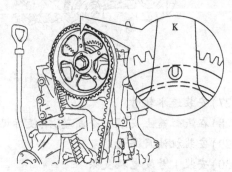

图11-70 对正"K"标记

(2)用曲轴皮带轮螺栓,转动曲轴并对准曲轴正时皮带轮和机油泵体的正时标记。(图11-71)

37)安装正时皮带

(1)安装正时皮带,检查曲轴和凸轮轴正时皮带轮的张力。如果继续使用旧的正时皮带,对准拆下时作的标记,并且将箭头方向指向发动机旋转方向。(图11-71)

(2)检查配气正时和正时皮带的挠度

①松开惰轮螺栓,顺时针转动曲轴,从上止点位置慢慢转两圈再回到上止点位置。

②按图所示检查每个皮带轮对准正时标记。如果没对准正时标记,拆下正时皮带重新安装。(图11-72)

图11-71 对准曲轴正时皮带轮正时标记

图11-72 检查每个皮带的正时标记

③紧固1号正时皮带惰轮,拆下曲轴皮带轮安装螺栓。

38)安装正时皮带导轮,要面朝内安装(图11-73)

39)安装正时链条或皮带罩分总成

40)使用专用工具,安装曲轴皮带轮。要注意对准皮带轮定位键和皮带轮键槽。(图11-74)

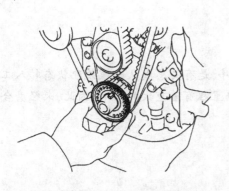
图11-73 安装正时皮带导轮

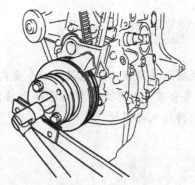
图11-74 安装曲轴皮带轮

41)安装曲轴齿轮或皮带轮罩分总成

42)将1号汽缸定位在压缩冲程上止点

(1)转动曲轴皮带轮,将它的缺口与正时皮带轮罩的正时标记"0"对正。

(2)检查凸轮轴正时皮带轮的"K"标记与轴承盖的正时标记对正。如果没对准,转动曲轴一圈。(图11-75)

43)检查气门间隙、调节气门间隙

44)安装气门室盖分总成

45)安装曲轴箱通风阀分总成

46)安装分缸高压线和分电器总成

47)安装发动机进、排气歧管总成

48)安装其他附件及总成

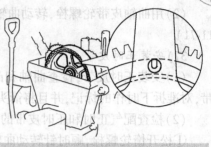

图11-75　对准"K"标记

学习任务二　发动机的磨合

学习目标
◎ 掌握发动机磨合的作用;
◎ 掌握发动机冷磨合、热磨合的基本要求。

能力要求
◎ 熟悉发动机冷磨合、热磨合的规范;
◎ 能进行发动机磨合后的检验。

任务导入

发动机总装或机构组装后,为了改善零件表面几何形状和表面物理、机械性能而进行的运转过程称为磨合,大修后的发动机也要进行磨合。

学习指引

总成磨合是修理工艺过程的一个重要工序,是有关总成从修理装配状态转入工作状态的过渡,磨合质量对总成修理质量和大修间隔里程有着重大的影响,因此,未经磨合的发动机是不允许投入使用的。

相关知识

总成修理的发动机使用的零件有新有旧,零件的技术状况相差较大,修理工艺装备和企业生产技术水平又存在着很大的差异。有些总成修理发动机在磨合中就出现拉缸、烧瓦等严重故障。因此,总成修理的发动机进行科学的磨合就更为必要。

发动机磨合的主要作用如下:

一 形成适应工作条件的配合性质

1 扩大配合表面的实际接触面积

新零件和经过修理的零件,由于表面微观粗糙和各种误差,装配后配合副的实际接触面积仅为设计面积的 1/100～1/1000,配合表面上单位实际接触面积的载荷就会超过设计值的百倍乃至千倍。微观接触面在高应力、高摩擦热作用下就容易产生塑性变形和粘着磨损,引起咬粘等破坏性故障。因此,使新零件在特定的磨合规范下运动,粗糙表面的微观凸点镶嵌并产生微观机械切削现象,使实际接触面积不断扩大,在短期内形成适应正常工作条件的配合表面。

2 形成适应工作条件的表面粗糙度

每一种工作条件均有其相应的表面粗糙度,零件加工的表面粗糙度与工作条件的要求差距甚大。在磨合中才能形成适应工作条件的表面粗糙度。

3 改善配合性质

由于磨合磨损形成了适应工作条件的实际接触面积和表面粗糙度以及配合间隙,不但显著地提高了零件综合抗磨损性能,也减少了其摩擦阻力与摩擦热,故障率降低,提高了大修发动机的可靠性与耐久性。

二 改善配合副的润滑效能

磨合使配合间隙增大到适应正常工作条件的配合间隙,改善了润滑油的泵送性能,增大了配合副润滑油流量,不但改善了配合副的润滑效能,也有利于保持正常的工作温度和配合表面的清洁。

三 提高发动机的可靠性与耐久性

金属在低于或近于疲劳极限下,磨合一定的时间,"实现次负荷锻炼",可以明显的提高金属零件的抗磨损能力和抗疲劳破坏能力,从而提高机械的可靠性与耐久性。

任务实施

一 任务实施准备

(1)发动机实验室,大修后发动机一台;

(2) 发动机冷磨、热磨与测功机一台，配套专用工具一套。

二 任务实施步骤

磨合一般分为冷磨合和热磨合两个阶段。冷磨合是在台架上以可变转速的外部动力带动发动机运转所进行的磨合。热磨合是利用自身的动力运转而进行的磨合，热磨合又分为无负荷热磨合和有负荷热磨合两个阶段。

磨合试验规范包括发动机的转速、工作负荷及各阶段的磨合时间。磨合时要根据不同的发动机选择与之相适应的磨合规范，以实现磨合时间短、磨合质量高的效果。

1 发动机的冷磨合

1）冷磨合设备

如图11-76所示，是一种冷磨、热磨与测功的联合装置。它包括发动机连接凸缘盘8，测功机6（也称加载设备）和拖动装置（包括连接电动机的摩擦离合器2和变速器3等），还有润滑油供给装置，油耗及发动机转速检测装置等。

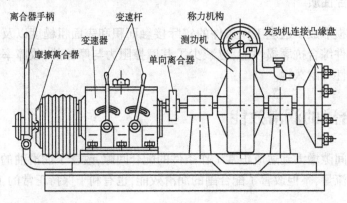

图11-76 发动机冷磨、热磨与测功联合装置

2）发动机冷磨合步骤和规范

(1) 拆除发动机火花塞或喷油器，加足润滑油。

(2) 将变速杆放置在最低转速，启动电动机操纵离合器手柄，使其慢慢接合。

(3) 操纵变速杆，使其冷磨转速为700r/min。

(4) 1小时后按表11-1的要求，不断操纵离合器手柄和变速杆，改变磨合转速直至冷磨结束。

发动机冷磨合的起始转速不宜过高或过低。若起始转速过高，将导致摩擦副温度过高，加剧磨损；若起始转速过低，将导致润滑油压力不足，同样增加了磨损量。冷磨合的起始转速确定之后，一般可按表11-1磨合规范进行冷磨合。

3）发动机冷磨合注意事项

(1) 水温最好控制在95℃左右，若水温达到105℃时应及时使用风扇冷却。

(2)注意检查机油压力是否正常,如发现异常现象,应立即停机检查并加以排除。

(3)观察各机件工作情况是否正常,若有漏水、漏油或摩擦副表面附近过热,各部件有异常响声等异常现象时,应及时查找原因,并加以排除。

发动机磨合规范　　　　　　　　　　　　　　　　表 11-1

发动机额定转速(r/min)	磨合转速(r/min)	时间(min)	总时间(h)
>3200	700 900 1100 1300	60 60 60 60	≤4
≤3200	500~600 600~800 800~1000 1000~1200	30~45 30~45 30~45 30~45	≤2

(4)冷磨合结束后,应将机油放出,分解发动机各部件。检查活塞、活塞环与汽缸内壁、曲轴主轴承、连杆轴承与曲轴轴颈等运动件的磨合情况。要求汽缸壁表面应光洁、无异常磨损;活塞裙部磨痕均匀、无拉毛、起槽现象;活塞环外圆表面接触痕迹应不小于90%,端隙应不大于原间隙的25%;曲轴轴承和连杆轴承表面应光滑平整,接触面积应大于75%以上。然后排除发现的故障,并将拆检的机件清洗干净,按规定标准装合拆检的发动机,再加入发动机冬季用油,准备进行热磨合。

2 发动机的热磨合

冷磨合后的发动机,重新安装在图 11-76 所示的磨合台架上,启动发动机,利用发动机本身产生的动力进行热磨合。发动机热磨合包括两个阶段。

1)无负荷热磨合

这一阶段的目的除进一步磨合外,还要对发动机的油路、电路、润滑系和冷却系进行必要的检查和调整,并及时排除故障。

无负荷热磨合规范:按规定程序启动发动机,在空载情况下,以规定转速(600~1000r/min)运转 1 小时。

无负荷热磨合注意事项:

(1)检测润滑、燃料、冷却系统和点火正时等,使其符合标准和达到最佳状态。

(2)检查发动机机油压力是否符合原厂规定(表 11-2)。如不符合,应立即停机排除故障。

(3)检查发动机的水温、机油温度是否正常(表 11-2)。如不正常,应立即停机排除故障。

(4)若发现异响,特别是当发动机的阻力突然增大时,应立即停机检查,及时排除故障。

(5)发动机各部位应无漏水、漏油、漏气和漏电现象。

发动机正常水温、机油压力和机油温度　　　　　表 11-2

机　型	EQ6100-1 发动机	康明斯 6BTA5.9 发动机	上海桑塔纳 JV 发动机	上海桑塔纳 AJR 发动机
冷却液正常温度(℃)	80~85	83~103	80~90	93~105
机油压力(kPa)	147~588	207~414	30~180	30~180
机油正常温度(℃)	75~85	80~95	80~95	85~95

2) 有负荷热磨合

发动机经过无负荷热磨合之后,还须进行有负荷热磨合,即用试验台的加载装置对发动机逐渐加载增速进行磨合。有负荷热磨合可分为一般磨合和完全磨合两种。一般磨合所需的时间较短,但经过一般磨合后的发动机只能进行个别的测试(如最大功率点、最大转矩点和最低燃油消耗率点的转速测试)。经完全磨合的发动机可以进行整个外特性曲线的测试。对于大修的发动机,要求进行一般磨合就可以了,磨合时间不少于 3h。

有负荷热磨合规范见表 11-3。

有负荷热磨合规范　　　　　表 11-3

磨合阶段		曲轴转速(r/min)	加载负荷(kW)	磨合时间(min)
热磨合	1	700~900	14	45
	2	1200~2000	22	45~55
	3	2100~2400	45	35~45
	4	2500~3000	55	20~35

有负荷热磨合的注意事项:

(1) 检查水温、机油压力和油温,应符合原厂规定(表 11-2)。

(2) 发动机在各种情况下应运转平稳,无异响。

(3) 观察各部衬垫、油封、水封及油管接头有无漏油、漏水、漏气的现象。

(4) 测量汽缸压力,应符合原厂规定,即 1000~1300kPa。否则,应拆检活塞连杆组。

(5) 放出原机油,加入清洗油(90% 柴油和 10% 车用机油),急速运转 5min 后放出清洗油,加入合适的机油。

需要说明的是,目前在汽车维修过程中,由于零件加工精度和装配质量的提高,有时候省略了冷磨合过程,直接进行无负荷热磨合,且基本不进行有负荷热磨合。但是在无负荷热磨合过程中,必须控制磨合时的转速,要时刻注意监测发动机的运行状况,如发现异常,立即停止磨合,排除故障再继续进行。

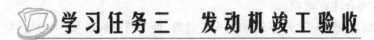

学习任务三　发动机竣工验收

学习目标

◎ 掌握发动机竣工验收的主要内容。

能力要求

◎ 熟悉发动机竣工验收的方法和步骤。

要想知道修理后的发动机性能是否达到了大修标准,需要进行竣工验收。那么,竣工验收的具体内容有哪些？主要性能指标有哪几项？必须达到何种技术要求才能签发合格证呢？

发动机经磨合后,进行竣工验收时,除装备齐全、有效,能正常启动,在低、中、高速时运转均匀、水温正常,加速性能良好,无异响之外,还需对发动机性能进行检测。主要性能指标包括动力性、经济性及排放污染。动力性包括发动机最大功率、最大转矩、最高转速。经济性为最低燃油消耗率。

竣工验收的具体内容和性能指标必须达到国家标准：即《汽车修理质量检查评定标准——发动机大修》的技术要求,验收人员方可签发合格证,否则必须予以调整或返修。

还要进行竣工验收及性能测试,以确保大修后的发动机性能达到标准。

汽车发动机大修竣工后质量评定应包括起动运转检查,动力性、经济性测定,发动机四漏及涂漆等。

发动机大修质量评定,采用综合项次合格率来衡量,分为优等、一等、合格、不合格四级。

综合项次合格率计算方法

$$\beta_0 = \sum_{i=1}^{3} K_i \beta_i$$

$$\beta_i = n_i/m_i \times 100\%$$

式中：β_0——综合项次合格率；

β_i——项次合格率；

n_i——检查合格的项次数之和；

m_i——检查的项次数之和；

i——角标,取 1、2、3,分别表示汽车大修基本检验技术文件,即"三单一证",修竣车及关键项；

K_i——修正系数,分别取 0.2、0.6、0.2。

根据以上公式计算结果分析,汽车发动机大修质量分级应符合下表11-4规定。

发动机大修质量分级　　　　　　　　　　　表 11-4

等级	要求	
	关键项次合格率	综合项次合格率
优等	$\beta_3 = 100\%$	$\beta_0 \geqslant 95\%$
一等	$\beta_3 = 100\%$	$85\% \leqslant \beta_0 < 95\%$
合格	$\beta_3 = 100\%$	$70\% \leqslant \beta_0 < 85\%$
不合格	$\beta_3 < 100\%$	或 $\beta_0 < 70\%$

任务实施

一、任务实施准备

(1) 发动机实训室；
(2) 大修后待检验发动机；
(3) 发动机大修进厂检验单，大修工艺过程检验单，大修竣工检验单，大修合格证。

二、任务实施步骤

发动机大修基本检验技术文件评定按下表 11-5 规定执行

发动机大修基本检验技术文件评定　　　　　　　　　　　表 11-5

评定项目	评定技术要求	检查方法与手段	评定方法
发动机大修进厂检验单	(1) 发动机大修进厂检验单应包括下列内容： 进厂编号、发动机型号及号码、进厂日期、托修单位、托修方报修情况、发动机附件状况、发动机运转情况、检验日期、承修方处理意见、检验员签字。 (2) 单中字迹应清晰，项目应齐全、完整，填写真实、正确。	查阅	单据中各项有一处不符合要求，则计一项次不合格
发动机大修工艺过程检验单	(1) 发动机大修工艺过程检验单应包括下列内容： 进厂编号、发动机型号及号码、基础件和主要零部件的检验数据、检验结果记录、检验结论、处理意见、主修人签字及日期、检验员签章及日期等。 (2) 检验单中字迹应清晰，项目齐全、完整，填写真实、正确。 检验项目、名词术语和计量单位、基础件和主要零部件的检验项目、技术要求应符合国家及行业有关标准及原厂规定。	查阅	单据中各项有一处不符合要求，则计一项次不合格

续上表

评定项目	评定技术要求	检查方法与手段	评定方法
发动机大修竣工检验单	(1) 发动机大修竣工检验单中内容应包括：进厂编号、托修单位、承修单位、发动机型号及号码、装备及装配检验、性能检验、检验结论、总检验员签章及日期等。 (2) 检验单中字迹应清晰，项目齐全、完整，填写真实、正确。检验项目、要求、方法、名词术语和计算单位应符合国家、行业有关标准及相关车辆修理技术文件的有关规定。	查阅核对	单据中各项有一处不符合要求，则计一项次不合格
发动机大修合格证	(1) 发动机大修合格证内容应包括：进厂编号、发动机型号及号码、出厂日期、总检验员签章及日期、走合期规定、保证期规定、维修合同号、承修单位技术质量检验部门盖章。 (2) 合同中字迹应清晰，项目齐全、完整，填写真实、正确。合同中名词术语应符合国家及行业有关标准中的规定。	查阅核对	合格证中各项有一处不符合要求，则计一项次不合格

发动机大修竣工质量评定按表 11-6 规定执行。

发动机大修竣工质量评定表　　　　　　　　表 11-6

评定项目	评定技术要求	检查方法与手段	评定方法
装备与装配	发动机装备齐全、有效、装配符合 GB 3799 中的有关规定。	检视	有一处以上缺陷则为不合格
冷车起动	在环境温度不低于 -5°C 时，应起动顺利，允许连续起动不多于 3 次，每次起动不多于 5s。	检视	起动超过三次或多于 5s 均为不合格
热车起动	在发动机正常工作温度下 5s 内能起动。	检视	不符合要求为不合格
真空度数值	汽油发动机急速时，进气岐管真空度应在 57~70kPa 范围内。	用转速表、真空计检查（大气压强以海平面为准）	不符合规定为不合格
真空度波动范围	发动机急速时，进气岐管真空度波动：六缸汽油机不超过 3kPa，四缸汽油机不超过 5kPa。	用转速表、真空计检查（大气压强以海平面为准）	不符合规定为不合格
汽缸压力	汽缸压力应在 1000~1300 kPa 之间。	用汽缸压力表检测	汽油机各缸误差不超过 8%，柴油机不超过 10%。否则视为不合格

续上表

评定项目	评定技术要求	检查方法与手段	评定方法
各缸压力差	每缸压力与各缸平均压力的差。汽油机不超过8%,柴油机不超过10%。	用转速表、汽缸压力表检查或用发动机分析仪测量	不符合规定为不合格
怠速	发动机怠速运转稳定,其转速符合原设计规定。转速波动不大于50r/min。	用转速表进行运转试验或用发动机综合分析仪测量	不符合规定为不合格
改变转速	发动机改变转速时应过渡圆滑。	用发动机转速表测量	不符合要求为不合格
加速或减速	发动机突然加速或减速时不得有突爆声,不得有断火、挥火、放炮现象。	检视	不符合要求为不合格
异响	发动机在正常工况下运转时,不得有异常响声。	检视或用发动机异响分析仪检查	不符合要求为不合格
功率	发动机最大功率不得低于原设计规定值的90%。	用测功机(仪)按有关规定测量	不符合要求为不合格
扭矩	发动机最大扭矩不得低于原设计标定值的90%。	用测功机(仪)按有关规定测量	不符合要求为不合格
燃料消耗率	发动机最低燃料消耗率不得高于原设计要求。	用油耗计、测功机(仪)按有关规定测量	不符合要求为不合格
排放	汽油机排放应符合GB 14761.5的规定;柴油机排放应符合GB 14761.6的规定。	按GB/T 3845、GB/T 3846规定测量	不符合规定为不合格
机油压力	发动机机油压力应符合原设计规定。	用机油表进行运转试验	不符合规定为不合格
水温、油温	发动机水温、油温应符合原设计规定。	用水温表、油温表进行试验	不符合规定为不合格
润滑油	发动机润滑油规格、数量、质量应符合原设计规定。	检视或用润滑油质分析仪检查	不符合要求为不合格
四漏情况	发动机应无漏水、漏油、漏气、漏电现象。	检视	不符合要求为不合格
停机装置	柴油发动机停机装置应灵活有效。	检视	不符合要求为不合格
限速装置	发动机应按规定加装限速片或对限速装置作相应的调整并加铅封。	检视	不符合要求为不合格
涂漆	发动机应按规定涂漆,涂层均匀、不得有漏涂现象。	检视	有两处以上缺陷为不合格

注:*为关键项。

复习思考题

一、查阅丰田5A发动机维修手册,完成以下填空题:

1. 5A发动机的维修螺栓螺纹直径是_____mm,螺距是_____mm,螺栓长度是_____mm。
2. 惰轮张紧弹簧的自由长度是_____mm。在弹簧标准安装长度下测量张力是_____N。
3. 安装发动机后油封座圈螺栓扭矩是_____N·m。
4. 安装机油泵总成螺栓扭矩是_____N·m。
5. 安装机油集滤器螺栓扭矩是_____N·m。
6. 安装油底壳螺丝拧紧力矩是_____N·m。
7. 汽缸盖螺栓分两步拧紧,第一步先用_____N·m拧紧,将汽缸盖螺栓拧紧_____°角,再检查标记转过_____°角。
8. 轴承盖螺栓拧紧力矩是_____N·m。
9. 拧紧正时皮带轮螺栓力矩是_____N·m。
10. 水泵安装螺栓拧紧力矩是_____N·m。
11. 机油尺导管螺栓拧紧力矩是_____N·m。
12. 发电机支架螺栓拧紧力矩是_____N·m。
13. 发动机固定支架螺栓拧紧力矩是_____N·m。
14. 正时皮带的挠度为_____mm。
15. 安装正时链条或皮带罩分总成螺栓力矩是_____N·m。
16. 安装曲轴皮带轮螺栓拧紧力矩是_____N·m。
17. 进气门冷态间隙为_____mm,热态间隙为_____mm;排气门冷态间隙为_____mm,热态间隙为_____mm。
18. 安装气门室盖螺栓拧紧力矩是_____N·m。
19. 火花塞螺栓拧紧力矩是_____N·m。
20. 凸轮轴轴承盖安装螺栓拧紧力矩是_____N·m。
21. 连杆盖螺栓拧紧力矩是_____N·m。
22. 曲轴主轴承盖螺栓拧紧力矩是_____N·m。

二、选择题

1. 将曲轴置于缸体主轴承座孔中,按规定扭矩依次从( )分三次拧紧各轴承盖螺栓。
   A. 两侧向中间　　　　B. 中间向两侧　　C. 前到后　　　　　　D. 后到前
2. 丰田5A型发动机主轴承的最终拧紧力矩为( )。
   A. 65 N·m,再拧紧90°　B. 65 N·m　　　C. 65 N·m,再拧紧180°　D. 拧紧180°
3. 丰田5A型发动机,连杆轴承盖的规定扭紧力矩为( )。

A. 30 N·m,再扭紧180°　B. 30 N·m　　　C. 30 N·m,再扭紧90°　D. 拧紧180°

4. 用张紧轮调整齿带张紧程度时,以能扭转到(　　)为最佳。
　A. 45°　　　　　　B. 90°　　　　　　C. 180°　　　　　　D. 270°

5. 有负荷热磨合时间应不少于(　　)。
　A. 3h　　　　　　　B. 1h　　　　　　　C. 无规定

6. 发动机磨合后,要求曲轴轴承和连杆轴承表面应光滑平整,接触面积应(　　)。
　A. >45%　　　　　B. >60%　　　　　C. >75%　　　　　D. >95%

三、判断题

1. 曲轴推力垫圈有减磨合金的一面应朝向曲轴止推面。　　　　　　　　　　(　　)
2. 活塞环外圆表面的接触痕迹应不小于90%,端隙应不大于原间隙的25%。(　　)
3. 发动机大修后,要求每缸压力与各缸平均压力差,汽油机不大于各缸平均压力的8%,柴油机不大于各缸平均压力的10%。　　　　　　　　　　　　　　　(　　)
4. 发动机验收冷车启动时,要求在环境温度≥-5℃时应顺利启动。允许连续启动≤3次,每次启动≤5s。　　　　　　　　　　　　　　　　　　　　　　　　(　　)
5. 发动机应无漏水、漏油、漏气、漏电现象,但润滑油、冷却液密封接合面处允许有不致形成滴状的浸渍。　　　　　　　　　　　　　　　　　　　　　　　(　　)

四、问答题

1. 发动机磨合的作用是什么？
2. 安装活塞连杆组时,应注意哪些事项？
3. 发动机无负荷热磨合时的注意事项有哪些？

参考文献

[1] 陈家瑞.汽车构造[M].北京:机械工业出版社,2001.
[2] 成伟华.汽车概论[M].重庆:重庆大学出版社,2008.
[3] 范爱民,成伟华.汽车维护与保养[M].北京:清华大学出版社,2010.
[4] 王勇.汽车电器设备构造与维修[M].北京:机械工业出版社,2002.
[5] 高志胜,徐胜云.天津威驰轿车维修手册[M].北京:人民交通出版社,2003.
[6] 汤定国.汽车发动机构造与维修[M].北京:人民交通出版社,2005.
[7] 陈培陵.汽车发动机原理[M].北京:人民交通出版社,1999,第2版.
[8] 余志生.汽车理论[M].北京:机械工业出版社,2002,第3版.
[9] 姜勇,高寒.汽车发动机构造与维修[M].北京:中国劳动与社会保障出版社,2009,第2版.
[10] 仇雅莉,钱锦武.汽车发动机构造与维修[M].北京:机械工业出版社,2008.
[11] 陈文华.汽车发动机构造与维修[M].北京:人民交通出版社,2001.
[12] 李军.汽车发动机构造与维修[M].重庆:重庆大学出版社,2006.
[13] James D. Halderman,Chase D. Mitchell,Jr,Automotive Engines Theory and Servicing.北京:中国劳动与社会保障出版社,2006.
[14] 麻友良.汽车电器与电子控制系统[M].北京:机械工业出版社,2006.
[15] 黄俊平.汽车发动机维修实训[M].北京:机械工业出版社,2009.
[16] 孙海波.汽车发动机检修[M].北京:人民邮电出版社,2009.
[17] 蒋伟.汽车维修.职业技能培训系列节目"汽车维修技术"配套教材[M].北京:人民邮电出版社,2000.
[18] 梁建和,周宁.汽车发动机构造及维修[M].北京:北京理工大学出版社,2009.
[19] 张西振,韩梅.汽车发动机构造与维修[M].北京:机械工业出版社,2005.
[20] 郑伟光.汽车发动机构造与维修[M].北京:机械工业出版社,2002.
[21] 王盛良.汽车发动机构造与检修技术[M]北京:机械工业出版社,2010.
[22] 习毓亮.汽车发动机构造与维修[M].北京:中国劳动社会保障出版社,2008.
[23] 林平.汽车发动机机械系统检修[M].北京:人民交通出版社,2011,第2版.
[24] 吴显强.车用柴油机[M].北京:机械工业出版社,2008.
[25] 王福忠.汽车发动机构造与检修[M].北京:电子工业出版社,2009.

参考文献

[1] 张言森. 汽车构造[M]. 北京：机械工业出版社，2001.
[2] 陈伟华. 汽车概论[M]. 重庆：重庆大学出版社，2008.
[3] 范爱民. 欧宝佳华、君威电喷系统原理及维修[M]. 北京：清华大学出版社，2010.
[4] 王骏. 汽车电器设备构造与维修[M]. 北京：机械工业出版社，2002.
[5] 高宗英，蒋振东. 发动机原理与车用燃料[M]. 北京：人民交通出版社，2003.
[6] 刘克印. 汽车发动机构造与维修[M]. 北京：人民交通出版社，2002.
[7] 陈家瑞. 汽车构造（下册）[M]. 北京：人民交通出版社，1999，第2版.
[8] 余志生. 汽车理论[M]. 北京：机械工业出版社，2002，第3版.
[9] 姜勇. 高及. 汽车发动机构造与维修[M]. 北京：中国劳动社会保障出版社，2009，第2版.
[10] 张俊智，张绵浩. 汽车发动机构造与维修[M]. 北京：机械工业出版社，2008.
[11] 张文春. 汽车发动机构造与维修[M]. 北京：人民交通出版社，2001.
[12] 李岳林. 汽车发动机构造与维修[M]. 重庆：重庆大学出版社，2006.
[13] James D. Halderman, Chase D. Mitchell, jr. Automotive Engine Theory and Servicing. 北京：中国劳动社会保障出版社，2006.
[14] 张久长. 汽车电器电子控制系统[M]. 北京：机械工业出版社，2006.
[15] 曹建平. 汽车发动机维修实训[M]. 北京：机械工业出版社，2009.
[16] 郑松林. 汽车发动机构造[M]. 北京：人民邮电出版社，2009.
[17] 高锋. 汽车预修. 职业技能短期培训示范专业. 汽车修理专业"教学参考书[M]. 北京：人民交通出版社，2000.
[18] 柴国平，刘宁. 汽车发动机构造与维修[M]. 北京：北京理工大学出版社，2009.
[19] 邓伟林，陆耀柱. 汽车发动机构造与检修[M]. 北京：机械工业出版社，2005.
[20] 郭仲光. 汽车发动机构造与维修[M]. 北京：机械工业出版社，2002.
[21] 马良，汽车发动机构造与检修技术[M]. 北京：机械工业出版社，2010.
[22] 李春明. 汽车发动机构造与检修[M]. 北京：中国劳动社会保障出版社，2008.
[23] 林小. 汽车发动机构造与检修[M]. 北京：人民交通出版社，2011，第2版.
[24] 吴基安. 全国发动机[M]. 北京：机械工业出版社，2008.
[25] 王晓莲. 汽车发动机构造与检修[M]. 北京：电子工业出版社，2009.